한 권으로 끝내는 영단어

한 권으로 끝내는
영단어

초판3쇄 발행 | 2019년 05월 01일
편저 | JB어학연구소
펴낸곳 | 좋은친구 출판사
펴낸이 | 조병욱
디자인 | 디자인 감7
등록번호 | 제2016-9호
주소 | 서울특별시 도봉구 시루봉로 192-6
전화 | 070-8182-1779   팩스 | 02-6937-1195
E-mail | friendbooks@naver.com

ISBN 979-11-957808-2-2   10740

값 10,000원

* 잘못 만들어진 책은 구입처에서 교환해 드립니다.

Wiktionary
한 권으로 끝내는
영단어

 JB어학연구소 편저

좋은 친구

머리말

영어공부에 있어서 영어단어가 차지하는 비중은 건물을 건축하는데 있어서 벽돌과 같은 것입니다. 아무리 설계가 뛰어나고 디자인이 빼어나도 벽돌이 없다면 건물을 지을 수 없는 것처럼 영어단어 없이는 영어가 있을 수 없습니다.

이처럼 영어단어는 중요하지만 단어공부는 정말 지루한 과정입니다. 한 단어가 완전히 내 것이 되기 위해서는 수차례의 반복이 필요하고 영어공부를 하면 할수록 배워야할 단어의 수 또한 늘어가기 때문에 그 양 또한 방대합니다.

특히 영어초보자에게 있어 영어단어는 방대한 양뿐만아니라 영어단어의 다양한 의미 활용 때문에 혼란과 좌절을 겪기 쉽습니다.

그래서 영어초보자는 처음부터 두꺼운 단어책을 전부 다 외우려고 하기보다는 우선 가장 먼저 알아야할 단어부터 알고 또 그 의미도 가장 자주 사용되는 의미부터 명확히 자기 것으로 만들어야 부담과 혼란을 면할 수 있습니다.

  "한 권으로 끝내는 영단어"에서는 가장 먼저 알아야할 단어를 선정하고 각 단어에는 가장 자주 사용되는 의미를 우선적으로 실어 영어초보자의 부담과 혼란을 덜어 드리고자 하였습니다. 그리고 각 단어마다 가급적 쉽고 짧은 예문을 실어 영어초보자도 영어단어가 실제 문장에서 사용되는 것을 보며 익힐 수 있도록 하였습니다.

이 책의 특징

1. 엄선된 단어의 정리와 중요도 표시
초보자에게 우선적으로 중요한 단어를 엄선하여 정리하고 각 단어마다 중요도를 표시하였습니다.
(▪▪▪:중요도 상, ▪▪▫:중요도 중, ▪▫▫:중요도 하)

2. 가급적 쉬운 예문을 통한 단어의 사용례를 학습
각 단어마다 가급적 쉬운 예문을 실어 초보자도 각 단어가 문장에서 사용되는 예를 통하여 단어의 사용을 이해하고 보다 쉽게 암기되도록 하였습니다.

3. 각 단어마다 발음기호와 한글발음
각 단어마다 발음기호를 달아 발음이 가능하도록 하였고 특히 초보자들도 발음 할 수 있도록 하기 위하여 가급적 원어민의 발음과 비슷한 한글발음으로 표기하였습니다.

4. 알파벳순의 영한단어

2,696개의 단어를 알파벳순으로 실어 사전처럼 찾기 편하도록 하였습니다.

5. 언제, 어디서나 반복학습이 용이하도록 휴대가 간편한 포켓형

영어초보자에게 가장 필요한 반복학습을 언제 어디서나 할 수 있도록 주머니에 들어갈 수 있는 사이즈로 만들었습니다.

6. 단어의 품사표시

명-명사, **형**-형용사, **동**-동사, **부**-부사,
전-전치사, **접**-접속사, **대**-대명사, **감**-감탄사

차 례

A 12
B 46
C 66
D 112
E 144
F 168
G 192
H 204
I 216
J 234
K 238
L 242
M 258

N	278
O	286
P	298
Q	336
R	338
S	364
T	416
U	438
V	444
W	450
Y	464
Z	466

자~ 한번 끝까지 가 봅시다!

English Korean Word Dicitionary

abandon
[əbǽndən] | 어밴던
동 버리다, 포기하다

He abandoned himself to despair.
그는 절망으로 인해 포기했다.

ability
[əbíləti] | 어빌러티
명 능력

Our abilities are limited.
우리의 능력에는 한계가 있다.

able
[éibl] | 에이블
형 ~할 수 있는

Will you be able to join us for dinner tomorrow?
내일 우리와 저녁 같이 하실 수 있어요?

abroad
[əbrɔ́ːd] | 어브로-드
부 외국에, 해외에

What do you think of traveling abroad?
해외로 여행하는 것에 대해 어떻게 생각하세요?

abruptly
[əbrʌ́ptli] | 업럽틀리
부 갑자기, 퉁명스럽게

Radio communication was abruptly cut off.
갑자기 통신이 두절되었다.

absence
[ǽbsəns] | 앱선스
명 부재(不在), 결석

What has passed in our absence?
우리가 없는 동안에 무슨 일이 일어났습니까?

absolute
[ǽbsəlùːt] | 앱썰루-트
형 절대적인, 완전한

You are an absolute fool.
너는 완전히 바보다.

absolutely
[ǽbsəlùːtli] | 앱썰루-틀리
부 절대적으로, 완전히

I believe that's absolutely false.
그것은 절대 아니라고 나는 믿습니다.

absorb
[əbsɔ́ːrb] | 업쏘-브
동 흡수하다, 열중시키다

The dry earth absorbs water.
마른 대지가 물을 흡수한다.

abstract
[æbstrǽkt] | 앱스트랙트
형 추상적인, 난해한

Her works are abstract art.
그녀의 작품들은 추상 예술이다.

absurd
[æbsɔ́ːrd] | 앱써-드
형 불합리한, 어리석은

The idea itself is absurd. 그 생각 자체가 어리석다.

academic
[ækədémik] | 애커데믹
형 학원의, 대학의, 학구적인

His academic achievement has undeniable worth.
그의 학문적인 업적은 부정할 수 없는 가치를 가지고 있다.

accept
[æksépt] | 액셉트
동 받아들이다, 수락하다

Will you accept my apology for the trouble?
폐를 끼쳐드린 데 대한 제 사과를 받아 주시겠습니까?

access
[ǽkses] | 액쎄스
명 접근, 면회, 출입

I have free access to the place.
나는 그곳을 자유롭게 드나들고 있다.

accident
[ǽksidənt] | 액씨던트
명 사건, 사고, 재해

People are killed in traffic accidents by the hundreds.
교통사고로 많은 사람들이 죽었다.

accompany
[əkʌ́mpəni] | 어컴퍼니
동 동반하다, 수반하다

He will accompany you.
그는 너와 같이 갈 것이다.

accomplish
[əkɑ́mpliʃ] | 어캄플리쉬
동 이룩하다, 성취하다

I think he will manage to accomplish the task.
그는 어떻게 해서든지 그 일을 해낼 겁니다.

accordingly
[əkɔ́ːrdiŋli] | 어코-딩리
(부) 따라서, 그에 따라서

It's a difficult job and they should be paid accordingly.
그것은 어려운 일이라서 그들은 그에 따른 지불을 받아야 한다.

account
[əkáunt] | 어카운트
(명) 설명, 계좌 (동) 설명하다

She gave an account of the accident.
그녀는 그 사건을 설명했다.

accurate
[ǽkjurət] | 애큐러트
(형) 정확한

His account is very accurate.
그의 설명은 매우 정확하다.

accuse
[əkjúːz] | 어큐-즈
(동) 고발(고소)하다, 비난하다

They accused the man of taking bribes.
그들은 그가 뇌물을 받았다고 비난했다.

accustomed
[əkʌ́stəmd] | 어커스텀드
(형) 익숙한, 평소의

I was not accustomed to such a practice.
나는 그러한 습관에 익숙하지 않았다.

ache
[éik] | 에이크
(명) 아픔 (동) 아프다

Her heart ached for the poor child.
그 불쌍한 아이 때문에 그녀의 가슴은 아팠다.

영단어 15

A

■■□
achieve
[ətʃíːv] | 어취-브
[동] 이루다, 성취하다, (명성을)얻다

Few people who aspire to fame ever achieve it.
명성을 열망하는 사람들 중 그것을 성취하는 사람은 거의 없다.

■■□
achievement
[ətʃíːvmənt] | 어취-브먼트
[명] 성취, 업적

I can't possibly equal his achievements.
나는 도저히 그의 업적을 따를 수가 없다.

■□□
acquire
[əkwáiər] | 어콰이어
[동] 얻다, 습득하다

He acquired a good reputation.
그는 명성을 얻었다.

■■■
across
[əkrɔ́ːs] | 어크로-스
[전] ~저쪽에, ~을 가로질러

The department store is across this street.
이 길 건너편에 백화점이 있다.

■■□
act
[ǽkt] | 액트
[명] 행동, 막 [동] 행동하다, 연기하다

Hamlet kills the king in the fifth act.
햄릿은 제5막에서 왕을 죽인다.

■■□
action
[ǽkʃən] | 액션
[명] 행동, 몸짓

It was a hasty action.
그것은 성급한 행동이었다.

■■□ **active** [ǽktiv] | 액티브
[형] 활동적인, 적극적인

He is enjoying an active life into old age.
그는 나이를 먹어서도 활발한 활동을 하고 있다.

■■■ **activity** [æktívəti] | 액티버티
[명] 활동

What kind of club activity do you like?
어떤 클럽 활동을 좋아하세요?

■■□ **actor** [ǽktər] | 액터
[명] 배우, 남자배우

The actor in that movie is very good-looking.
그 영화에 나오는 그 배우는 매우 잘생겼다.

■□□ **actual** [ǽktʃuəl] | 액츄얼
[형] 실제의, 현실의

He doesn't know your actual state.
그는 너의 실제 상황을 모른다.

■■□ **actually** [ǽktʃuəli] | 액츄얼리
[부] 현실로, 실제로, 사실은

Actually, another bit of good news for her.
사실 그녀에게 좋은 소식이 하나 더 있다.

■□□ **adapt** [ədǽpt] | 어댑트
[동] 적응하다(시키다), 개작하다

Feral cats have adapted well to life in the desert.
야생 고양이는 사막의 생활에도 잘 적응했다.

A

■■■
add
[ǽd] | 애드
[동] 더하다, 보태다, 추가하다

Kate added sugar to her tea.
케이트는 차에 설탕을 넣었다.

■■■
addition
[ədíʃən] | 어디션
[명] 부가, 첨가, 덧셈

He speaks German in addition to English.
그는 영어 이외에 독일어를 한다.

■□□
additional
[ədíʃənl] | 어디셔늘
[형] 부가적인, 추가의

There will be a small additional charge.
소액의 추가 요금이 부과될 것이다.

■■■
admiral
[ǽdmərəl] | 애드머럴
[명] 장군, 해군 제독

To the admiral, his country was most important.
그 장군에게는 그의 나라가 가장 중요한 것이었다.

■□□
admire
[ædmáiər] | 애드마이어
[동] 감탄하다, 찬양하다

We admired the depth of his insight.
우리는 그의 예리한 통찰력에 탄복했다.

■□□
admit
[ædmít] | 애드미트
[동] 허락하다, 인정하다, 들이다

I admit it was entirely my fault.
그것은 전적으로 내 실수라는 점을 인정한다.

adolescent
[ǽdəlésənt] | 애덜레선트
명 청소년 형 청소년의

The psychology of the adolescent is complex.
청소년의 심리는 복잡하다.

adopt
[ədápt] | 어답트
동 채택하다, 양자로 삼다

They shy away from adopting this policy.
그들은 이 정책의 채택을 피하고 있다.

adult
[ədʌ́lt] | 어덜트
명 어른, 성인 형 성인의

Today's teenager is tomorrow's adult.
오늘의 십대는 내일의 성인이다.

advance
[ədvǽns] | 어드밴스
동 나아가다, 전진하다 명 전진, 진보

They could neither advance nor retreat.
그들은 전진도 후퇴도 할 수 없었다.

advantage
[ədvǽntidʒ] | 어드밴티지
명 유리한 점, 이익

In basketball, tall players have an advantage.
농구에서는 키 큰 선수가 유리하다.

adventure
[ædvéntʃər] | 애드벤춰
명 모험, 모험심

It would be an amazing adventure.
굉장한 모험이 될 겁니다.

advertise
[ǽdvərtàiz] | 애드버타이즈
동 광고하다, 선전하다

Stores advertise goods for sale. 상점들은 상품 판매 광고를 한다.

advertisement
[ǽdvərtáizmənt] | 애드버타이즈먼트
명 광고, 선전

Most people dislike advertisements.
대부분의 사람들은 광고를 싫어한다.

advice
[ædváis] | 애드바이스
명 충고, 조언

She gave me some good advice. 그녀는 내게 좋은 충고를 해 주었다.

advise
[ædváiz] | 애드바이즈
동 충고하다, 조언하다

I would advise you to stop changing jobs.
직업을 너무 자주 바꾸지 말라고 말하고 싶군요.

affair
[əfɛ́ər] | 어페어
명 일, 사건

I have stacks of affairs to settle today.
난 오늘 처리해야 할 일이 산더미 같이 많다.

affect
[əfékt] | 어펙트
동 ~에 영향을 미치다, 작용하다

Earthquakes affect the weather.
지진은 기후에 영향을 미친다.

English Korean Word Dicitionary

affection
[əfékʃən] | 어펙션
명 애정, 감정, 영향

The poor child starved for domestic affection.
그 가엾은 아이는 가정적인 애정에 굶주려 있었다.

afflict
[əflíkt] | 어플릭트
동 괴롭히다

He was afflicted at your failure.
그는 너의 실패를 알고 마음 아파했다.

afford
[əfɔ́:rd] | 어포-드
동 할 수 있다, 여유가 있다

He can't afford to buy a motorcar.
그는 자동차를 살 여유가 없다.

afraid
[əfréid] | 어프레이드
형 두려워하여, 걱정하여

He is afraid of a small mouse.
그는 조그마한 생쥐도 무서워한다.

afternoon
[æftərnú:n] | 애프터누-운
명 오후

We are going to the park this afternoon.
우리는 오늘 오후 공원에 갈 겁니다.

again
[əgén] | 어겐
부 다시, 또

I'll never do that again.
나는 다시는 그것을 하지 않을 것이다.

영단어

against
[əgénst] | 어겐스트
전 ~에 반대하여, ~와 부딪쳐서

Most of the students are against keeping pets.
학생들 대부분은 애완동물을 키우는 것에 반대한다.

age
[éidʒ] | 에이쥐
명 나이, 시대

She became queen at age 23.
그녀는 23세의 나이에 여왕이 되었다.

agency
[éidʒənsi] | 에이전시
명 대리점, 대행사, (정부) 기관

Do we have to take our passports to the travel agency?
여권을 여행사에 가져가야 합니까?

agent
[éidʒənt] | 에이전트
명 대리인, (관청의) 직원

A travel agent booked her hotel reservations.
여행사 직원이 그녀에게 호텔을 예약해 주었다.

ago
[əɡóu] | 어고우
부 ~전에

I saw the movie three years ago.
나는 3년 전에 그 영화를 보았다.

agree
[əgríː] | 어그리-
동 동의하다, 의견이 일치하다

Do you agree with me?
내 생각에 동의하십니까?

agriculture
[ǽgrikʌ̀ltʃər] | 애그리컬춰
몡 농업, 농학

Agriculture is the first industry.
농업은 1차 산업이다.

aid
[éid] | 에이드
동 돕다 몡 도움, 원조

Foreign aids are tapering off.
외국 원조가 점점 줄고 있다.

aim
[éim] | 에임
동 겨누다, 목표 삼다 몡 겨냥, 목적

The man aimed his pistol at the husband.
그 남자가 총을 남편에게 겨누었다.

air
[ɛ́ər] | 에어
몡 공기, 공중

People can't live without air.
사람은 공기 없이 살 수 없다

aircraft
[ɛ́ərkræ̀ft] | 에어크래프트
몡 항공기

The aircraft is loaded for takeoff.
비행기 이륙을 위해 짐이 실려 있다.

airplane
[ɛ́ərplèin] | 에어플레인
몡 비행기

The airplane is landing at the airport.
비행기가 공항에서 착륙하고 있다.

영단어 23

airport
[έərpɔ́:rt] | 에어포-트
명 공항

Our arrival time at Incheon Airport is 9:00 a.m.
우리가 인천 국제공항에 도착하는 시간은 오전 9시입니다.

alarm
[əlɑ́:rm] | 얼라암
명 경고, 놀람, 자명종

It is easy to use a fire alarm box.
화재경보박스를 이용하는 것은 쉽다.

alert
[ələ́:rt] | 얼러-트
형 경계하는, 기민한 명 경계, 정보

The soldiers were alert to capture a spy.
군인들은 스파이를 잡기 위해 경계하고 있다.

alike
[əláik] | 얼라이크
형 서로 같은, 비슷한

They are much alike in character.
그들은 성격이 비슷하다.

all
[ɔ́:l] | 오올
형 전부의, 모든 대 모든 것

All my friends were already there.
내 친구들은 모두 이미 거기에 와 있었다.

allergy
[ǽlərdʒi] | 앨러쥐
명 알레르기, 과민증

Do you have any allergies?
알레르기 증상이 있으세요?

■■■ **allow**

[əláu] | 얼라우

[동] 허락하다, 인정하다

This allows kids to build up self-confidence.
이것은 아이들이 자신감을 형성하도록 허락해 준다.

■□□ **ally**

[əlái] | 얼라이

[동] 동맹(연합)시키다 [명] 동맹국, 맹방

Pakistan is a strong U.S. ally.
파키스탄은 미국의 강한 동맹국이다.

■■■ **almost**

[ɔ́:lmoust] | 올모우스트

[부] 거의, 하마터면

The bookshelves are almost empty.
책장들이 거의 비었다.

■■□ **alone**

[əlóun] | 얼로운

[형] 홀로, 외로이, 다만 ~뿐

She dared to go there all alone.
그녀는 대담하게도 혼자 거기에 갔다.

■■■ **along**

[əlɔ́:ŋ] | 얼로-옹

[전] ~을 따라서 [부] 따라서

They are walking along the beach.
그들은 해변을 따라 걷고 있다.

■■□ **aloud**

[əláud] | 얼라우드

[부] 소리 내어, 큰소리로

She read the story aloud to them.
그녀는 그들에게 소리 내어 그 이야기를 읽어 주었다.

alphabet
[ǽlfəbèt] | 앨퍼벳
몡 알파벳, 자모

Let me introduce the Korean alphabet.
내가 한국의 알파벳을 소개해 줄게요.

already
[ɔːlrédi] | 올-레디
튄 벌써, 이미

When I called, she had already started.
내가 방문했을 때 그녀는 벌써 출발했었다.

also
[ɔ́ːlsou] | 올-쏘우
튄 ~도 또한

It is also good for your health.
그것은 건강에도 또한 좋다.

alter
[ɔ́ːltər] | 오올터
동 바꾸다, 변경하다

He altered his house into a store.
그는 자기 집을 상점으로 개조했다.

alternative
[ɔːltə́ːrnətiv] | 올-터-너티브
몡 양자택일, 대안 형 양자택일의

I'm afraid we have no alternative.
우리는 달리 대안이 없는 것 같군요.

although
[ɔːlðóu] | 오올도우
접 (비록) ~일 지라도

The pearls are fake, although they look real.
그 진주는 진짜처럼 보여도 가짜이다.

always
[ɔ́:lweiz] | 올-웨이즈
🔲 언제나, 항상

I always keep my room clean.
나는 항상 방을 깨끗하게 해 놓는다.

a.m.
[éiém] | 에이-엠
🔲 🔲 오전에(의)

The program starts at 9 a.m.
그 프로그램은 오전 9시에 시작한다.

amaze
[əméiz] | 어메이즈
🔲 놀라게 하다

He always amazes me.
그는 언제나 나를 놀라게 한다.

ambition
[æmbíʃən] | 앰비션
🔲 야망, 야심

Her ambition is to become a doctor.
그녀의 야망은 의사가 되는 것이다.

America
[əmérikə] | 어메리커
🔲 미국

Have you ever been to America?
당신은 미국에 다녀온 적이 있습니까?

American
[əmérikən] | 어메리컨
🔲 미국의, 미국인의 🔲 미국인

Shopping malls changed American life.
쇼핑몰은 미국인의 생활을 변화시켰다.

among
[əmʌ́ŋ] | 어멍
전 (셋 이상) ~의 가운데, ~사이에

He is popular among the students. 그는 학생들 사이에 인기가 있다.

amount
[əmáunt] | 어마운트
명 양, 총계, 총액
동 총계가 ~에 이르다

There was a large amount of information.
많은 양의 정보가 있었다.

amusement
[əmjúːzmənt] | 어뮤-즈먼트
명 놀이, 오락, 재미

Baseball is a healthy amusement. 야구는 건전한 오락이다.

analyze
[ǽnəlàiz] | 애널라이즈
동 분석하다, 분해하다

Water can be analyzed into oxygen and hydrogen.
물은 산소와 수소로 분해할 수 있다.

ancestor
[ǽnsestər] | 앤쎄스터
명 조상, 선조

His ancestors came from Spain.
그의 선조는 스페인 출신이다.

ancient
[éinʃənt] | 에인션트
형 고대의, 오래된

Papyrus is a type of paper used in ancient Egypt.
파피루스는 고대 이집트에서 사용되던 종이이다.

angel
[éindʒəl] | 에인절
몡 천사

The angel is on a cloud.
천사가 구름 위에 있다.

anger
[ǽŋgər] | 앵거
몡 화 통 화나게 하다

His act caused my anger.
그의 행동이 나를 화나게 했다.

angry
[ǽŋgri] | 앵그리
혱 화난, 성난

The lion woke up and was angry.
사자는 잠이 깼고, 화가 났습니다.

animal
[ǽnəməl] | 애너멀
몡 동물

An elephant is a big animal.
코끼리는 큰 동물이다.

ankle
[ǽŋkl] | 앵클
몡 발목

He was handicapped by his injured ankle.
그는 발목을 다쳐서 불리한 입장에 있었다.

announce
[ənáuns] | 어나운스
통 알리다, 발표하다

What news is announced?
어떤 뉴스가 발표되었습니까?

announcement
[ənáunsmənt] | 어나운스먼트
명 공고, 고시, 발표

The next announcement refers to employee contracts.
다음 발표는 직원 계약에 관한 것이다.

annoy
[ənɔ́i] | 어노이
동 성가시게 굴다, 화나게 하다

Her rude manner annoyed me.
그녀의 무례한 태도가 나를 화나게 했다.

another
[ənʌ́ðər] | 어너더
형 또 하나의, 다른 대 또 하나의 것

I lost another tooth today.
오늘 이 하나가 또 빠졌다.

answer
[ǽnsər] | 앤써
명 대답 동 대답하다

Answer the following questions.
다음 질문들에 답하시오

ant
[ǽnt] | 앤트
명 개미

Two ants are carrying a leaf.
개미 두 마리가 나뭇잎을 나르고 있다.

anticipate
[æntísəpèit] | 앤티서페이트
동 예상하다, 기대하다

We anticipated a good time at the party.
우리는 파티에서 재미있는 시간을 가질 것으로 예상했다.

anxiety
[æŋzáiəti] | 앵자이어티
명 걱정, 불안, 염원

People feel anxiety for the future.
사람들은 미래에 대해 불안을 느낀다.

anxious
[ǽŋkʃəs] | 앵셔스
형 걱정하는, 열망하는

His mother is very anxious about his future.
그의 어머니는 그의 장래에 관해 몹시 걱정하고 계시다.

anxiously
[ǽŋkʃəsli] | 앵셔슬리
부 걱정하여, 근심스럽게

I waited anxiously for a letter from him.
나는 걱정스럽게 그의 편지를 기다렸다.

any
[éni] | 에니
형 어떤, 얼마간의 대 무엇이든지

Do you know any story about a wise person?
현명한 사람에 관한 이야기를 알고 있는 것이 있습니까?

anybody
[énibàdi] | 에니바디
대 누구든지, 아무도, 누군가

Anybody can become a member if he wants.
원하면 누구든지 회원이 될 수 있다.

anymore
[ènimɔ́ːr] | 에니모어
부 이제는, 더 이상

I don't want to eat by myself anymore.
나는 더 이상 혼자 먹고 싶지 않다.

anyway
[éniwèi] | 에니웨이
(부) 어쨌든, 아무튼

OK, anyway I'll go with you.
좋아요, 어쨌든 당신과 함께 갈게요.

apart
[əpá:rt] | 어파-트
(부) 산산이, 뿔뿔이, 떨어져

People are taking apart the telescope.
사람들이 망원경을 분해하고 있다.

apologize
[əpálədʒàiz] | 어팔러자이즈
(동) 사과하다, 사죄하다

I don't know how to apologize to you.
당신에게 어떻게 사과해야 할지 모르겠습니다.

apology
[əpálədʒi] | 어팔러쥐
(명) 사과, 사죄

I owe you an apology.
나는 당신에게 사과할 일이 있습니다.

apparent
[əpǽrənt] | 어패런트
(형) 명백한, 겉보기의

That's an apparent reason.
그것은 표면상의 이유에 불과하다.

appeal
[əpí:l] | 어피-일
(동) 애원(호소)하다, 항소(항의)하다

Her lawyers are expected to appeal the judge's decision.
그녀의 변호사들은 재판관의 판결에 항소할 것으로 예상된다.

appear
[əpíər] | 어피어
동 나타나다, ~인 것같이 보이다

A ghostly figure appeared on the stage.
유령 같은 모습이 무대에 나타났다.

appearance
[əpíərəns] | 어피어런스
명 외모, 출현

Don't judge a person by his appearance.
사람을 겉모습으로 판단하지 마세요.

appetite
[ǽpətàit] | 애퍼타이트
명 식욕, 욕망

She had a good appetite.
그녀는 왕성한 식욕을 갖고 있었다.

applaud
[əplɔ́ːd] | 어플로-드
동 박수갈채하다

The audience applauded.
청중은 박수를 보냈다.

apple
[ǽpl] | 애플
명 사과

The basket is full of apples.
바구니에 사과가 가득 있다.

appliance
[əpláiəns] | 어플라이언스
명 기구, 장치, 설비

Five men are moving an appliance.
다섯 명의 남자들이 장비를 옮기고 있다.

영단어 33

application
[æplikéiʃən] | 애플리케이션
명 적용, 지원서, 신청서

When is the deadline for applications?
신청 마감은 언제입니까?

apply
[əplái] | 어플라이
동 신청하다, 지원하다, 적용하다

The rules don't apply here.
그 규칙은 여기에서는 적용되지 않는다.

appointment
[əpɔ́intmənt] | 어포인트먼트
명 약속, 임명, 지정

I have an appointment at that time. 그 시간에는 약속이 있습니다.

appreciate
[əprí:ʃièit] | 어프리-쉬에이트
동 감사하다, 진가를 인정하다, 감상하다

Thanks. I appreciate your help. 고맙습니다. 도와 주셔서 감사합니다.

appreciation
[əprì:ʃiéiʃən] | 어프리-쉬에이션
명 감사, 감상(력), 진가

They have no true appreciation of art.
그들은 예술품을 진정으로 감상하지 않는다.

approach
[əpróutʃ] | 어프로우취
동 다가가다, 접근하다 명 접근(법)

It's dangerous to approach too close to them.
그들에게 너무 가까이 접근하는 것은 위험하다.

appropriate
[əpróuprièit] | 어프로우프리에이트
형 적절한, 어울리는

Your clothes are not appropriate for the party.
네 옷은 파티용으로는 적당하지 않다.

approve
[əprú:v] | 어프루-브
동 찬성하다, 승인하다

I approve your choice.
나는 네 선택에 찬성한다.

approximately
[əpráksəmətli] | 어프락써머틀리
부 대략, 대체로

The area is approximately 100 square yards.
면적은 대략 100평방 야드이다.

aptitude
[ǽptətù:d] | 앱터튜-드
명 적성, 소질, 경향

She has musical aptitude.
그녀는 음악에 대한 소질이 있다.

architecture
[á:rkətèktʃər] | 아-커텍츄어
명 건축, 건축술(학), 건축양식

Greek architecture made much use of columns and beams.
그리스 건축에는 기둥과 들보가 많이 사용되었다.

area
[ɛ́əriə] | 에어리어
명 면적, 지역, 구역, 지방

All of you should stay in the safe areas.
당신들 모두는 안전한 지역에 머물러야 합니다.

argue
[á:rgju:] | 아규―
동 논의하다, 주장하다

He argued that he was innocent.
그는 자기가 무죄라고 주장했다.

argument
[á:rgjumənt] | 아규먼트
명 논의, 논쟁

I had an argument with my friend.
나는 친구와 말다툼을 했다.

arise
[əráiz] | 어라이즈
동 일어나다, 생기다

Serious results may arise from this.
심각한 결과가 이것에서 생길지도 모른다.

arm
[á:rm] | 아암
명 팔, 무기(복수일 때)

They worked illegally as arms merchants.
그들은 불법 무기 상인으로 일했다.

around
[əráund] | 어라운드
부 주위에 전 ~의 주위에, 약

I want to travel around the world.
나는 세계를 여행하고 싶다.

arrange
[əréindʒ] | 어레인지
동 정리(정돈)하다, 배열하다

The words are arranged alphabetically.
그 단어들은 알파벳순으로 배열되어 있다.

arrest
[ərést] | 어레스트
동 체포하다 명 체포

Four protesters were arrested.
4명의 시위 반대자가 체포되었다.

arrive
[əráiv] | 어라이브
동 도착하다

When is your flight supposed to arrive?
당신의 비행기는 언제 도착하죠?

arrow
[ǽrou] | 애로우
명 화살

Time flies like an arrow.
세월이 화살같이 흐른다.

art
[ɑ́:rt] | 아ー트
명 예술, 미술

Music is one of the most cosmopolitan arts.
음악은 가장 세계적인 예술 중의 하나다.

article
[ɑ́:rtikl] | 아ー티클
명 기사, 논문, 사설

He's reading an article in the paper.
그는 신문 기사를 읽고 있다.

artificial
[ɑ̀:rtəfíʃəl] | 아ー터피셜
형 인공의, 인조의

She made artificial flowers from paper.
그녀는 종이로 조화를 만들었다.

■■□ **artistic**

[ɑːrtístik] | 아-티스틱

[형] 예술의, 예술적인

They encourage boys to be sensitive and artistic.
그들은 아이들이 감각적이고 예술적이 되도록 키운다.

■■■ **ashamed**

[əʃéimd] | 어셰임드

[형] 부끄러워하는

I'm ashamed of my folly.
나는 내 어리석은 짓을 부끄러워하고 있다.

■■■ **Asia**

[éiʒə] | 에이줘

[명] 아시아

Korea is one of the countries in Asia.
한국은 아시아에 있는 국가 중 하나이다.

■□□ **aside**

[əsáid] | 어싸이드

[부] 옆에, 따로, 제쳐놓고

Explosive substances should be set aside.
폭발 물질은 따로 두어야 한다.

■■■ **ask**

[ǽsk] | 애스크

[동] 묻다, 부탁하다, 요구하다

May I ask you a question?
질문 하나 해도 될까요?

■□□ **aspect**

[ǽspekt] | 애스펙트

[명] (사물의)면, 국면, 양상

He has a gentle aspect.
그에게는 정중한 면이 있다.

assembly
[əsémbli] | 어셈블리
명 집회, 의회, 조립(품)

The government forbids an illegal assembly.
정부는 불법 집회를 금지하고 있다.

asset
[ǽset] | 애세트
명 재산, 자산

The biggest asset you have is your credibility.
당신이 가진 가장 소중한 자산은 신용입니다.

assignment
[əsáinmənt] | 어싸인먼트
명 숙제, 임무, 할당

I regard every assignment as a challenge.
나는 어떠한 임무도 모두 도전이라고 생각한다.

assist
[əsíst] | 어씨스트
동 돕다, 원조하다

She assisted me in my work.
그녀는 내 일을 도와주었다.

assistant
[əsístənt] | 어씨스턴트
명 조수, 보조자 형 보조의

When does your new assistant start?
새로 온 보조 직원은 언제 일을 시작하죠?

association
[əsòusiéiʃən] | 어쏘우시에이션
명 협회, 조합, 연합

They formed an association to help blind people.
그들은 맹인들을 돕기 위한 협회를 설립했다.

■□□
assume
[əsjúːm] | 어슈움
[동] 가정하다, 떠맡다

I assume that it is true.
나는 이것이 사실이라고 가정하고 있다.

■□□
assure
[əʃúər] | 어슈어
[동] 보증하다, 확신시키다

I assure you of his innocence.
나는 그의 결백을 보증합니다.

■■□
astronaut
[ǽstrənɔ̀ːt] | 애스트러노-트
[명] 우주 비행사

His dream is to be an astronaut.
그의 꿈은 우주 비행사가 되는 것이다.

■□□
athlete
[ǽθliːt] | 애쓸리-트
[명] 운동 선수

He is a born athlete.
그는 타고난 운동선수다.

■□□
atmosphere
[ǽtməsfìər] | 앳머스피어
[명] 대기, 분위기

We could feel a festive atmosphere.
우리는 축제 분위기를 느낄 수 있었다.

■□□
atomic
[ətámik] | 어타믹
[형] 원자의, 원자력의

Scientists have discovered many new atomic particles.
과학자들은 새로운 원자 입자를 많이 발견했다.

■□□ attach
[ətǽtʃ] | 어태치
[동] 붙이다, 첨부하다

The steps are attached to the house. 계단이 집에 붙어 있다.

■■□ attack
[ətǽk] | 어택
[동] 공격하다 [명] 공격

Some sharks attack fishers. 어떤 상어들은 어부들을 공격한다.

■■□ attempt
[ətémpt] | 어템트
[명] 시도 [동] 시도하다

Several attempts to correct the problem met with failure.
문제 해결을 위한 몇몇 시도가 실패로 돌아갔다.

■□□ attend
[əténd] | 어텐드
[동] 참석(출석)하다, 돌보다, 주의하다

He attends church services on Sundays.
그는 일요일마다 예배에 참석한다.

■■□ attendant
[əténdənt] | 어텐던트
[명] 안내원, 수행원, 참석자
[형] 시중드는

Many attendants accompanied the prime minister.
많은 수행원들이 총리와 동행했다.

■■□ attention
[əténʃən] | 어텐션
[명] 주목, 주의, 조심

Pay attention to what I'm saying.
제 말씀에 귀를 기울여 주세요.

attic
[ǽtik] | 애틱
명 다락, 다락방

hey prayed in the attic.
그들은 다락방에서 기도했다.

attitude
[ǽtitjùːd] | 애티튜―드
명 태도, 자세

I cannot stand his selfish attitude.
나는 그의 이기적인 태도를 참을 수 없다.

attract
[ətrǽkt] | 어트랙트
동 끌다, 매혹하다

People say that opposites attract.
사람들은 서로 반대되는 것에 끌린다고 말한다.

attractive
[ətrǽktiv] | 어트랙티브
형 매력적인, 마음을 끄는

She has something attractive about her.
그녀는 무엇인가 매력이 있다.

audience
[ɔ́ːdiəns] | 오―디언스
명 청중, 관객, 청취자

The speaker swayed the audience.
연사는 청중의 마음을 뒤흔들었다.

aunt
[ǽnt] | 앤트
명 아주머니, 고모, 이모, 숙모

The lady over there is one of my aunts.
저쪽에 계신 여자 분이 내 이모 중의 한 분이에요.

author
[ɔ́:θər] | 오-써
명 작가, 저자

Not only was he a noted author, but also a gifted speaker.
그는 유명한 작가일 뿐만 아니라 재능 있는 연설가였다.

authority
[əθɔ́:rəti] | 어-쏘러티
명 권위, 권한, 당국

Parents have authority over their children.
부모는 자식들에 대해 권위를 가지고 있다.

autograph
[ɔ́:təgræf] | 오-터그래프
명 자필 서명, 사인

May I have your autograph?
사인 좀 해 주시겠어요?

automate
[ɔ́:təmèit] | 오-터메이트
동 자동화하다

The plant had to automate its production line.
그 공장은 생산 라인을 자동화해야 했다.

automatic
[ɔ̀:təmǽtik] | 오-터매틱
형 자동의, 기계적인

The automatic door was broken.
자동문이 고장 났다.

available
[əvéiləbl] | 어베이러블
형 이용할 수 있는

I'll check what rooms we have available.
지금 남아 있는 방을 확인해 보겠습니다.

average
[ǽvəridʒ] | 애버리쥐
명 평균, 보통 형 평균의

His score was above average.
그의 점수는 평균 이상이었다.

avoid
[əvɔ́id] | 어보이드
동 피하다, 회피하다

I try to avoid junk food.
나는 건강에 해로운 음식은 피하려고 한다.

await
[əwéit] | 어웨이트
동 기다리다

Death awaits us all.
죽음이 우리 모두를 기다리고 있다.

awake
[əwéik] | 어웨이크
동 깨우다, 깨어나다 형 깨어 있는

He awoke to find himself famous.
그는 자고 나니 자기가 유명해진 것을 알았다.

awaken
[əwéikən] | 어웨이컨
동 깨우다, 깨닫게 하다

I was awakened by a baby's crying.
나는 아기의 울음소리에 잠을 깼다.

award
[əwɔ́:rd] | 어워-드
동 수여하다, 주다 명 상, 상금

She won the Best Actress Award.
그녀는 최우수 여배우상을 수상했다.

aware
[əwɛər] | 어웨어
형 알아차리고, 알고 있는

I am well aware of my shortcomings.
내 자신의 결점은 내가 잘 알고 있다.

awareness
[əwɛərnis] | 어웨어니스
명 자각, 인식

Greenpeace works to promote awareness of the dangers of our planet.
그린피스는 지구를 위협하는 위험에 대한 경각심을 일깨우기 위해 일한다.

away
[əwéi] | 어웨이
부 떨어져서, 저쪽에

Stay away from a body of water.
물에서 멀리 떨어지십시오.

awful
[ɔ́ːfəl] | 오-펄
형 무서운, 지독한

This soup tastes awful.
이 수프는 정말 맛이 없다.

awkward
[ɔ́ːkwərd] | 오-크워드
형 어색한, 서투른

It is awkward for me to do that myself.
그 일은 내가 하기는 좀 어색하다.

axe
[æks] | 액스
명 도끼

An axe is a tool used to cut down trees.
도끼는 나무를 자르는 데 사용되는 도구이다.

baby
[béibi] | 베이비
명 아기, 젖먹이

The baby cannot speak yet. 아기가 아직 말을 못해요.

back
[bǽk] | 백
명 등, 뒤 형 뒤의
부 뒤로, 본래 자리로

I'm going back home next Wednesday.
난 다음주 수요일에 집에 돌아 간다.

background
[bǽkgràund] | 백그라운드
명 배경, 바탕, 경력

Tell me about your educational background.
교육적인 배경에 대해 말해 보세요.

backpack
[bǽkpǽk] | 백팩
명 (등에 메는) 가방, 배낭

Bill promised to lend me his backpack.
빌이 나에게 배낭을 빌려 주겠다고 약속했다.

bad
[bǽd] | 배드
형 나쁜, 서투른, 부패한

Biting nails is a bad habit. 손톱을 물어뜯는 것은 나쁜 습관이다.

■■■ **bag**

[bǽg] | 백

[명] 가방, 자루

She is carrying a bag on her shoulders.
그녀가 어깨에 가방을 메고 있다.

■■□ **baggage**

[bǽgidʒ] | 배기쥐

[명] 수하물

Customs officers inspected our baggage.
세관 직원은 우리 수하물을 면밀히 검사했다.

■■■ **bake**

[béik] | 베이크

[동] (빵을)굽다

Now, bake the bread in an oven.
자, 이제 빵을 오븐에 구워라.

■■■ **balance**

[bǽləns] | 밸런스

[명] 균형, 평균, 저울

He lost his balance and fell.
그는 균형을 잃고 넘어졌다.

■■□ **bald**

[bɔ́:ld] | 보올드

[형] 대머리의, (머리가)벗어진

I think he's got a complex about being bald.
그는 대머리인 것에 대해 콤플렉스를 가지고 있는 것 같아요.

■■■ **bandage**

[bǽndidʒ] | 밴디쥐

[명] 붕대, 안대

Doctor wrapped his leg in a bandage.
의사 선생님이 그의 다리를 붕대로 감았다.

bank
[bæŋk] | 뱅크
명 은행, 둑, 제방

We always keep money in the bank.
우리는 늘 그 은행에 돈을 예금해 둔다.

banner
[bǽnər] | 배너
명 기, 현수막, 배너

She's hanging a banner. 그녀는 현수막을 걸고 있다.

barely
[bɛ́ərli] | 베얼리
부 간신히, 겨우

He has barely enough money to live on.
그는 겨우 먹고 살 만한 돈만 있다.

bargain
[bɑ́ːrgən] | 바-건
명 싼 물건, 매매계약, 거래
형 값싼 물건의

The shoppers were looking for bargains.
구매자들은 값싼 물건을 찾고 있었다.

barrier
[bǽriər] | 배리어
명 장벽, 장애(물), 경계(선)

The people are swimming beyond the barrier.
사람들이 경계를 넘어 수영하고 있다.

baseball
[béisbɔ̀ːl] | 베이스보올
명 야구

Did you go to the baseball field yesterday?
어제 야구장에 갔었니? .

basement
[béismənt] | 베이스먼트
명 지하실, 지하층

The steps lead to a basement.
계단은 지하실로 통한다.

basic
[béisik] | 베이식
형 기초의, 근본적인 명 기초, 근본

The family is the basic unit of society.
가정은 사회의 기본 단위이다.

basis
[béisis] | 베이시스
명 기초, 근거

Your demand has no legal basis.
너의 요구는 법적 근거가 없다.

basketball
[bǽskitbɔ̀:l] | 배스킷보올
명 농구

Are you going to the basketball game?
농구 경기 보러 갈 거예요?

bat
[bǽt] | 배트
명 (야구)배트, 박쥐

The dog is as blind as a bat.
그 개는 박쥐처럼 눈이 어둡습니다.

battery
[bǽtəri] | 배터리
명 전지, 건전지

How many batteries does the cassette player take?
그 카세트 플레이어에는 건전지가 몇 개 필요한가요?

battle
[bǽtl] | 배틀
명 전투, 싸움 동 싸우다

Many of his comrades were killed in the battle.
그의 동료 중 많은 사람들이 그 전투에서 죽었다.

battleship
[bǽtlʃìp] | 배틀쉽
명 전투함

The battleship is out to sea.
전함이 바다로 나왔다.

beach
[bíːtʃ] | 비-취
명 해안, 해변

I want to go to the beach this summer.
나는 올 여름 바닷가에 가고 싶다.

beam
[bíːm] | 비임
명 들보, 광선 동 빛나다, 비추다

The ceilings are supported by oak beams.
그 천장은 오크나무 들보로 지지되어 있다.

bean
[bíːn] | 비인
명 콩

The corn and beans are growing nicely this year.
옥수수와 콩이 올해 잘 자라고 있다.

bear
[bɛ́ər] | 베어
명 곰 동 낳다, 참다

The girl is carrying the teddy bear.
소녀가 곰 인형을 들고 가고 있다.

beard
[bíərd] | 비어드
뗑 턱수염

John has long hair and a stubbly beard.
존은 긴 머리와 뻣뻣한 턱수염을 가지고 있다.

beast
[bíːst] | 비-스트
뗑 짐승, 야수

He is no better than a ferocious beast.
그는 사나운 짐승이나 다름없다.

beat
[bíːt] | 비-트
동 치다, 때리다, 패배시키다

He beat the child with a cane.
그는 아이를 지팡이로 때렸다.

beautiful
[bjúːtəfəl] | 뷰-터펄
형 아름다운

Snow White is beautiful.
백설 공주는 아름답다.

beauty
[bjúːti] | 뷰-티
뗑 미(美), 아름다움, 미인

A thing of beauty is a joy forever.
아름다움은 영원한 기쁨이다.

because
[bikɔ́ːz] | 비코-즈
접 왜냐하면, ~ 때문에

I didn't go outside because it was raining.
비가 와서 밖에 나가지 않았다.

become
[bikʌ́m] | 비컴
통 ~이 되다, ~에 어울리다

I want to become a lawyer.
나는 변호사가 되고 싶다.

beef
[bíːf] | 비-프
명 쇠고기

This beef is very tough.
이 쇠고기는 너무 질기다.

before
[bifɔ́ːr] | 비포
전 ~앞에, ~전에 부 앞에, 전에

I found it before you.
내가 너보다 먼저 그것을 발견했다.

beg
[bég] | 베그
통 간청하다, 구걸하다

If I were you, I wouldn't beg for food.
내가 너라면, 음식을 구걸하진 않을 텐데.

begin
[bigín] | 비긴
통 시작하다, 시작되다

School begins at 9 A.M.
학교는 오전 9시에 시작한다.

behave
[bihéiv] | 비헤이브
통 행동하다

He behaves just like a puppet. 그는 꼭두각시처럼 행동한다.

behavior
[bihéivjər] | 비헤이비어
명 행동, 행실

His heartfelt behavior moved them.
그의 진심어린 행동이 그들을 감동시켰다.

behind
[biháind] | 비하인드
부 뒤에 전 ~뒤에

The mouse is behind the hat.
생쥐가 모자 뒤에 숨었다.

belief
[bilí:f] | 빌리-프
명 믿음, 신념, 신앙

Columbus had an indomitable belief that he would reach land.
콜럼버스는 그가 육지에 닿을 것이라는 불굴의 신념을 갖고 있었다.

believe
[bilí:v] | 빌리-브
동 믿다, 신뢰하다

People believe what they want to believe.
사람들은 자신이 믿고 싶은 것을 믿는다.

belong
[biló:ŋ] | 빌로옹
동 속하다, 소속하다

The house belonged to my grandfather.
그 집은 우리 할아버지 것이었다.

below
[bilóu] | 빌로우
전 ~보다 아래에 부 아래에

You can park underground below the building.
그 건물 지하에 주차할 수 있습니다.

belt
[bélt] | 벨트
명 벨트, 띠

Your seat belt is too loose. 네 안전벨트는 너무 느슨하다.

bend
[bénd] | 벤드
동 구부리다, 굽히다

The road bends to the left.
길은 왼쪽으로 구부러져 있다.

benefit
[bénəfìt] | 배너피트
명 이익 동 이익이 되다

I received a great benefit from his teaching.
나는 그의 가르침에 많은 덕을 보았다.

beside
[bisáid] | 비싸이드
전 ~의 옆에, ~의 곁에

He walked beside the dog. 그는 개 옆으로 걸어갔다.

besides
[bisáidz] | 비싸이즈
전 ~외에도, ~말고도 부 게다가

Five people went there besides me.
나 이외에 다섯 사람이 갔다.

bet
[bét] | 벳
동 걸다, 내기하다, 단언하다
명 내기

Let's bet on who's going to win this baseball game.
이 야구 시합에서 어느 편이 이기나 내기하자.

between
[bitwíːn] | 비트위인
전 ~사이에

The fork is between the steak and the soup.
포크가 스테이크와 수프 사이에 있다.

big
[bíg] | 빅
형 큰, 훌륭한

The sun is a very big star. 태양은 매우 큰 별이다.

bill
[bíl] | 빌
명 계산서, 청구서, 지폐, 광고지

The bill was very high.
청구 금액이 너무 많이 나왔다.

bind
[báind] | 바인드
동 묶다, 감다

She bound a package with a ribbon.
그녀는 리본으로 꾸러미를 묶었다.

biology
[baiálədʒi] | 바이알러지
명 생물학

I studied biology at university.
나는 대학에서 생물학을 공부했다.

bird
[bə́ːrd] | 버-드
명 새

The sky was high and the birds were singing.
하늘은 높고 새들은 노래하고 있었다.

영단어

birthday
[bə́:rθdèi] | 버-쓰데이
명 생일

I invited Tom to my birthday party.
나는 내 생일 파티에 톰을 초대했다.

bit
[bít] | 비트
명 작은 조각, 조금, 약간

You can come a little bit later.
조금 늦게 와도 됩니다.

bite
[báit] | 바이트
명 물기, 한 입 동 물다

Barking dogs seldom bite.
짖는 개는 물지 않는다.

bitter
[bítər] | 비터
형 쓴, 쓰라린, 지독한

A good medicine tastes bitter. 좋은 약은 입에 쓰다.

black
[blǽk] | 블랙
형 검은, 흑색의

She's got short black hair.
그녀는 짧고 검은 머리를 하고 있어.

blame
[bléim] | 블레임
명 비난 동 나무라다, 비난하다

They blame young people for being selfish.
그들은 젊은 사람들은 이기적이라고 비난한다.

blank
[blǽŋk] | 블랭크
명 공백, 빈칸 형 공백의, 빈

He tore a blank page from his notebook.
그는 자기 공책에서 빈 페이지 한 장을 뜯어냈다.

blend
[blénd] | 블렌드
동 섞다, 섞이다, 혼합하다

Oil won't blend with water.
기름과 물은 섞이지 않는다.

blender
[bléndər] | 블렌더
명 혼합하는 것(사람), 믹서

Pour the yogurt, milk, and honey into a blender.
요구르트, 우유, 꿀을 믹서에 붓는다.

bless
[blés] | 블레스
동 축복하다, 가호하다

God bless you!
그대에게 신의 축복이 있기를!

blink
[blíŋk] | 브링크
동 (눈을)깜박거리다, 깜짝이다

She blinked at the sudden light.
그녀는 갑자기 비친 빛에 눈을 깜박거렸다.

block
[blák] | 블락
명 덩어리, 도시의 한 구역

She lives two blocks away from here.
그녀는 여기서 두 블록 떨어진 곳에 산다.

영단어

blossom
[blásəm] | 블라썸
명 꽃 동 꽃피다

Our love blossomed over the years.
우리의 사랑은 여러 해에 걸쳐 꽃을 피웠다.

blow
[blóu] | 블로우
동 불다

Then the wind began to blow.
그 때 바람이 불기 시작했다.

blue
[blú:] | 블루-
형 파란, 우울한 명 파랑

The sky is blue. 하늘이 파랗다.

board
[bɔ́:rd] | 보오드
명 널빤지, 게시판, 위원회
동 탑승하다

The board began to bend as he walked on it.
그가 널빤지 위를 걸어가자 그 널빤지가 구부러지기 시작했다.

boast
[bóust] | 보우스트
동 자랑하다, 뽐내다

He boasts that he can swim well.
그는 수영 잘 하는 것을 자랑하고 있다.

body
[bádi] | 바디
명 몸, 신체, 시체

A sound mind in a sound body. 건전한 신체에 건전한 정신.

bomb
[bám] | 밤
명 폭탄 동 폭격하다

He threw a bomb at the train. 그는 열차에 폭탄을 던졌다.

bone
[bóun] | 보운
명 뼈, 골질

The bone is all right. 뼈에는 이상이 없다.

book
[búk] | 북
명 책

The desk is full of books. 그 책상은 책으로 가득하다.

bookstore
[búkstɔ̀:r] | 북스토
명 서점

She is browsing in the bookstore.
그녀는 서점에서 이것저것 구경하고 있다.

border
[bɔ́:rdər] | 보-더
명 국경, 경계
동 접경하다, 인접하다

Turkey borders on Iran to the east.
터키는 동쪽으로 이란과 경계를 이루고 있다.

borrow
[bárou] | 바로우
동 빌리다

Can I borrow a pen to write a memo?
메모할 수 있게 펜 좀 빌려 주시겠어요?

both
[bóuθ] | 보우쓰
형 양쪽의 대 양쪽 다, 둘 다

It looks good on both men and women.
그것은 여자와 남자 둘 다에게 잘 어울린다.

bother
[báðər] | 바더
동 괴롭히다, 귀찮게 하다

Don't bother me with such a small matter.
그런 사소한 문제로 나를 귀찮게 하지 말아라.

bottle
[bátl] | 바틀
명 병, 술병

The bottle is filled with water. 그 병은 물로 가득 차 있다.

bottom
[bátəm] | 바텀
명 밑, 바닥, 기초

The boat has sunk to the bottom of the ocean.
보트는 바다 밑으로 가라앉았다.

bough
[báu] | 바우
명 큰 가지

Hang a shining star upon the highest bough.
반짝이는 별을 제일 높은 가지 위에 달아 보세요.

bow
[báu] | 바우
동 절하다 명 절, 인사

He stood up to bow his teacher.
그는 선생님께 인사하기 위해 일어섰다.

boy
[bɔ́i] | 보이
명 소년

The boy is too young to play baseball.
그 소년은 야구를 하기엔 너무 어리다.

brain
[bréin] | 브레인
명 두뇌, 뇌

Use your brain. 머리를 써라.

branch
[bræntʃ] | 브랜취
명 (나무)가지, 지점, 지류

The birds are sitting on a branch.
새들이 나뭇가지 위에 앉아 있다.

brand
[brǽnd] | 브랜드
명 상표, 브랜드

What's the brand, and where can I buy it?
상표가 뭐예요? 어디서 살 수 있죠?

brave
[bréiv] | 브레이브
형 용감한, 용기 있는

The brave policeman caught the robber.
그 용감한 경찰이 강도를 잡았다.

bread
[bréd] | 브레드
명 빵

Would you like jam on your bread?
빵에 잼을 발라 드릴까요?

break
[bréik] | 브레이크
동 부수다, 깨지다, 어기다

This box is easy to break.
이 상자는 부서지기 쉽다.

breakdown
[bréikdàun] | 브레이크다운
명 고장, 붕괴, 쇠약

All operations ceased after the mechanical breakdown.
기계가 고장이 나서 모든 작업이 중단되었다.

breakfast
[brékfəst] | 브렉퍼스트
명 아침 식사, 조반

We had bacon and eggs for breakfast.
우리는 아침 식사로 베이컨과 계란을 먹었다.

breath
[bréθ] | 브레쓰
명 숨, 호흡

Take a deep breath. 심호흡을 하세요.

breathe
[bríːð] | 브리-드
동 숨 쉬다, 호흡하다

Fish breathe through their gills.
물고기는 아가미를 통해서 숨을 쉰다.

brief
[bríːf] | 브리-프
형 짧은, 간단한 명 짧은 글

In brief, he loves you.
간단히 말해 그는 너를 사랑한다.

■■■ **bright**
[bráit] | 브라이트
[형] 밝은, 빛나는, 영리한

The moon is very bright tonight.
오늘밤은 달이 무척 밝다.

■□□ **brilliant**
[bríljənt] | 브릴리언트
[형] 빛나는, 훌륭한

He has a brilliant future before him.
그에게는 빛나는 미래가 있다.

■■■ **bring**
[bríŋ] | 브링
[동] 가져오다, 데려오다

Bring me a cup of tea.
차 한 잔만 갖다 주세요.

■□□ **broad**
[brɔ́:d] | 브로-드
[형] 폭 넓은, 넓은

The wagons crossed a broad river. 마차들은 넓은 강을 건넜다.

■■□ **broadcast**
[brɔ́:dkæ̀st] | 브로-드캐스트
[명] 방송 [동] 방송하다

The broadcast was recorded, not live.
그 방송은 생방송이 아니라 녹화된 것이었다.

■■■ **brother**
[brʌ́ðər] | 브러더
[명] 형제, 형(아우)

I played computer games with my brother.
나는 형과 컴퓨터 게임을 했다.

brown
[bráun] | 브라운
형 갈색의 명 갈색

Our house is brown and their house is blue.
우리 집은 갈색인데 그들의 집은 파란색이다.

brush
[brʌ́ʃ] | 브러쉬
명 솔 동 (솔로) 닦다

Brush the dust from your shoes.
신발의 먼지을 닦으세요.

bud
[bʌ́d] | 버드
명 싹, 봉오리 동 싹트다

A bud develops into a flower. 꽃봉오리가 핀다.

budget
[bʌ́dʒit] | 버짓
명 예산(안), 경비

The committee approved the budget.
위원회는 예산안을 승인했다.

bug
[bʌ́g] | 버그
명 곤충, (기계)고장, 버그

There is a bug in the software.
소프트웨어에 버그가 있다.

build
[bíld] | 빌드
동 짓다, 건축하다

They planed to build a gym.
그들은 체육관을 지을 계획을 세웠다.

■□□ **bump** [bʌ́mp] | 범프
[동] 부딪치다, 마주 치다

Two men bumped into each other on the street.
두 사람은 거리에서 우연히 마주쳤다.

■□□ **burden** [bə́:rdn] | 버-든
[명] (무거운) 짐, 부담

I'm having a burden of responsibility.
나는 책임이라는 무거운 짐을 가지고 있다.

■□□ **burst** [bə́:rst] | 버-스트
[동] 터지다, 터뜨리다
[명] 파열, 폭발

She burst into tears. 그녀는 갑자기 울음을 터뜨렸다.

■□□ **bury** [béri] | 베리
[동] 묻다, 매장하다

A car is buried in the snow. 차가 눈에 파묻혀 있다.

■■■ **busy** [bízi] | 비지
[형] 바쁜, 분주한, 번화한

I was very busy writing a paper.
나는 숙제 하느라고 매우 바빴다.

■■■ **buy** [bái] | 바이
[동] 사다, 사주다

I want to buy a movie magazine. 영화 잡지를 하나 사고 싶다.

cabbage
[kǽbidʒ] | 캐비쥐
명 양배추

The cabbage has a large head. 배추통이 크다.

cabin
[kǽbin] | 캐빈
명 오두막 집, 선실

We took shelter in a nearby cabin.
우리는 근처 오두막으로 피난했다.

calculate
[kǽlkjulèit] | 캘큐레이트
동 계산하다, 추정하다

How should we calculate our prices?
우리 제품 가격을 어떻게 산정할까요?

call
[kɔ́ːl] | 코올
동 부르다, 전화하다

Call me when you are get back home.
집에 돌아가면, 전화해 주세요.

calm
[káːm] | 카-암
형 고요한, 침착한
동 가라앉다 명 고요

Please calm down now. 이제 그만 고정하십시오.

■■□
calorie
[kǽləri] | 캘러리
[명] 칼로리(열량 단위)

A calorie is the measure of energy produced by food.
칼로리는 음식에서 생산되는 에너지의 단위이다.

■■■
campaign
[kæmpéin] | 캠페인
[명] 캠페인, 사회적 운동

The campaign had made quite an impact on young people.
그 운동은 젊은이들에게 큰 영향을 주었다.

■■□
campus
[kǽmpəs] | 캠퍼스
[명] 교정, 학내, 캠퍼스

The new library was built in the center of the campus.
새 도서관은 대학의 교정 한가운데에 건립되었다.

■□□
cancel
[kǽnsəl] | 캔썰
[동] 취소하다, 중지하다

They canceled the plan.
그들은 그 계획을 취소했다.

■■□
cancer
[kǽnsər] | 캔써
[명] 암, 악성 종양

He died of lung cancer.
그는 폐암으로 사망했다.

■□□
candidate
[kǽndədèit] | 캔더데이트
[명] 후보자, 지원자

He is a candidate of my company.
그는 내 회사에 지원한 사람이다.

candy
[kǽndi] | 캔디
명 사탕, 캔디

Why do you eat so much candy?
사탕을 왜 그렇게 많이 먹어요?

cap
[kǽp] | 캡
명 (테 없는) 모자

Mother bought me a baseball cap.
엄마가 나에게 야구 모자를 사 주셨다.

capable
[kéipəbl] | 케이퍼블
형 유능한, ~할 능력이 있는

She is capable of the work.
그녀는 그 일을 할 능력이 있다.

capacity
[kəpǽsəti] | 커패써티
명 수용력, 용량, 능력

The parking lot has reached its capacity.
주차장이 차로 가득 찼다.

capital
[kǽpitl] | 캐피틀
형 자본의, 주요한 명 수도

Each individual nation has its capital.
각 나라에는 수도가 있다.

capsule
[kǽpsəl] | 캡설
명 캡슐, (우주선의) 캡슐

A Russian space capsule is currently orbiting the Earth.
러시아 우주 캡슐이 현재 지구의 주위를 돌고 있다.

■□□ **capture** [kǽptʃər] | 캡춰
[동] 붙잡다, 사로잡다 [명] 포획

The police captured the burglar.
경찰은 강도를 붙잡았다.

■■■ **car** [kɑ́ːr] | 카-
[명] 차, 자동차

There are many cars on the street.
거리에 차들이 많다.

■■■ **care** [kέər] | 케어
[명] 걱정, 돌봄 [동] 걱정하다, 돌보다

She took care of me.
그녀가 나를 돌봐 주었다.

■□□ **career** [kəríər] | 커리어
[명] 직업, 경력, 생애

He's focused on his music and career.
그는 자신의 음악과 경력에 신경 쓴다.

■■■ **careful** [kέərfəl] | 케어펄
[형] 주의 깊은, 꼼꼼한

Be careful with the glass!
그 유리컵이 깨지지 않게 조심해!

■■□ **careless** [kέərlis] | 케어리스
[형] 부주의한, 무관심한

The taxi driver was very careless.
택시 기사는 매우 부주의했다.

carrot
[kǽrət] | 캐러트
몡 당근

Make some carrot pies. 당근 파이를 만들어 주세요.

carry
[kǽri] | 캐리
동 나르다, 운반하다

It's heavy, but I can manage to carry it.
그것은 무겁지만 내가 그럭저럭 나를 수 있어요.

cartoon
[kɑːrtúːn] | 카-투-운
몡 만화, 만화 영화

The man is watching cartoons. 남자가 만화를 보고 있다.

cash
[kǽʃ] | 캐쉬
몡 현금

How would you like to pay, cash or charge?
현금으로 지불하시겠어요, 아니면 카드로 하실래요?

cast
[kǽst] | 캐스트
동 던지다, 던져버리다

Cast your fishing line far out into the river.
낚싯줄을 강물 멀리 던져 넣어라.

casual
[kǽʒuəl] | 캐주얼
혱 우연의, 격식을 차리지 않는, 평상복의

He went out for a walk in casual wear.
그는 간편한 차림으로 산책을 나갔다.

▮▮▮ **cat**

[kǽt] | 캣

[명] 고양이

The cat jumped over the chair. 고양이가 의자를 뛰어넘었다.

▮▮▮ **catalog**

[kǽtəlɔ̀:g] | 캐털로-그

[명] 목록, 카탈로그

Would you please send a catalog and price list?
카탈로그와 가격표를 보내 주시겠습니까?

▮▮▮ **catch**

[kǽtʃ] | 캐취

[동] 붙잡다, 걸리다

It is a weapon which is used to catch birds.
그것은 새를 잡는데 사용되는 무기입니다.

▮▯▯ **category**

[kǽtəgɔ̀:ri] | 캐터고-리

[명] 범주, 부문

It belongs in the same category as A.
그것은 A와 같은 부류에 속한다.

▮▮▯ **cause**

[kɔ́:z] | 코-즈

[명] 원인, 이유 [동] 원인이 되다

The immediate cause of the accident was engine failure.
그 사고의 직접적인 원인은 엔진 고장이었다.

▮▯▯ **cease**

[sí:s] | 씨-스

[동] 그만두다, 중지하다

At last the war has ceased.
마침내 전쟁은 끝났다.

ceiling
[síːliŋ] | 씨일링
명 천장, 최고 한도

His head touches the ceiling.
그의 머리는 천장에 닿는다.

celebrate
[séləbrèit] | 셀러브레이트
동 축하하다, 기념하다

Help us celebrate our 10th birthday in style!
저희의 멋진 10주년 기념 행사에 함께해 주십시오!

celebration
[sèləbréiʃən] | 쎌러브레이션
명 축하, 축하 행사

If it rains, when will the celebration take place?
비가 올 경우 축하 행사는 언제 열리게 됩니까?

cell
[sél] | 쎌
명 작은 방, 세포, 전지

Every new organism begins as a single cell.
모든 새로운 유기체는 하나의 세포로부터 시작된다.

cellphone
[sélfòun] | 쎌포운
명 휴대전화(cellular phone)

Were you playing games on this cellphone?
휴대폰으로 게임을 하고 있었지?

cemetery
[sémətèri] | 쎄머테리
명 (공동)묘지

His ancestors lie in the cemetery.
그의 조상은 공동 묘지에 묻혀 있다.

cent
[sént] | 센트
명 센트(미국의 화폐 단위)

She spent her last cent.
그녀는 최후의 1센트까지 써 버렸다.

central
[séntrəl] | 쎈트럴
형 중심의, 중심적인

My office is in the central part of the city.
나의 사무실은 시내 중심부에 있다.

century
[séntʃuri] | 쎈츄리
명 세기, 100년

What's your role in the 21st century?
21세기에 여러분의 역할은 무엇입니까?

cereal
[síəriəl] | 씨어리얼
명 곡물, 곡물음식

On this farm, there are only cereals or vegetables to eat.
이 농장에는 먹을 거라고는 곡물이나 채소밖에 없다.

ceremony
[sérəmòuni] | 쎄러모우니
명 의식, 식

I was present at the opening ceremony.
나는 개회식에 참석했다.

certain
[sə́ːrtn] | 써-튼
형 확신하는, 확실한, 어떤

She is certain to stay in Busan for a long time.
그녀는 오랫동안 부산에 머물 것을 확신한다.

certainly
[sə́:rtnli] | 써-튼리
(부) 확실히, 틀림없이

Imported items certainly cost more.
수입품은 확실히 가격이 비쌌다.

challenge
[tʃǽlindʒ] | 챌린쥐
(동) 도전하다 (명) 도전

I accepted his challenge. 나는 그의 도전에 응했다.

chance
[tʃæns] | 챈스
(명) 기회, 운, 우연, 계기

Give me another chance.
한 번 더 기회를 주십시오.

change
[tʃéindʒ] | 체인쥐
(동) 변화하다, 바꾸다
(명) 변화, 잔돈

I want to change my job. 난 직업을 바꾸고 싶다.

character
[kǽriktər] | 캐릭터
(명) 성격, 인격, 인물, 문자

The character of the hero is well described.
주인공의 성격이 잘 묘사되어 있다.

characteristic
[kæriktərístik] | 캐릭터리스틱
(형) 특징 있는 (명) 특성, 특징

They have one characteristic in common.
그들에게는 하나의 공통된 특징이 있다.

charge
[tʃɑːrdʒ] | 챠-지
명 요금, 고발, 혐의
동 청구하다, 고발하다

The charge was five dollars per. 요금은 각각 5달러였다.

charity
[tʃǽrəti] | 채러티
명 자선, 자선기금

She does a lot of work for charity.
그녀는 많은 자선 활동을 하였다.

charm
[tʃɑːrm] | 챠-암
명 매력 동 황홀하게 하다

She worked her charm in landing a new job.
그녀는 그녀의 매력을 이용하여 새 일자리를 얻었다.

chase
[tʃéis] | 체이스
동 뒤쫓다, 추적하다 명 추적

The police chased that evidence. 경찰은 그 단서를 추적했다.

chat
[tʃǽt] | 채트
명 잡담 동 잡담하다

They chatted until late at night. 그들은 밤이 늦도록 잡담했다.

cheat
[tʃiːt] | 취-트
동 속이다, 속여빼앗다
명 속임수, 부정행위

The swindler sold the house with intent to cheat her.
사기꾼은 그녀를 속일 목적으로 그 집을 팔았다.

check
[tʃék] | 체크
명 점검, 수표
통 점검하다, 조사하다

I am going to check that first. 먼저 점검부터 해 볼게요.

cheer
[tʃíər] | 취어
통 격려하다, 환호하다

The coach cheered us up. 코치 선생님께서는 우리를 격려해 주셨다.

cheerful
[tʃíərfəl] | 취어펄
형 쾌활한, 유쾌한

He is poor but cheerful. 그는 가난하지만 쾌활하다.

chemical
[kémikəl] | 케미컬
형 화학의, 화학적인
명 화학제품

It's a sort of chemical weapons.
그것은 화학 무기의 일종이다.

chemistry
[kémistri] | 케미스트리
명 화학

His major area of study is chemistry.
그의 전공 연구 분야는 화학이다.

chest
[tʃést] | 췌스트
명 가슴, 상자, 궤

The chest was full of brilliant gold.
그 보석 상자는 빛나는 금으로 가득 차 있었다.

■■■ **chew**

[tʃúː] | 츄–

[동] 씹다, 곰곰이 생각하다

Never chew with your mouth open.
입을 벌린 채로 음식을 씹지 마세요.

■■■ **chicken**

[tʃíkin] | 취킨

[명] 병아리, 닭고기

Do you like pizza or chicken? 피자를 드시겠어요, 닭고기를 드시겠어요?

■■□ **chief**

[tʃíːf] | 취–프

[명] 장, 우두머리
[형] 최고의, 주요한

He is a chief executive. 그는 최고경영자이다.

■■■ **child**

[tʃáild] | 촤일드

[명] 어린이, 아이

What that child needs is loving care and attention.
그 아이에게 필요한 것은 애정 어린 보살핌과 관심이다.

■■□ **chill**

[tʃíl] | 취일

[명] 냉기, 한기 [형] 냉랭한, 차가운

I've been feeling chills since this morning.
나는 오늘 아침부터 한기가 난다.

■■□ **chin**

[tʃín] | 췬

[명] 아래턱, 턱 끝

He was knocked down by a blow on the chin.
그는 턱을 한 대 얻어맞고 넘어졌다.

Chinese
[tʃainíːz] | 챠이니-즈
형 중국의 명 중국사람, 중국어

My teacher looks like a famous Chinese actress.
나의 선생님은 중국의 유명한 여배우와 닮았다.

chip
[tʃíp] | 칩
명 조각, (나무)토막

Chips are floating in the water. 나무토막들이 물에 떠다니고 있다.

choice
[tʃɔ́is] | 초이스
명 선택, 선택의 기회

He found it hard to make a choice.
그는 선택하기 어렵다는 것을 알았다.

choir
[kwáiər] | 콰이어
명 합창단, 성가대

I used to sing in the church choir.
나는 교회 성가대에서 노래했었다.

cholesterol
[kəléstəròul] | 컬레스터로울
명 콜레스테롤

Your cholesterol level is too high.
당신의 콜레스테롤 수치가 너무 높아요.

choose
[tʃúːz] | 츄-즈
동 고르다, 선택하다

A warrior would choose death before dishonor.
전사는 불명예보다는 죽음을 택한다.

■□□ chop
[tʃάp] | 찹
[동] 자르다, 잘게 썰다

Chop garlic and bell pepper. 마늘과 피망을 잘게 썬다.

■■■ church
[tʃə́:rtʃ] | 처-취
[명] 교회

He kneels down in prayer in the church.
그는 교회에서 무릎을 꿇고 기도한다.

■□□ circumstance
[sə́:rkəmstæ̀ns] | 써-컴스탠스
[명] (주위)상황, 사정, 환경

She lives in good circumstances.
그녀는 좋은 환경에서 산다.

■■■ city
[síti] | 씨티
[명] 도시, 시

He came to a big city to look for work.
그는 일자리를 찾기 위해 대도시로 왔다.

■□□ civil
[sívəl] | 씨벌
[형] 시민의, 문명사회의, 민간의

Every citizen has civil rights and duties.
모든 시민은 시민의 권리와 의무를 갖고 있다.

■□□ civilization
[sìvəlizéiʃən] | 씨벌리제이션
[명] 문명

He studies ancient civilization.
그는 고대 문명을 연구한다.

▮□□ **claim**

[kléim] | 클레임

[동] 요구하다, 청구하다, 주장하다 [명] 요구, 주장

Both sides claimed the victory. 양측이 다 승리했다고 주장했다.

▮□□ **clap**

[klǽp] | 클랩

[동] (손뼉을) 치다 [명] (의성어) 탕

The excited crowd clapped loudly.
흥분한 관중은 크게 박수를 쳤다.

▮▮▮ **class**

[klǽs] | 클래스

[명] 학급, 수업, 종류

There are forty students in the class. 학급 학생이 40명이다.

▮▮▮ **classical**

[klǽsikəl] | 클래씨컬

[형] 고전의, 고전적인

I'm very interested in classical music.
나는 클래식 음악에 아주 흥미가 있다.

▮□□ **classify**

[klǽsəfài] | 클래써파이

[동] 분류하다, 등급으로 나누다

Earthquakes are often classified by their point of origin.
지진은 종종 그것의 발생지점에 의해서 분류된다.

▮▮▮ **classmate**

[klǽsmèit] | 클래스메이트

[명] 동급생, 급우

I enjoyed playing soccer with my classmates at the camp.
나는 캠프에서 반 친구들과 축구 하는 것을 즐겼다.

classroom
[klǽsrù:m] | 클래스루움
명 교실

Don't make noise in the classroom.
교실 안에서 소란피우지 마세요.

clay
[kléi] | 클레이
명 점토, (진)흙

Man is but a lump of clay.
사람은 한 줌 흙에 지나지 않는다

clean
[klí:n] | 클린
형 깨끗한 동 청소하다

Kate's room is always clean.
케이트의 방은 언제나 깨끗하다.

clear
[klíər] | 클리어
형 맑은, 투명한, 명백한

It's going to be clear and hot all day.
하루 종일 맑고 덥겠습니다.

clerk
[klə́:rk] | 클러-크
명 사무원, 점원

He has a job as an office clerk.
그는 사무원으로 일한다.

clever
[klévər] | 클레버
형 영리한

A clever boy learns fast.
영리한 아이는 빨리 배운다.

client
[kláiənt] | 클라이언트
명 의뢰인, 고객

He is going to meet with an important client.
그는 중요한 의뢰인과 만날 예정이다.

climate
[kláimit] | 클라이미트
명 기후

Italy has a mild climate.
이탈리아의 날씨는 온화하다.

climb
[kláim] | 클라임
동 오르다, 기어오르다

He climbed to the top of the tree.
그는 나무 꼭대기로 올라갔다.

clinic
[klínik] | 클리닉
명 진료소, 개인(전문)병원

It is an opening ceremony for a women's health clinic.
여성들의 건강 진료소를 위한 개회식이다.

clone
[klóun] | 클로운
명 복제 생물 동 복제하다

They've been trying to clone a human for years.
그들은 수년간 인간 복제를 시도해 왔다.

close
[klóuz] | 클로우즈
동 닫다 형 가까운

Close the door, please.
문을 닫아 주세요.

clothes
[klóuðz] | 클로우드즈
명 옷, 의복

She always wears expensive clothes.
그녀는 항상 값비싼 옷을 입는다.

cloud
[kláud] | 클라우드
명 구름

The cloud hid the sun.
구름이 태양을 가렸다.

cloudy
[kláudi] | 클라우디
형 구름 낀, 흐린

Today's weather will be cloudy and cool.
오늘은 흐리고 쌀쌀하겠습니다.

clover
[klóuvər] | 클로우버
명 클로버, 토끼풀

A clover with four leaves is the symbol of luck.
네잎 클로버는 행운의 상징이다.

clown
[kláun] | 클라운
명 어릿광대

The man is dressed like a clown.
남자는 광대 차림을 하고 있다.

club
[kláb] | 클럽
명 클럽, 동아리

My uncle joined the tennis club last summer.
우리 삼촌은 작년 여름에 테니스 클럽에 가입하셨다.

clue
[klúː] | 클루-
명 실마리, 단서

The mystery has no clue to it.
그 비밀에는 단서가 없다.

code
[kóud] | 코우드
명 규범, 법규, 부호, 암호

Please enter your secret code.
비밀 번호를 입력해 주세요.

coin
[kɔ́in] | 코인
명 동전, 주화

Do you have any coins for the phone?
공중전화 걸 동전 있어요?

cold
[kóuld] | 코울드
형 추운, 찬 명 감기, 추위

It's a cold and windy day
춥고 바람이 분다.

collect
[kəlékt] | 컬렉트
동 모으다, 수집하다

How long did it take you to collect those coins?
그 만한 동전을 모으는 데 얼마나 걸렸어요?

collection
[kəlékʃən] | 컬렉션
명 수집, 수집물

He made a random collection of old stamps.
그는 옛날 우표를 닥치는 대로 수집했다.

■■■
college
[kálidʒ] | 칼리쥐
[명] 단과대학, 대학

She majored in journalism in college.
그녀는 대학에서 언론학을 전공했다.

■□□
collide
[kəláid] | 컬라이드
[동] 부딪치다, 충돌하다

The boat collided against a rock.
배가 바위에 부딪쳤다.

■□□
colony
[káləni] | 칼러니
[명] 식민지, 집단 거주지

Once India was a colony of England.
한때 인도는 영국의 식민지였다.

■■■
color
[kʌ́lər] | 컬러
[명] 색깔, 색

My favorite color is green.
내가 가장 좋아하는 색깔은 녹색이다.

■□□
combination
[kàmbənéiʃən] | 캄버네이션
[명] 결합, 연합

It was a great combination of the easy life and hard work.
그것은 안락한 생활과 근면이 완벽히 조화를 이루었다.

■□□
combine
[kəmbáin] | 컴바인
[동] 결합하다, 겸비하다

It is difficult to combine work with pleasure.
일과 오락을 결합시키기는 어렵다.

comfort
[kʌ́mfərt] | 컴퍼트
명 위안, 편안함 동 위로하다

She was a great comfort to him.
그녀는 그에게 큰 위안이었다.

comfortable
[kʌ́mfərtəbl] | 컴퍼터블
형 기분 좋은, 편안한

A soft, warm bed is comfortable.
부드럽고 따뜻한 침대는 편하다.

comic
[kɑ́mik] | 카믹
형 희극의, 만화의
명 희극배우, 만화책

I read some comic books all day long yesterday.
나는 어제 하루종일 만화책을 읽었다.

command
[kəmǽnd] | 커맨드
동 명령하다, 지배하다

You may command my services. 무슨 일이든 분부만 내려주십시오.

comment
[kɑ́mənt] | 카먼트
명 논평 동 논평하다

She gave outspoken comments. 그녀는 솔직히 논평을 했다.

commercial
[kəmə́ːrʃəl] | 커머-셜
형 상업의 명 광고방송

Have you seen our new TV commercials?
새로 나가는 우리 텔레비전 광고를 본 적 있어요?

commit
[kəmít] | 커미트
동 범하다, 맡기다, 전념하다

He was very careful not to commit a blunder.
그는 큰 실수를 하지 않도록 무척 조심했다.

committee
[kəmíti] | 커미티
명 위원회

He was elected chairman of the committee.
그는 위원회의 의장으로 선출되었다.

common
[kámən] | 카먼
형 공통의, 일반적인

We have nothing in common.
우리는 공통점이 하나도 없다.

communicate
[kəmjúːnəkèit] | 커뮤-너케이트
동 의사소통하다, 통신하다, 연락하다

You can communicate with many people at the same time.
당신은 여러 사람들과 동시에 연락을 할 수 있습니다.

communication
[kəmjùːnəkéiʃən] | 커뮤-너케이션
명 의사소통, 전달

Communication with deaf people is difficult.
청각 장애자와 의사 소통하기는 어렵다.

community
[kəmjúːnəti] | 커뮤-너티
명 공동체, 지역사회

He worked for the good of the community.
그는 지역 공동 사회를 위해 일했다.

companion
[kəmpǽnjən] | 컴패니언
명 동료, 친구, 동반자

I warned him against bad companions.
나쁜 친구들을 조심하라고 그에게 주의시켰다.

company
[kʌ́mpəni] | 컴퍼니
명 회사, 친구, 동행

He works for a toy company.
그는 장난감 회사에서 일한다.

compare
[kəmpέər] | 컴페어
동 비교하다

Don't compare yourself with others.
네 자신을 다른 사람과 비교하지 말아라.

comparison
[kəmpǽrəsn] | 컴패러슨
명 비교, 대조, 비유

There is no comparison between this and that.
이것과 저것 사이에는 비교할 것이 없다.

compensation
[kàmpənséiʃən] | 캄펀쎄이션트
명 보상(금), 배상, 보수

What compensation do you offer?
보수는 얼마만큼 받을 수 있습니까?

compete
[kəmpíːt] | 컴피-트
동 경쟁하다, 겨루다

No painting can compete with this one.
이것에 필적할 만한 그림은 없다.

competence
[kámpətəns] | 캄퍼턴스
명 능력, 적성

There is no doubt of his competence for the work.
그가 그 일을 해낼 능력이 있다는 것은 확실하다.

competent
[kámpətənt] | 캄퍼턴트
형 유능한, 능력 있는

He is competent to criticize it.
그는 그것을 비평할 자격이 있다.

competition
[kàmpətíʃən] | 캄퍼티션
명 경쟁, 경기

Without competition, progress stops.
경쟁이 없으면 진보는 멈춘다.

competitive
[kəmpétətiv] | 컴페터티브
형 경쟁의, 경쟁적인

Our prices are very competitive.
우리 제품가격은 아주 경쟁력이 있다.

complain
[kəmpléin] | 컴플레인
동 불평하다, 항의하다

Don't complain about the food.
음식에 대해 불평하지 마라.

complete
[kəmplí:t] | 컴플리-트
동 완성하다 형 완전한

He labored to complete the task.
그는 그 일을 완성하고자 노력했다.

complex
[kəmpléks] | 컴플렉스
- 형 복잡한, 복합의
- 명 합성물, 집합체, 콤플렉스

This system has a very complex network.
이 시스템은 아주 복잡한 조직으로 되어 있다.

complicated
[kámpləkèitid] | 캄플러케이티드
- 형 복잡한, 뒤얽힌

It is complicated in structure. 그것은 구조가 복잡하다.

compose
[kəmpóuz] | 컴포우즈
- 동 구성하다, 작곡[작문]하다

Facts alone do not compose a book. 사실만으로 책이 구성되는 것은 아니다.

composer
[kəmpóuzər] | 컴포우저
- 명 작곡가

The composers are in control in classical music.
고전음악에서는 작곡가들이 통제를 한다.

composition
[kàmpəzíʃən] | 캄퍼지션
- 명 구성, 작곡, 작문

There are some mistakes in this composition.
이 작문에는 틀린 곳이 조금 있다.

comprehend
[kàmprihénd] | 캄프리헨드
- 동 이해하다, 파악하다

I just cannot comprehend your attitude. 나는 정말 너의 태도를 이해할 수 없다.

comprehension
[kɑ̀mprihénʃən] | 캄프리헨션
형 이해(력), 파악력

The existence of God is beyond human comprehension.
신의 존재는 인간이 이해할 수 없는 것이다.

comprehensive
[kɑ̀mprihénsiv] | 캄프리헨시브
형 포괄적인, 이해력이 있는

The book is a comprehensive guide to Korea.
그 책은 한국에 대한 포괄적인 안내서이다.

compressed
[kəmprést] | 컴프레스트
형 압축된, 압착된

The machine is driven by compressed air.
그 기계는 압축 공기로 움직인다.

conceal
[kənsíːl] | 컨씨일
동 숨기다, 감추다

I do not conceal anything from you.
나는 너에게 아무것도 숨기지 않는다.

concentrate
[kɑ́nsəntrèit] | 칸썬트레이트
동 집중하다, 전념하다

It was difficult to concentrate because of the noise.
시끄러워서 집중하기가 힘들었다.

concentration
[kɑ̀nsəntréiʃən] | 칸썬트레이션
명 집중

He lacks concentration. 그는 집중력이 부족하다.

영단어

■■□

concern

[kənsə́ːrn] | 컨써언

[동] 관계하다, 걱정하다
[명] 관계, 관심, 걱정

The main concern at the moment is securing oil and gas.
현 시점에서 주요 관심은 석유와 가스 자원의 확보입니다.

■■■

concert

[kánsəːrt] | 칸써–트

[명] 음악회, 연주회

When does the concert start? 콘서트는 몇 시에 시작하나요?

■□□

conclude

[kənklúːd] | 컨클루–드

[동] 결말짓다, 결론을 내리다

We concluded that he was in danger.
우리는 그가 위험하다고 결론을 내렸다.

■■□

conclusion

[conclúsion] | 컨클루–전

[명] 결론, 결말

I didn't agree with the conclusion.
나는 그 결론에 동의하지 않아요.

■■□

condition

[kəndíʃən] | 컨디션

[명] 상태, 상황, 조건

Health is a condition of happiness.
건강은 행복의 필요 조건이다.

■□□

conduct

[kándʌkt] | 칸덕트

[명] 행위 [동] 행동하다, 수행하다

His conduct is above reproach. 그의 행동에는 비난의 여지가 없다.

conductor
[kəndʌ́ktər] | 컨덕터
명 안내자, 지도자, (음악)지휘자

The conductor directs the orchestra.
지휘자가 오케스트라를 지휘하고 있다.

cone
[kóun] | 코운
명 원뿔, (아이스크림의)콘

It's a right circular cone.
그것은 직원뿔이다.

conference
[kánfərəns] | 칸퍼런스
명 회의, 협의

The overseas conference call lasted thirty minutes.
해외 전화 회의는 30분간 계속 되었다.

confidence
[kánfidəns] | 칸피던스
명 자신(감), 신뢰

Thank you for your confidence and support.
귀하의 신뢰와 지원에 감사드립니다.

confident
[kánfidənt] | 칸피던트
형 자신 있는, 확신하는

We were confident of success.
우리는 성공을 확신하고 있었다.

confirm
[kənfə́ːrm] | 컨퍼엄
동 확인하다, 굳게 하다

They are going to confirm their love with this ceremony.
그들은 이 기념식으로 그들의 사랑을 확인하려고 한다.

C

■□□ **conflict**

[kάnflikt] | 칸플릭트

[명] 갈등, 충돌, 분쟁

[동] 충돌하다, 대립하다

A conflict of opinions arose over the matter.
그 문제를 두고 의견 충돌이 일어났다.

■□□ **confuse**

[kənfjúːz] | 컨퓨-즈

[동] 혼동하다, 당황하게하다

Never confuse a single defeat with a final defeat.
한 번 실패와 영원한 실패를 혼동하지 말라.

■■□ **connect**

[kənékt] | 커넥트

[동] 연결하다, 접속하다

The railroad connects our town with the city.
철도가 우리 마을과 그 도시를 연결한다.

■□□ **conquer**

[kάŋkər] | 캉커

[동] 정복하다, 극복하다

He conquered his fear of heights. 그는 고소공포증을 극복했다.

■□□ **conscious**

[kάnʃəs] | 칸셔스

[형] 의식 하고 있는, 의식 있는

I am conscious of the importance of the matter.
나는 그 일의 중요성을 알고 있다.

■□□ **consequence**

[kάnsikwèns] | 칸씨퀀스

[명] 결과, 중요성

We must answer for the consequences.
그 결과는 우리가 책임져야 한다.

conservation
[kànsəːrvéiʃən] | 칸써-베이션
명 보존, 보호

We know how important the conservation of wildlife is.
우리는 야생 생물 보존의 중요성을 알고 있다.

conserve
[kənsə́ːrv] | 컨써-브
동 보존하다, 보호하다

We should take steps to conserve the environment.
우리는 환경을 보존할 조치를 취해야 한다.

consider
[kənsídər] | 컨씨더
동 숙고하다, ~라고 생각 하다

You must consider the problem from every aspect.
그 문제는 모든 관점에서 고려해야 한다.

considerable
[kənsídərəbl] | 컨씨더러블
형 상당한, 다수의, 중요한

She is a considerable person in the company.
그녀는 그 회사에서 중요한 인물이다.

considerate
[kənsídərət] | 컨씨더럿
형 이해심 많은, 사려 깊은

He is always polite and considerate toward his fellow workers.
그는 항상 동료들에게 예의바르고 사려 깊게 행동한다.

consist
[kənsíst] | 컨씨스트
동 이루어지다, 구성되다

This book consists of 10 chapters.
이 책은 10장으로 이루어져 있다.

constant
[kánstənt] | 칸스턴트
형 변함없는, 끊임없이 계속되는

He ran with constant speed.
그는 일정한 속도로 달렸다.

constitute
[kánstətjù:t] | 칸스터튜-트
동 구성하다, 설립하다

Seven days constitute a week.
7일은 1주일이 된다.

construct
[kənstrʌ́kt] | 컨스트럭트
동 건설하다, 세우다, 조립하다

The company constructed the bridge.
그 회사가 다리를 건설했다.

construction
[kənstrʌ́kʃən] | 컨스트럭션
명 건축, 건설, 구조

The construction of the building has been completed.
빌딩의 건설이 완료되었다.

consult
[kənsʌ́lt] | 컨썰트
동 상의하다, 상담하다, 참고하다

She consulted with a lawyer.
그녀는 변호사와 의논했다.

consume
[kənsú:m] | 컨슈움
동 소비하다, 다 써버리다

This car consumes a lot of gas.
이 차는 휘발유를 많이 소비한다.

consumer
[kənsúːmər] | 컨슈-머
명 소비자

In capitalist societies the consumer is king.
자본주의 사회에서는 소비자가 왕이다.

consumption
[kənsʌ́mpʃən] | 컨썸션
명 소비, 소비량, 소모

Consumption keeps pace with production.
소비는 생산과 병행한다.

contact
[kántækt] | 칸택트
명 접촉, 연락
통 접촉하다, 연락하다

Please contact me if you have any concerns.
문의사항이 있으신 분은 저에게 연락 주시기 바랍니다.

contain
[kəntéin] | 컨테인
통 담고 있다, 포함하다

The shopping cart contains food items. 쇼핑 카트에 식료품이 담겨 있다.

container
[kəntéinər] | 컨테이너
명 그릇, 용기, (화물용)컨테이너

The container is full of corns. 그 그릇에는 옥수수가 가득 들어 있다.

contemporary
[kəntémpərèri] | 컨템퍼레리
형 동시대의, 현대의

Goethe was contemporary with Beethoven.
괴테는 베토벤과 동시대 사람이었다

■□□
contend
[kənténd] | 컨텐드
[동] 다투다, 싸우다, 주장하다

Columbus contended that the earth is round.
콜럼버스는 지구가 둥글다고 주장했다.

■□□
content
[kəntént] | 컨텐트
[형] 만족하는

He is content with what he has.
그는 그가 가진 것에 만족한다.

■■■
contest
[kάntest] | 칸테스트
[명] 다툼, 경쟁, 경기 [동] 경쟁하다

He won the swimming contest.
그는 수영 대회에서 우승했다.

■■□
continual
[kəntínjuəl] | 컨티뉴얼
[형] 계속적인, 잦은

He is the object of continual scandal.
그에게는 늘 추문이 붙어 다닌다.

■■□
continue
[kəntínju:] | 컨티뉴-
[동] 계속하다, 계속되다

He continued the computer game.
그는 컴퓨터 게임을 계속했다.

■□□
contract
[kάntrækt] | 칸트랙트
[명] 계약, 계약서 [동] 계약하다

Is it avoidable contract? 그거 취소 가능한 계약인가요?

contrary
[kántreri] | 칸트레리
혱 반대의 몡 정반대

The opinions of the two are contrary to each other.
두 사람의 의견은 서로 상치된다.

contrast
[kántræst] | 칸트래스트
몡 대조 통 대조하다

This color contrasts well with green.
이 색깔은 녹색과 좋은 대조를 이룬다.

contribute
[kəntríbju:t] | 컨트리뷰-트
통 기여하다, 기부하다

Science has contributed much to modern technology.
과학은 현대 기술에 많은 기여를 했다.

control
[kəntróul] | 컨트로울
몡 지배, 관리
통 지배하다, 통제하다

The finance committee controls the school's budget.
재무 위원회가 학교의 예산을 통제한다.

convenience
[kənví:njəns] | 컨비-니언스
몡 편의, 편리

It's a shelter for the convenience of travelers.
그것은 여행자들의 편의를 위한 시설이다.

convenient
[kənví:njənt] | 컨비-니언트
혱 편리한

It's cheaper and more convenient. 그것은 더 싸고 더 편리하다.

영단어

conversation
[kànvərséiʃən] | 칸버쎄이션
명 회화, 대화

The men are having a conversation at the counter.
남자들이 카운터에서 대화를 나누고 있다.

convince
[kənvíns] | 컨빈스
동 확신시키다, 납득시키다

It is difficult to convince him.
그를 납득시키는 것은 어렵다.

cook
[kúk] | 쿡
동 요리하다 명 요리사

I like to cook for my friends.
나는 친구들을 위해 요리하는 것을 좋아한다.

cool
[kú:l] | 쿠울
형 시원한, 서늘한, 멋진, 훌륭한

We can tell what is cool and what is wrong.
우리는 어떤 것이 멋지고 어떤 것이 이상한지 구별할 수 있다.

cooperation
[kouàpəréiʃən] | 코우아퍼레이션
명 협력, 협동

I really appreciate your cooperation.
협조해 주셔서 정말 감사합니다.

copy
[kápi] | 카피
명 복사, 사본 동 복사하다

This is a copy of a famous picture. 이것은 유명한 그림의 복사본이다.

corn
[kɔ́ːrn] | 코온
명 옥수수, 곡물

We grow cucumbers and corn in the backyard.
우리는 뒤뜰에 오이와 옥수수를 키운다.

corner
[kɔ́ːrnər] | 코너
명 구석, 모퉁이

There is a sign at the corner of the street.
길 모퉁이에 표지판이 있습니다.

correct
[kərékt] | 커렉트
형 옳은, 정확한 동 바로잡다

Your answer is correct. 네 답이 맞다.

correctly
[kəréktli] | 커렉틀리
부 바르게, 정확하게

The cars are not parked correctly.
차들이 바르게 주차되어 있지 않다.

correspond
[kɔ̀ːrəspánd] | 코-러스판드
동 교신하다, 일치하다

He wishes to correspond with her.
그는 그녀와 소식을 주고받기를 원한다.

cost
[kɔ́ːst] | 코-스트
명 비용, 대가 동 비용이 들다

How much does it cost for adults? 성인은 요금이 얼마일까요?

영단어

■□□
costly
[kɔ́:stli] | 코-스틀리
[형] 값비싼, 비용이많이드는, 희생이 큰

It's a costly handbag, made of crocodile skin.
그것은 악어가죽으로 만들어진 값비싼 핸드백이다.

■□□
cottage
[kɑ́tidʒ] | 카티지
[명] 시골집, 작은 집(별장)

There are scattered cottages there. 거기에는 작은 집들이 듬성듬성 있다.

■■□
cotton
[kɑ́tn] | 카튼
[명] 목화, 면, 솜

This shirt is made of pure cotton. 이 셔츠는 순면 제품이다.

■□□
counsel
[káunsəl] | 카운썰
[명] 상담, 조언, 법률 고문
[동] 충고(조언)하다

He counseled me to quit smoking. 그는 나에게 담배를 끊으라고 충고했다.

■□□
counselor
[káunsələr] | 카운썰러
[명] 상담역, 카운슬러

For more information on cruises, call your travel counselor.
선박 여행에 대해 더 알고 싶으시면, 여행 상담원들에게 전화하십시오.

■■■
counter
[káuntər] | 카운터
[명] 계산대, 카운터

Put your credit card on the counter. 신용카드를 계산대에 놓아 주세요.

countless
[káuntlis] | 카운틀리스
형 셀 수 없는, 무수한

Countless ants were gathering on the sugar.
셀 수 없는 개미가 설탕에 모여 있었다.

country
[kʌ́ntri] | 컨트리
명 나라, 국가, 시골

The country is under the control of the evil queen.
그 나라는 사악한 여왕의 지배하에 있다.

courage
[kə́:ridʒ] | 커-리쥐
명 용기

The lion is the symbol of courage.
사자는 용기의 상징이다.

course
[kɔ́:rs] | 코-스
명 진로, 진행, 과정, 방향

The ship's course would take it to the west of the islands.
그 배의 항로를 따라가다 보면 섬의 서쪽에 다다르게 될 것이다.

court
[kɔ́:rt] | 코-트
명 법정, 궁정, 경기장

The court judged him guilty.
법정은 그에게 유죄 판결을 내렸다.

courteous
[kə́:rtiəs] | 커-티어스
형 예의바른, 정중한

He is courteous to his superiors. 그는 손윗사람에게 공손하다.

courtesy
[kə́ːrtəsi] | 커-터시
몡 예의, 공손

She is a model of courtesy. 그녀는 예의바름의 본보기이다.

cousin
[kʌ́zn] | 커즌
몡 사촌

Please give my regards to John and your cousins.
존과 당신 사촌들에게 안부 전해 주세요.

cover
[kʌ́vər] | 커버
통 덮다, 씌우다 몡 덮개, 표지

Snow covers the countryside.
산야가 눈에 덮여 있다.

cow
[káu] | 카우
몡 암소, 젖소

Cows provide us with milk.
젖소는 우리에게 우유를 제공한다.

cradle
[kréidl] | 크레이들
몡 요람

A baby is sleeping in the cradle.
아기가 요람에서 자고 있다.

craft
[krǽft] | 크래프트
몡 기능, 기술, 공예, 선박, 비행기

All kinds of traditional craft industries are preserved here.
모든 종류의 전통적인 공예 산업이 여기에 보존되어 있다.

crane
[kréin] | 크레인
명 두루미, 기중기

The piano was lifted by means of a crane.
피아노가 크레인으로 들려졌다.

crash
[kræʃ] | 크래쉬
명 충돌, 추락 동 충돌하다

Was anybody hurt in the train crash?
열차 충돌 사고 때 누구 다친 사람 있나요?

crazy
[kréizi] | 크레이지
형 미친, 열중한, 반한

The gamble makes people crazy.
도박은 사람을 미치게 한다.

create
[kri:éit] | 크리에이트
동 창조하다, 만들어내다

Hanguel was created by King Sejong.
한글은 세종대왕에 의해 만들어졌다.

creation
[kri:éiʃən] | 크리-에이션
명 창조(물), 창작

The creation of great poetry isn't easy.
위대한 시의 창작은 쉽지 않다.

creative
[kri:éitiv] | 크리-에이티브
형 창조적인, 독창적인

She has a creative mind. 그녀는 독창적인 두뇌를 갖고 있다.

creature
[kríːtʃər] | 크리-춰
명 창조물, 생물

This kingdom is filled with wonderful creatures.
이 왕국은 놀라운 생명체로 가득 차 있다.

credit
[krédit] | 크레디트
명 신용, 신뢰, 명성

We issue a credit card to our customers free.
우리는 고객에게 무료로 신용카드를 발행해 드립니다.

crew
[krúː] | 크루-
명 승무원

The ship went down slowly with her crew.
그 배는 승무원을 태운 채 서서히 침몰했다.

crime
[kráim] | 크라임
명 범죄, 죄악

A knife was found at the scene of the crime.
범죄 현장에서 칼이 발견되었다.

crisis
[kráisis] | 크라이씨스
명 위기, 중대국면

Heavy industry suffered during an energy crisis.
중공업은 에너지 위기 동안에 어려움을 겪었다.

criterion
[kraitíəriən] | 크라이티어리언
명 기준, 표준

What is the criterion of beauty? 미의 기준은 무엇입니까?

critical
[krítikəl] | 크리티컬
형 비평의, 비판적인, 위기의, 중대한

He has apologized for critical remarks he made about referee.
그는 심판에게 비판적인 말을 한 것을 사과했다.

criticism
[krítisìzm] | 크리티시즘
명 비평, 비판, 비난

He was very hurt by her criticism.
그는 그녀의 비평에 무척 기분이 상했다.

criticize
[krítəsàiz] | 크리터싸이즈
동 비평(비판)하다, 비난하다

His writing was criticized severely. 그의 작품은 혹평을 받았다.

crop
[kráp] | 크랖
명 농작물, 수확물

The storm ruined the crops. 폭풍우가 농작물을 망쳐 놓았다.

crosswalk
[krɔ́:swɔ̀:k] | 크로-스워-크
명 횡단보도

Let's cross the street at the crosswalk.
횡단 보도에서 길을 건너자.

crossword
[krɔ́:swə̀:rd] | 크로-스워-드
명 크로스워드(퍼즐)

I'm doing a crossword puzzle, and I'm totally stuck.
낱말 맞추기 게임을 하고 있는데 도저히 못 풀겠다.

crow
[króu] | 크로우
명 까마귀

A pear drops when a crow flies from the tree.
까마귀 날자 배 떨어진다.

crowd
[kráud] | 크라우드
명 군중, 인파

There is a large crowd in the street.
거리에는 많은 사람들이 있다.

crowded
[kráudid] | 크라우디드
형 붐비는, 혼잡한

The hall is crowded with people.
복도에 사람들이 빽빽하게 들어서 있다.

crucial
[krúːʃəl] | 크루-셜
형 결정적인, 중대한

Certain genes play a crucial role in human growth.
어떤 유전자들은 인간의 성장에 중대한 역할을 한다.

cruel
[krúːəl] | 크루-얼
형 잔인한, 끔찍한

The cruel man beat his dog. 그 잔인한 사람은 자기 개를 때렸다.

cry
[krái] | 크라이
동 울다, 외치다 명 부르짖음

Hungry babies cried for their mothers' milk.
배고픈 아기들은 젖을 달라고 울어 댔다.

cucumber
[kjúːkəmbər] | 큐-컴버
명 오이

How much is a box of cucumbers?
오이 한 상자에 얼마에요?

cultural
[kʌ́ltʃərəl] | 컬쳐럴
형 문화의, 교양의, 배양(재배)상의

Vienna is a real cultural center for music lovers.
비엔나는 음악 애호가들에게는 진정한 문화 중심지이다.

culture
[kʌ́ltʃər] | 컬처
명 문화, 교양

He is a man of culture.
그는 교양 있는 사람이다.

cure
[kjúər] | 큐어
동 치료하다 명 치료(법)

Time cured him of his grief.
시간은 그의 슬픔을 치료해 주었다.

curiosity
[kjùəriásəti] | 큐어리아서티
명 호기심

The child eyed me with curiosity.
그 꼬마는 호기심에 찬 눈으로 나를 바라보았다.

curious
[kjúəriəs] | 큐어리어스
형 호기심이 있는

Babies are curious about everything around them.
아기들은 그들 주위에 있는 모든 것에 호기심이 있다.

currency
[kə́:rənsi] | 커-런시
명 통화(通貨), 유통

Do you exchange foreign currency?
외국 통화를 환전해 줍니까?

current
[kə́:rənt] | 커-런트
형 지금의, 통용하는 명 흐름

An eagle is flying with the current of air.
독수리 한 마리가 기류를 타고 날고 있다.

curriculum
[kəríkjuləm] | 커리큘럼
명 교과 과정, 이수 과정

French is included in the curriculum. 이수 과정 중에는 불어가 있다.

curry
[kə́:ri] | 커-리
명 (요리)카레

his curry is too hot. 카레는 너무 맵다.

curve
[kə́:rv] | 커-브
명 곡선, 커브
동 굽히다, 만곡시키다

The road bends in a wide curve. 그 도로는 완만하게 구부러져 있다.

custom
[kʌ́stəm] | 커스텀
명 관습, 풍습, (복수로)세관, 관세

The custom has descended to our day.
그 관습은 오늘날까지 전해 내려오고 있다.

customer
[kʌ́stəmər] | 커스터머
명 고객, 단골

The customer is always right.
손님이 항상 옳다.

cut
[kʌ́t] | 컷
동 자르다, 베다

She cuts a lemon in half.
그녀는 레몬을 반으로 자른다.

cute
[kjúːt] | 큐-트
형 귀여운

It was a small and cute chick.
그것은 작고 귀여운 병아리였다.

cyberspace
[sáibərspèis] | 싸이버스페이스
명 가상공간

There are no barriers of time and space in cyberspace.
가상공간 에는 시간과 공간의 장벽이 없다.

cycle
[sáikl] | 싸이클
명 순환, 주기, 자전거

History runs its cycle.
역사는 되풀이한다.

dad
[dǽd] | 대드
명 아빠, 아버지

I'm having dinner with my dad tonight.
나 오늘 저녁에 아빠와 저녁식사 같이 하기로 했어.

daily
[déili] | 데일리
형 매일의, 일상적인 부 매일

I bought a daily newspaper.
나는 일간 신문 한 부를 샀다.

damage
[dǽmidʒ] | 대미쥐
명 손해, 피해 동 손해를 입히다

Loud music can damage a person's hearing.
시끄러운 음악은 청력을 해칠 수 있다.

damp
[dǽmp] | 댐프
형 축축한, 습기 찬 명 습기, 물기

His back is damp with sweat.
등에 땀이 축축하다.

dangerous
[déindʒərəs] | 데인져러스
형 위험한

The diving is very dangerous for a beginner.
초보자에게 잠수는 매우 위험하다.

■□□ **dare**

[dέər] | 데어

[동] 감히 ~하다

He will never dare to enter my house again.
그는 다시는 감히 내 집에 얼씬 못할 것이다

■■■ **dark**

[dɑ́ːrk] | 다-크

[형] 어두운 [명] 어둠

It will be dark soon. 곧 어두워질 것이다.

■□□ **darling**

[dɑ́ːrliŋ] | 다-링

[명] 가장 사랑하는 사람,
가장 귀여워하는 사람

Give me a hug, darling. 안아주세요.

■□□ **dash**

[dǽʃ] | 대시

[동] 돌진하다, 내던지다
[명] 돌진, 충돌

They made a dash for the exit. 그들은 출구로 돌진했다.

■■■ **data**

[déitə] | 데이터

[명] 데이터, 자료

He has collected the data for his report.
그는 보고서를 위해 자료를 수집했다.

■■□ **date**

[déit] | 데이트

[명] 날, 날짜, 데이트

I don't know the exact date where he came.
나는 그가 온 정확한 날짜를 모른다.

daughter
[dɔ́:tər] | 도터
명 딸

He gave his daughter a kiss.
그는 딸에게 입맞춤했다.

dawn
[dɔ́:n] | 도온
명 새벽, 동틀 녘, 여명

In summer dawn comes early.
여름에는 동이 일찍 튼다.

day
[déi] | 데이
명 날, 낮, 하루

The next day they all went to the lake.
다음날 그들은 모두 호수에 갔다.

daylight
[déilàit] | 데이라이트
명 일광(日光), 빛

He went home by daylight.
그는 환할 때에 집에 돌아갔다.

deadly
[dédli] | 데들리
형 치명적인

It was a deadly wound.
그것은 치명적인 부상이었다.

deaf
[déf] | 데프
형 귀가 먼, 귀머거리의

She has been deaf since birth.
그녀는 날 때부터 귀먹었다.

■■□ **deal**
[dí:l] | 디일
[동] 다루다, 거래하다 [명] 거래

Do you think that's a good deal?
괜찮은 거래라고 생각하세요?

■■■ **dear**
[díər] | 디어
[형] 사랑스러운, 친애하는

Dear John, I got your letter last Friday.
사랑하는 존에게, 지난 금요일에 네 편지를 받았어.

■□□ **debate**
[dibéit] | 디베이트
[동] 토론하다, 논쟁하다
[명] 토론, 논쟁

That is still a matter of debate. 그 문제는 여전히 논의할 여지가 있다.

■■□ **debt**
[dét] | 뎃
[명] 빚, 부채

He is burdened with a heavy debt.
그는 많은 빚을 지고 있다.

■□□ **decade**
[dékeid] | 데케이드
[명] 10년

It was the first event of its kind in over a decade.
그런 이벤트는 10여 년 만에 처음이었다.

■□□ **decay**
[dikéi] | 디케이
[동] 썩다, 쇠퇴하다 [명] 부패, 쇠퇴

In summer fruits tend to decay.
여름에는 과일이 상하기 쉽다.

deceive
[disíːv] | 디싸-브
동 속이다, 기만하다

She deceived me with sweet words.
그녀는 달콤한 말로 나를 속였다.

December
[disémbər] | 디셈버
명 12월

December is the last month of the year.
12월은 한 해의 마지막 달이다.

decent
[díːsnt] | 디-슨트
형 점잖은, 품위 있는

He comes of a decent family.
그는 명문가 출신이다.

decide
[disáid] | 디싸이드
동 결정하다, 결심하다

What does the man decide to do?
그 남자는 하기로 결심한 것이 무엇인가요?

decision
[disíʒən] | 디씨전
명 결정, 결심

I thought the decision was very fair.
그 결정은 매우 공정했다고 생각해요.

declare
[dikléər] | 디클레어
동 선언(단언)하다, 신고하다

Do you have anything to declare?
무언가 신고할 물건이 있습니까?

■■□ **decline** [dikláin] | 디클라인
[동] 쇠퇴하다, 하락하다, 거절하다

The sun declined toward the west.
해가 서쪽에 기울었다.

■□□ **decorate** [dékərèit] | 데커레이트
[동] 장식하다, 훈장을 주다

They are decorating the room for a party.
그들이 파티를 위해 방을 꾸미고 있다.

■■□ **decrease** [dí:kri:s/dikrí:s] | 디-크리-스/디크리-스
[명] 감소 / [동] 감소하다

His influence slowly decreased. 그의 영향력은 서서히 줄었다.

■□□ **dedicate** [dédikèit] | 데디케이트
[동] 바치다, 헌신하다

I dedicate this song to him. 나는 이 노래를 그에게 바칩니다.

■■■ **deed** [dí:d] | 디-드
[명] 행위, 업적

His deed was against humanity.
그의 행동은 인간성에 반하는 것이었다.

■■□ **deep** [dí:p] | 디-프
[형] 깊은 [부] 깊게

The lake is twenty meters deep.
그 호수는 깊이가 20미터나 된다.

D

■□□
defeat
[difí:t] | 디피–트
[동] 쳐부수다, 패배시키다 [명] 패배

There is no way that we can defeat the terrorists.
우리가 테러리스트들을 이길 방법이 없었다.

■□□
defect
[difékt] | 디펙트
[명] 결점, 결함

There must be a structural defect in this machine.
이 기계에는 구조상의 결함이 있음에 틀림없다.

■■□
defective
[diféktiv] | 디펙티브
[형] 결점이 있는, 불완전한

Defective cars were all recalled.
결함이 있는 차들은 모두 회수되었다.

■□□
defend
[difénd] | 디펜드
[동] 지키다, 방어하다

We will defend our allies and our interests.
우리는 우리 우방과 우리의 이익을 지킬 것이다.

■□□
defense
[diféns] | 디펜스
[명] 방어, 변호

A good offense is the best defense.
효과적인 공격은 최상의 방어이다.

■□□
define
[difáin] | 디파인
[동] 정의하다, 한정하다

It is often defined as "rule by the majority".
그것은 이따금 "다수에 의한 통치"로 정의된다.

definite
[défənit] | 데퍼니트
형 명확한, 분명히 한정된

The laws have had a definite effect.
그 법률은 분명한 효과를 가져왔다.

definitely
[défənitli] | 데퍼니틀리
부 분명하게, 분명히, 결정적으로

Say definitely what you have in mind.
마음 속에 있는 것을 분명하게 이야기해라.

degree
[digríː] | 디그리-
명 정도, 등급, 도(度), 학위

He has a master's degree in engineering.
그는 공학석사 학위를 갖고 있다.

delay
[diléi] | 딜레이
동 미루다, 늦추다 명 지연, 연기

What has caused the delay?
지연된 이유는 무엇입니까?

deliberate
[dilíbərèit] | 딜리버레이트
형 신중한, 고의적인 동 숙고하다

The CEO fired them for deliberate misconduct.
사장은 그들이 고의적으로 잘못을 저질렀기 때문에 해고했다.

delicate
[délikət] | 델리커트
형 섬세한, 미묘한

This is going to put him in a delicate situation.
이것은 그를 미묘한 입장에 놓이게 할 것이다.

delicious
[dilíʃəs] | 딜리셔스
형 맛있는

Thank you. These look really delicious, too.
고마워요. 음식도 정말 맛있어 보이네요.

delight
[diláit] | 딜라이트
명 기쁨 동 기쁘게 하다

Her visit was a great delight to the patients.
그녀의 방문은 환자들에게 큰 기쁨이었다.

deliver
[dilívər] | 딜리버
동 배달하다, 해방하다, 분만하다

Where should we deliver them?
어디로 배달해 드릴까요?

delivery
[dilívəri] | 딜리버리
명 배달, 연설, 해방, 분만

When should we expect delivery?
언제쯤 배달될까요?

demand
[dimǽnd] | 디맨드
명 요구, 수요 동 요구하다

He demanded a reversal of a previous decision.
그는 예전의 결정을 뒤집을 것을 요구했다.

democracy
[dimákrəsi] | 디마크러씨
명 민주주의

The most important tasks of a democracy are done by everyone.
민주국가의 가장 중요한 과업은 모든 사람에 의해 이루어진다.

■□□
demonstrate
[démənstrèit] | 데먼스트레이트
[동] 시위, 데모하다. 설명하다, 증명하다

He demonstrated against a racial prejudice.
그는 인종 차별에 항의해서 데모를 했다.

■■■
dentist
[déntist] | 덴티스트
[명] 치과의사

The dentist is looking at the patient's teeth.
치과의사가 환자의 이를 살펴보고 있다.

■□□
deny
[dinái] | 디나이
[동] 부인하다, 거절하다

The spokesperson was quick to deny the rumor.
대변인은 재빨리 그 소문을 부인했다.

■■□
depart
[dipá:rt] | 디파-트
[동] 출발하다, 떠나다

Flight 707 is scheduled to depart at 9:00 a.m.
707기는 오전 9시에 출발할 예정이다.

■■■
department
[dipá:rtmənt] | 디파-트먼트
[명] 부(部)부문, (백화점) 매장

He administers a sales department of the company.
그는 회사에서 영업부를 관리하고 있다.

■■□
departure
[dipá:rtʃər] | 디파-춰
[명] 출발

The new departure time will be announced.
변경된 출발 시간은 곧 방송해 드리겠습니다.

depend
[dipénd] | 디펜드
동 ~에 달려 있다, 의존하다

Everything depended on my final arrow.
모든 것은 나의 마지막 화살에 달려 있었다.

dependent
[dipéndənt] | 디펜던트
형 의존하는, 의지하는

He is totally dependent on his parents.
그는 전적으로 부모에게 의지하고 있다.

deposit
[dipázit] | 디파짓
명 예금, 보관 동 맡기다, 예금하다

She has a large deposit in the bank.
그녀는 은행에 많은 예금이 있다.

depressed
[diprést] | 디프레스트
형 우울한, 의기소침한

What's wrong with Tom these days? He seems depressed.
요즘 톰한테 무슨 일 있어요? 우울해 보이던데.

deprive
[dipráiv] | 디프라이브
동 빼앗다, 박탈하다

They deprived her of all her rights.
그들은 그녀의 모든 권리를 빼앗았다.

descend
[disénd] | 디쎈드
동 내려가다, 내려오다, 계통을 잇다

He descended from a tree. 그는 나무에서 내려왔다.

descendant
[diséndənt] | 디쎈던트
명 자손, 후예, 제자

They are descendants of the original English settlers.
그들은 잉글랜드 토착민의 자손들이다.

describe
[diskráib] | 디스크라이브
동 묘사하다, 설명하다

Can you describe the man to me?
그 남자의 모습을 내게 설명해 주시겠어요?

description
[diskrípʃən] | 디스크립션
명 묘사, 기술, 설명

The beauty of the scenery beggars description.
그 풍경의 아름다움은 언어로 표현하기 어렵다.

desert
[dézə:rt] | 데저-트
명 사막 형 사막 같은, 불모의

Camels are useful in the desert.
낙타는 사막에서 쓸모가 있다.

deserve
[dizə́:rv] | 디저-브
동 ~할 만하다, 가치가 있다

His conduct deserves praise. 그의 행동은 칭찬 받을 만하다.

design
[dizáin] | 디자인
명 디자인, 설계
동 디자인하다, 설계하다

Would you like to see the new design?
새로운 디자인을 보시겠어요?

desire
[dizaiər] | 디자이어
명 욕구, 욕망, 소망 동 바라다

We desire to be happy. 우리는 행복해지기를 바란다.

desk
[désk] | 데스크
명 책상

Susan writes a letter at her desk.
수잔은 책상에 앉아 편지를 쓰고 있다.

desktop
[désktàp] | 데스크탑
형 탁상용의
명 데스크탑컴퓨터, 바탕화면

On your desktop, double-click 'My Computer'.
바탕 화면에서 '내 컴퓨터'를 두 번 클릭하세요.

despair
[dispέər] | 디스페어
명 절망 동 절망하다

Her death drove him into despair.
그녀의 죽음은 그를 절망으로 빠지게 했다.

desperate
[déspərət] | 데스퍼러트
형 절망적인, 필사적인

I'm making a desperate efforts to watch my weight.
나는 체중을 조절하느라고 필사적으로 노력하고 있다.

destination
[dèstənéiʃən] | 데스터네이션
명 목적지, 도착지

I'll return it when we get to the destination.
제가 그것을 목적지에 가면 돌려드리겠습니다.

■■□
destroy
[distrɔ́i] | 디스트로이
[동] 파괴하다, 망치다

The building was destroyed by a bomb.
그 건물은 폭탄으로 파괴되었다.

■□□
destruction
[distrʌ́kʃən] | 디스트럭션
[명] 파괴, 파멸

They worried about the destruction of the environment.
그들은 환경 파괴를 걱정했다.

■■□
detail
[díːteil] | 디-테일
[명] 세부 사항 [동] 상세히 말하다

Call store manager for further details.
자세한 사항은 각 상점 매니저에게 문의하세요.

■□□
detect
[ditékt] | 디텍트
[동] 발견하다, 탐지하다

The problem was detected and promptly fixed.
문제점은 발견 즉시 수정되었다.

■■■
detective
[ditéktiv] | 디텍티브
[명] 탐정, 형사 [형] 탐정의

The detective solved the mystery.
그 탐정은 미스터리를 해결했다.

■□□
detector
[ditéktər] | 디텍터
[명] 탐지기(자), 발견자

Most homes have smoke detectors.
대부분의 가정에는 연기 감지기가 있다.

determination
[ditə̀ːrmənéiʃən] | 디터-머네이션
명 결심, 결정, 결단력

He is a man of dignity and calm determination.
그는 위엄 있고 침착한 결단력을 지닌 사람이다.

determine
[ditə́ːrmin] | 디터-민
동 결정하다, 결심하다

Demand determines prices.
수요가 가격을 결정한다.

develop
[divéləp] | 디벨러프
동 발달시키다, 개발하다

Art develops our sensibility.
예술은 감성을 발달시킨다.

development
[divéləpmənt] | 디벨럽먼트
명 발달, 개발, (사진의)현상

People are taking a stand against riverside development.
사람들이 강변 개발에 반대하고 있다.

device
[diváis] | 디바이스
명 장치, 고안(품)

A keyboard is one of the input devices.
키보드는 입력 장치 중의 하나이다.

devise
[diváiz] | 디바이즈
동 고안하다, 궁리하다

We must devise some expedient method.
우리는 편법을 강구해야 한다.

devote
[divóut] | 디보우트
동 바치다, 전념하다

They are likely to devote more time to the job.
그들은 자신의 업무에 더 많은 시간을 쏟으려 한다.

dial
[dáiəl] | 다이얼
명 다이얼 동 다이얼을 돌리다

Just dial nine for an outside line
외부 전화는 9번을 누르세요.

dialog
[dáiəlɔ̀ːg] | 다이얼로그
명 대화

A dialog box will appear, asking where to save the file.
파일을 저장할 위치를 묻는 대화 상자가 나타날 것이다.

diary
[dáiəri] | 다이어리
명 일기

I keep a diary everyday.
나는 매일 일기를 쓴다.

dictation
[diktéiʃən] | 딕테이션
명 구술, 받아쓰기

You have to hand in your dictations.
너는 받아쓴 것을 제출해야 한다.

dictionary
[díkʃənèri] | 딕셔네리
명 사전

Look up this word in the dictionary.
이 단어를 사전에서 찾아보세요.

■■□ **die**

[dái] | 다이

[동] 죽다, 사망하다

When you die, your soul goes to Heaven
죽으면 영혼은 천국에 간다.

■■■ **diet**

[dáiət] | 다이어트

[명] 식이요법, 규정식

The doctor instructed me to diet.
의사는 나에게 식이 요법을 지시했다.

■□□ **differ**

[dífə*r*] | 디퍼–

[동] 다르다, 틀리다

Opinions differ in these matters.
이문제에 관한 의견들이 다르다.

■■■ **difference**

[dífərəns] | 디퍼런스

[명] 차이, 차이점

There are distinct differences between the two.
그 둘 사이에는 뚜렷한 차이가 있다.

■■■ **different**

[dífərənt] | 디퍼런트

[형] 다른

Teenage culture is different from adult culture.
10대 문화는 성인문화와 다르다.

■■□ **difficulty**

[dífikʌ̀lti] | 디피컬티

[명] 어려움, 곤란

There lay much difficulty in the way.
도중에 큰 곤란이 있었다.

dig

[díg] | 딕

[동] 파다, 파헤치다

The worker uses a machine to dig the hole.
인부가 기계로 구멍을 파고 있다.

digestion

[didʒéstʃən] | 디줴스천

[명] 소화, 소화 작용

The stomach is the seat of digestion.
위는 소화를 하는 곳이다.

diligence

[dílədʒəns] | 딜러전스

[명] 근면, 부지런함

Diligence is a sure warrant of success.
근면은 성공의 확실한 보증이다.

diligent

[dílədʒənt] | 딜러전트

[형] 부지런한, 근면한

On the whole Koreans are diligent.
대체로 한국인은 부지런하다.

dim

[dím] | 딤

[형] 어둑한, 희미한

Our sight grows dim with age.
나이를 먹으면 눈이 흐려진다.

dime

[dáim] | 다임

[명] 10센트 동전

Deposit a dime and dial your number.
10 센트를 넣고 번호를 돌리시오.

diminish
[dimíniʃ] | 디미니쉬
동 줄다, 줄이다, 감소하다

The food supply began to diminish.
식량 공급량이 줄기 시작했다.

dinner
[dínər] | 디너
명 저녁식사, 정찬, 만찬

She cooked dinner for her parents.
그녀는 부모님을 위해 저녁 식사를 준비했다.

dinosaur
[dáinəsɔ̀ːr] | 다이너쏘
명 공룡

Dinosaurs became extinct 65 million years ago.
공룡은 6천 5백만 년 전에 멸종되었다.

dip
[díp] | 딥
동 담그다, 가라앉다

Dip your feet in the hot water. 더운 물에 발을 담그세요.

diplomat
[dípləmæ̀t] | 디플러매트
명 외교관

He is a diplomat in the Korean Embassy in New York.
그는 뉴욕 주재 한국 대사관의 외교관이다.

direct
[dirékt] | 디렉트
동 지도(지시)하다, 가리키다
형 직접적인

Could you direct me to the Holiday Hotel?
홀리데이 호텔까지 가는 길 좀 가르쳐 주실래요?

direction
[dirékʃən] | 디렉션
명 방향, 지도, 지시

Is this the right direction?
이 쪽이 올바른 방향입니까?

director
[diréktər] | 디렉터
명 지도자, 관리자, (영화) 감독

The director wants to know why we're late.
감독은 우리가 왜 늦었는지 알고 싶어했다.

dirt
[də́:rt] | 더-트
명 더러움, 먼지, 진흙

Her shoes are covered in dirt. 그녀의 구두는 먼지로 뒤덮여 있다.

dirty
[də́:rti] | 더-티
형 더러운, 불결한

The bucket is filled with sand and some dirty things.
그 양동이는 모래와 더러운 것들로 가득차 있다.

disabled
[diséibld] | 디쎄이블드
형 불구가 된, 무능력해진

You should not treat disabled people differently from anyone else.
장애인을 다른 사람과 달리 취급해서는 안 된다.

disagree
[dìsəgríː] | 디써그리-
동 일치하지 않다, 의견을 달리하다

Whatever I suggest, she always disagrees.
내가 무슨 제안을 해도 그녀는 언제나 반대한다.

■■□ **disappear** [dìsəpíər] | 디써피어

[동] 사라지다, 소멸하다

The ship disappeared in the fog.
그 배는 안개 속으로 사라졌다.

■■□ **disappoint** [dìsəpɔ́int] | 디써포인트

[동] 실망시키다

I'll try not to disappoint you.
실망시켜드리지 않도록 노력하겠습니다.

■□□ **disappointment** [dìsəpɔ́intmənt] | 디써포인트먼트

[명] 실망

The concert was a disappointment.
그 콘서트는 정말 실망스러웠다.

■■□ **disaster** [dizǽstər] | 디재스터

[명] 재앙, 재해, 대참사

The disaster was beyond all description.
그 참상은 이루 말로 표현할 수 없었다.

■■□ **discipline** [dísəplin] | 디써플린

[명] 훈련, 단련, 규율, 징계

Discipline is strict in that school.
그 학교는 규율이 엄하다.

■■□ **discount** [dískaunt] | 디스카운트

[명] 할인 [동] 할인하다

Bring this ad and receive 20% discount.
이 광고를 가지고 오시면 20% 할인해 드립니다.

■■□
discourage
[diskə́:ridʒ] | 디스커-리지
[동] 낙담시키다

The news discouraged me.
나는 그 소식에 낙담했다.

■■■
discover
[diskʌ́vər] | 디스커버
[동] 발견하다

A Russian scientist discovered a few important reasons.
한 러시아 과학자가 몇 가지 중요한 이유를 발견했다.

■□□
discovery
[diskʌ́vəri] | 디스커버리
[명] 발견

The scientist reported a new discovery.
그 과학자는 새로운 발견을 보고했다.

■■□
discuss
[diskʌ́s] | 디스커스
[동] 논의하다, 토론하다

I'd like to discuss this with you.
이것을 당신과 상의하고 싶습니다.

■□□
discussion
[diskʌ́ʃən] | 디스커션
[명] 논의, 토론

The discussion was getting more and more heated.
토론은 더욱더 열기를 더해 갔다.

■■□
disease
[dizí:z] | 디지-즈
[명] 병, 질병, 질환

The disease is thought to have originated in the tropics.
그 질병은 열대 지방에서 시작된 것으로 생각된다.

disgrace
[disgréis] | 디스그레이스
명 불명예, 치욕, 망신(거리)

I would rather die than suffer disgrace.
치욕을 당하느니 오히려 죽는 게 낫다.

disgusting
[disgʌ́stiŋ] | 디스거스팅
형 메스꺼운, 역겨운

It is disgusting even to hear.
그런 말은 듣기에도 역겹다.

dish
[díʃ] | 디쉬
명 접시, 요리, 음식

Each group made different dishes.
각 그룹별로 다른 음식을 준비했다.

dishwasher
[díʃwàʃər] | 디쉬와셔
명 자동식기세척기

She is opening the dishwasher.
그녀는 식기세척기를 열고 있다.

dislike
[disláik] | 디스라이크
동 싫어하다

She dislikes any form of exercise.
그녀는 어떤 형태의 운동도 싫어한다.

dismiss
[dismís] | 디스미스
동 해고하다, 해산하다

He was dismissed for drunkenness.
그는 주벽이 심해서 해고되었다.

display
[displéi] | 디스플레이
명 전시, 진열 통 전시하다

She put her works on display in the local art gallery.
그녀는 그 지역 미술관에 자신의 작품을 내었다.

dispute
[dispjú:t] | 디스퓨-트
통 논쟁하다 명 논쟁

I disputed with him about world peace.
그와 세계 평화에 관해서 논쟁했다.

distance
[dístəns] | 디스턴스
명 거리, 간격, 먼 거리

The scientists computed the distance of Mars from the earth.
과학자들은 지구와 화성 간의 거리를 계산했다.

distant
[dístənt] | 디스턴트
형 먼

The stars are distant from the earth. 별들은 지구에서 먼 곳에 있다.

distinction
[distíŋkʃən] | 디스팅션
명 구별, 차이, 탁월성

There are some distinctions between blue-collar and white-collar workers.
육체노동자와 정신노동자들 사이에는 몇 가지 차이점이 있다.

distinguish
[distíŋgwiʃ] | 디스팅귀쉬
통 구별하다, 식별하다

I can't distinguish the two types.
나는 그 두 종류를 구별할 수가 없다.

■□□
distribute
[distríbjuːt] | 디스트리뷰-트
[동] 분배하다, 배급하다

We will distribute exam papers face down.
시험지는 뒷면을 위로 해서 나눠 준다.

■□□
district
[dístrikt] | 디스트릭트
[명] 지구, 지역, 구역

This district is mainly residential.
이 지역은 대부분 주택가이다.

■□□
disturb
[distə́ːrb] | 디스터-브
[동] 방해하다, 어지럽히다

My mind was disturbed at the news.
그 소식을 듣고 마음이 어지럽다.

■□□
diverse
[divə́ːrs] | 디버-스
[형] 다양한, 다른

Diverse opinions were expressed at the meeting.
모임에서는 다양한 의견들이 나왔다.

■□□
diversity
[divə́ːrsəti] | 디버-써티
[명] 상이(점), 다양성

Her works lack diversity.
그녀의 작품은 단조롭다.

■■■
divide
[diváid] | 디바이드
[동] 나누다, 분배(분류)하다

Divide it into three equal parts.
그것을 세 등분으로 나누세요.

division
[divíʒən] | 디비전

명 분할, 분배, 부분

They finished the work through a division of labor.
그들은 분업을 통해 그 일을 끝마쳤다.

doctor
[dáktər] | 닥터

명 의사, 박사

You had better see a doctor.
의사 선생님을 만나 보는 것이 좋겠다.

document
[dákjumənt] | 다큐먼트

명 문서, 서류, 기록

Can you make one copy of this document?
서류를 한 장만 복사해 주겠어요?

dog
[dɔ́ːg] | 도-그

명 개

The boy is carrying a dog in his arms.
소년이 강아지를 팔에 안고 가고 있다.

doll
[dál] | 달

명 인형

The doll is lovely and pretty.
그 인형은 사랑스럽고 예쁘다.

dolphin
[dálfin] | 달핀

명 돌고래

Dolphins feed on fish.
돌고래는 물고기를 먹고 산다.

■□□
domestic
[dəméstik] | 더메스틱
[형] 국내의, 가정의, 길들여진

Her husband is very domestic.
그녀의 남편은 매우 가정적이다.

■□□
donation
[dounéiʃən] | 도우네이션
[명] 기부, 기부금

Thank you again for your generous donations.
여러분의 관대한 기부에 다시 한 번 감사드립니다.

■■■
donkey
[dáŋki] | 당키
[명] 당나귀

The donkey is a tough animal.
당나귀는 억센 동물이다.

■■■
donut
[dóunʌ̀t] | 도우넛
[명] 도넛(=doughnut)

Here, have some donuts. 자, 도넛 좀 드세요.

■■■
door
[dɔ́ːr] | 도어
[명] 문, 도어, 현관

The door was painted dark gray.
문은 어두운 회색으로 칠해졌다.

■■■
doorstep
[dɔ́ːrstèp] | 도어스텝
[명] (현관문 밖의)단(段)

A cat is sleeping on the doorstep.
고양이 한 마리가 문간의 계단에서 자고 있다.

dormitory
[dɔ́ːrmətɔ̀ːri] | 도-머토-리
명 기숙사

The students room together in the dormitory.
학생들은 기숙사에 함께 살고 있다.

double
[dʌ́bl] | 더블
형 두 배의, 2인용의 명 두 배

He uses a double bed.
그는 2인용 침대를 사용하고 있다.

doubt
[dáut] | 다우트
동 의심하다 명 의심

I doubted the reality of his talk.
나는 그가 한 말의 진실성을 의심했다.

dove
[dʌ́v] | 더브
명 비둘기

The dove is a figure of peace. 비둘기는 평화의 상징이다.

downtown
[dáuntáun] | 다운타운
명 형 부 도심지(의)(에서)

We live two hours from the downtown.
우리는 시내에서 2시간 거리에 살고 있다.

dozen
[dʌ́zn] | 더즌
명 1다스, 12개, 다수

I need a dozen of pencils.
나는 연필 한 다스가 필요합니다.

drama
[drάːmə] | 드라-머
명 희곡, 연극, 드라마

The drama will be on the air right before the evening news.
그 드라마가 저녁 뉴스 바로 전에 방송될 겁니다.

dramatic
[drəmǽtik] | 드러매틱
형 연극의, 극적인

The final scene was quite original, and very dramatic.
그 마지막 장면이 아주 독창적이고 극적이었다.

draw
[drɔ́ː] | 드로-
동 당기다, 그리다

I like to draw with a pencil.
나는 연필로 그림 그리는 걸 좋아합니다.

dream
[dríːm] | 드리임
명 꿈 동 꿈꾸다

My dream is to become a world-famous architect.
내 꿈은 세계적으로 유명한 건축가가 되는 것이다.

dress
[drés] | 드레스
명 옷, 의복 동 옷을 입다(입히다)

Hanbok is Korean traditional dress.
한복은 한국의 전통적인 의상이다.

drift
[dríft] | 드리프트
동 표류하다, 떠돌다 명 표류

The vessel drifted about five days. 그 배는 5일 간 표류했다.

▮▮▮ **drink**
[dríŋk] | 드링크
[동] 마시다 [명] 음료

Give me something to drink.
마실 것 좀 주세요.

▮▮▮ **drive**
[dráiv] | 드라이브
[동] 운전하다, 몰다

Will you walk or drive? 걸어가겠어요, 차를 타고 가겠어요?

▮▮▮ **driver**
[dráivər] | 드라이버
[명] 운전사

He is a taxi driver. 그는 택시 운전사이다.

▮▮▯ **drop**
[drάp] | 드랍
[명] 방울, 방울져 떨어짐
[동] 떨어지다, 떨어뜨리다

I dropped my wallet somewhere along the way back.
나는 돌아오는 중에 어딘가에 지갑을 떨어뜨렸다.

▮▮▯ **drought**
[dráut] | 드라우트
[명] 가뭄

There was a prolonged drought last summer.
지난 여름에는 가뭄이 장기간 지속되었다.

▮▯▯ **drown**
[dráun] | 드라운
[동] 물에 빠지다, 익사하다

A drowning man will catch at a straw.
물에 빠진 사람은 지푸라기라도 붙잡는다.

drug
[drʌ́g] | 드럭
명 약, 마약

The drug has been approved by the FDA.
그 약은 식품의약품국에서 승인된 것이다.

dry
[drái] | 드라이
형 마른, 건조한
동 말리다, 마르다

The wind blew dry and cold. 건조하고 차가운 바람이 불었다.

duck
[dʌ́k] | 덕
명 오리

Ducks are good swimmers. 오리는 헤엄을 잘 친다.

due
[djúː] | 듀-
형 지불 기일이 된, 당연한

It is due to him to help his sister.
누이를 돕는 것은 그의 당연한 의무이다.

dull
[dʌ́l] | 덜
형 둔한, 무딘, 지루한

All works and no play makes Jack a dull boy.
놀지 않고 공부만 하면 사람을 버린다.

dumb
[dʌ́m] | 덤
형 말을 못하는, 벙어리의

I was struck dumb at her audacity.
그녀의 대담함에 나는 말문이 막혔다.

dust
[dʌ́st] | 더스트
명 먼지 동 뿌리다, 먼지를 털다

A thick layer of dust lay on the table.
탁자 위에는 먼지가 두껍게 쌓여 있었다.

duty
[djúːti] | 듀-티
명 의무, 임무, 세금

It is your duty to sweep this room.
이 방을 청소하는 것이 너의 임무이다.

dwelling
[dwéliŋ] | 드웰링
명 거주, 거주지

Some 5,000 new dwellings are planned for the area.
그 지역에 5,000여 개의 새 거주지가 계획되고 있다.

dynamic
[dainǽmik] | 다이내믹
형 역동적인, 활동적인

He seemed a dynamic and energetic leader.
그는 역동적이고 활동적인 지도자처럼 보였다.

dynasty
[dáinəsti] | 다이너스티
명 왕조

The Joseon dynasty was founded in 1392.
조선 왕조는 1392년에 세워졌다.

English Korean Word Dicitionary

each
[íːtʃ] | 이-취
형 각각의, 개개의
대 각자, 각기

Each bus has a number indicating its route.
각 버스는 그것의 경로를 알려주는 번호가 있다.

eager
[íːgər] | 이-거
형 열망하는, 간절히 바라는

She was very eager to meet me.
그녀는 나를 몹시 만나고 싶어했다.

ear
[íər] | 이어
명 귀

The elephant has large ears. 코끼리는 큰 귀를 가지고 있다.

early
[ə́ːrli] | 어얼리
부 일찍이 형 이른

The cherry blossom came out early. 벚꽃이 일찍 피었다.

earn
[ə́ːrn] | 어언
동 벌다, 획득하다

She earned money by washing cars.
그녀는 세차를 해서 돈을 벌었다.

earth
[ə́ːrθ] | 어-쓰
명 지구, 땅, 흙, 토양

The earth goes round the sun.
지구는 태양을 중심으로 돈다.

earthquake
[ə́ːrθkwèik] | 어-쓰퀘이크
명 지진

The earthquake shook the tall building.
지진이 고층 빌딩을 흔들리게 했다.

ease
[íːz] | 이-즈
명 편함, 쉬움 동 편하게 하다

Music eased my mind.
음악이 나의 마음을 달래 주었다.

east
[íːst] | 이-스트
명 동쪽 형 동쪽의

The sun rises in the east, and sets in the west.
해는 동쪽에서 떠서 서쪽으로 진다.

easy
[íːzi] | 이-지
형 쉬운

The creation of great poetry isn't easy.
위대한 시의 창작은 쉽지 않다.

eat
[íːt] | 이-트
동 먹다, 식사를 하다

We should not eat fast food much.
우리는 패스트푸드를 많이 먹지 말아야 한다.

echo
[ékou] | 에코우
명 메아리 동 울리다

I heard the echo of my voice.
나는 내 목소리의 메아리를 들었다.

economic
[èkənámik] | 에커나믹
형 경제의, 경제학의

The Koreans got over the economic crisis.
한국 사람들은 경제 위기를 극복했다.

economy
[ikánəmi] | 이카너미
명 경제, 절약

The Korean economy advanced briskly.
한국 경제는 활발하게 신장했다.

ecosystem
[ékousìstəm] | 에코우시스템
명 생태계

An ecosystem does not suddenly appear overnight.
생태계는 하룻밤 사이에 생기는 것이 아니다.

edge
[édʒ] | 에쥐
명 가장자리, 끝, 테두리

Children feed geese at the water's edge.
아이들이 물가에서 거위들에게 먹이를 주고 있다.

editor
[édətər] | 에더터
명 편집자

Who is the editor of the "Times"?
타임즈지(誌)의 편집장은 누구입니까?

editorial
[èdətɔ́ːriəl] | 에더토-리얼
명 사설, 논설
형 편집상의, 사설(논설)의

Editorial decisions are made by senior editors.
논설에 관한 결정은 선임 편집인들이 내린다.

education
[èdʒukéiʃən] | 에쥬케이션
명 교육, 훈련

Children's education costs us a great deal.
어린이 교육에 많은 돈이 나간다.

effect
[ifékt] | 이펙트
명 효과, 결과, 영향

Cause and effect react upon each other. 원인과 결과는 상호 작용한다.

effective
[iféktiv] | 이펙티브
형 효과적인, 유효한

Acupuncture appears to be effective in relieving pain.
침은 고통을 완화하는 데 효과가 있어 보인다.

efficient
[ifiʃənt] | 이피션트
형 능률적인, 유능한

He is efficient in his work.
그는 자신의 일에 유능하다.

effort
[éfərt] | 에퍼-트
명 노력, 수고

Don't spare your efforts. 너의 노력을 아끼지 말아라.

egg
[ég] | 에그
명 알, 계란

Mother boiled eggs for me.
어머니는 나에게 계란을 삶아 주셨다.

elderly
[éldərli] | 엘더리
형 나이가 지긋한

It's not easy to get elderly patients to take regular medication.
노인 환자들에게 때맞춰 약을 복용하게 하는 것은 쉽지 않다.

elect
[ilékt] | 일렉트
동 선거하다, 선출하다

He was elected by a small majority.
그는 근소한 차로 선출되었다.

election
[ilékʃən] | 일렉션
명 선거, 선출

The election will take place in March.
선거는 3월에 실시된다.

electric
[iléktrik] | 일렉트릭
형 전기의, 전기를 띤

John switched off the electric current.
존은 전기 스위치를 껐다.

electricity
[ilèktrísəti] | 일렉트리쎄티
명 전기, 전류

This radio is run by electricity.
이 라디오는 전기로 작동된다.

electronic
[iléktránik] | 일렉트라닉
혱 전자의, 전자공학의

People are playing with electronic devices.
사람들이 전자 기기들을 갖고 놀고 있다.

element
[éləmənt] | 엘러먼트
명 요소, 성분

This substance consists of one element.
이 물질은 단일 성분이다.

elementary
[èləméntəri] | 엘러멘터리
혱 기본의, 초보의, 초등의

At that time, I was an elementary school student.
그 당시에 나는 초등학교 학생이었다.

else
[éls] | 엘스
혱 그 밖의 부 그 밖에

Would you care for anything else?
더 원하시는 것이 있으세요?

embarrass
[imbǽrəs] | 임배러스
동 어리 둥절(당황)하게하다

She embarrasses me by asking bothersome questions.
그녀는 성가신 질문을 해서 나를 당황하게 한다.

emergency
[imə́ːrdʒənsi] | 이머-전시
명 긴급 사태

Our plane made an emergency landing.
우리 비행기는 비상 착륙을 했다.

영단어 149

emotion
[imóuʃən] | 이모우션
명 감정, 감동, 감격

Anger and love are emotions. 노여움과 사랑은 감정이다.

emotional
[imóuʃənl] | 이모우셔늘
형 감정적인, 감동적인, 감수성이 강한

Emotional problems are affecting his work.
감정적인 문제들이 그의 일에 영향을 미치고 있다.

emperor
[émpərər] | 엠퍼러
명 황제, 제왕

For how long was emperor Nero in power?
네로 황제는 얼마 동안 권좌에 있었습니까?

emphasize
[émfəsàiz] | 엠퍼싸이즈
동 강조하다, 역설하다

He always emphasizes the value of education.
그는 언제나 교육의 가치를 강조한다.

empire
[émpaiər] | 엠파이어
명 제국, 왕국

Those small states were absorbed into the empire.
그들 작은 나라들은 그 제국에 병합되었다.

employ
[implói] | 임플로이
동 고용하다

The firm employed several free-lancers.
그 회사는 몇 사람의 프리랜서를 고용했다.

employee
[implɔ́iː] | 임플로이-
몡 고용인, 종업원

The engineer is training a new employee.
기술자가 새 직원을 훈련시키고 있다.

employer
[implɔ́iər] | 임플로이어
몡 고용주

Many employers will select beginners with developed skills.
많은 고용주들은 발전된 기술을 가지고 있는 초보자를 선택할 것이다.

employment
[implɔ́imənt] | 임플로이먼트
몡 고용, 일자리

The current trend is towards part-time employment.
현 추세는 임시직 고용으로 향하고 있다.

empty
[émpti] | 엠티
혱 빈 동 비우다

The classroom is empty. 교실이 비어 있다.

enable
[inéibl] | 이네이블
동 할 수 있게 하다, 가능하게 하다

Money enables one to do a lot of things. 돈이 있으면 많은 일을 할 수 있다.

encounter
[inkáuntər] | 인카운터
동 우연히 만나다 몡 마주침, 조우

I encountered an old friend on the street. 나는 길에서 옛 친구를 우연히 만났다.

영단어

encourage
[inkə́ːridʒ] | 인커-리쥐
동 용기를 북돋우다, 격려 하다

He was suddenly encouraged by these words.
그는 이 말에 갑자기 기운이 났다.

encouragement
[inkə́ːridʒmənt] | 인커-리쥐먼트
명 격려, 장려

I will appreciate your help and encouragement.
당신의 도움과 격려에 대해 감사드립니다.

end
[énd] | 엔드
명 끝, 최후 동 끝나다

That was the end of the war.
그것이 전쟁의 끝이었다.

endanger
[indéindʒər] | 인데인저
동 위험에 빠뜨리다

The debate could endanger the proposed peace talk.
그 논쟁이 제안된 평화회담을 위험에 빠뜨릴 수 있다.

enemy
[énəmi] | 에너미
명 적 형 적의

The snake is a natural enemy of the frog.
뱀은 개구리의 천적이다.

energy
[énərdʒi] | 에너쥐
명 힘, 정력, 활력, 에너지

Heavy industry suffered during an energy crisis.
중공업은 에너지 위기 동안 어려움을 겪었다.

engage
[ingéidʒ] | 인게이지
동 약속하다, 고용하다, 종사시키다, 약혼시키다

He engaged to visit you tomorrow.
그가 내일 당신을 방문하겠다고 약속했어요.

engineer
[èndʒiníər] | 엔지니어
명 기사, 기술자

I determined to become an engineer. 나는 기술자가 되기로 결심했다.

engineering
[èndʒiníəriŋ] | 엔지니어링
명 공학, 공업 기술

He came to the France to study engineering 2 months ago.
그는 2개월 전 공학을 공부하러 프랑스에 왔다.

enjoy
[indʒɔ́i] | 인조이
동 즐기다

I'm enjoying the blue sea and the fresh air.
나는 지금 푸른 바다와 상쾌한 공기를 즐기고 있다.

enormous
[inɔ́ːrməs] | 이노-머스
형 거대한, 막대한

The whole comes to an enormous sum. 전부 합하면 막대한 금액이 된다.

enough
[inʌ́f] | 이너프
형 충분한 부 충분히

He is strong enough to carry the box.
그는 그 상자를 옮길 만큼 힘이 세다.

영단어 153

■□□
enrich
[inrítʃ] | 인리취

[동] 풍부하게 하다, 부유하게 하다

Art enriches our spirit.
예술은 우리의 영혼을 풍요롭게 해준다.

■■□
enroll
[inróul] | 인로울

[동] 등록하다, 명단에 기재하다

Have you enrolled for the course yet?
아직도 강좌에 등록하지 않았어요?

■■■
enter
[éntər] | 엔터

[동] 들어가다, 입학하다

You must buy a ticket to enter the building.
건물에 들어가기 위해서는 표를 사야만 한다.

■■□
entertainment
[èntərtéinmənt] | 엔터테인먼트

[명] 오락(거리), 연예, 환대

Entertainment enlivened the meeting.
여흥으로 그 모임의 분위기가 흥겨워졌다.

■□□
enthusiastic
[inθúːziæstik] | 인쑤–지애스틱

[형] 열광적인, 열중해 있는

He was given an enthusiastic welcome.
그는 열광적인 환영을 받았다.

■■□
entire
[intáiər] | 인타이어

[형] 전체의, 전부의

The entire work force showed up for the opening ceremony.
모든 작업팀이 개회식에 참석했다.

entirely
[intáiərli] | 인타이얼리
(부) 완전히, 오로지

Now the rest is entirely up to fate.
이제 나머지는 전적으로 운명에 달려 있다.

entrance
[éntrəns] | 엔트런스
(명) 입구, 입사, 입회

A multitude of people crowded round the entrance to the hotel.
수많은 인파가 호텔 입구에 떼지어 모여들었다.

envious
[énviəs] | 엔비어스
(형) 부러워하는, 시기하는

He is never envious of others for their wealth.
그는 결코 남의 재산을 부러워하지 않는다.

environment
[inváiərənmənt] | 인바이어런먼트
(명) 환경, 주위의 상황

We must know the importance of the environment.
우리는 환경의 중요성을 알아야 한다.

envy
[énvi] | 엔비
(동) 부러워하다, 시기하다

I envy you your good fortune.
나는 네 행운이 부럽다.

equal
[í:kwəl] | 이-퀄
(형) 같은, 동등한

One dozen is equal to twelve.
1다스는 12와 같다.

영단어

equality
[ikwάləti] | 이쾰러티
명 평등, 동등

They consider it as social equality.
그들은 그것을 사회적 평등이라고 생각한다.

equipment
[ikwípmənt] | 이퀴입먼트
명 장비, 설비

He's adjusting the equipment.
그는 장비를 조절하고 있다.

era
[íərə] | 이어러
명 시대, 연대

This is an era of mass communication.
현재는 매스컴의 시대다.

eraser
[iréisər] | 이레이서
명 지우개

He bought two pencils, two notebooks, and an eraser.
그는 연필 두 자루, 공책 두 권, 그리고 지우개 한 개를 샀다.

errand
[érənd] | 에런드
명 심부름

Can you do a little errand for me?
심부름 좀 해 줄래?

error
[érər] | 에러
명 잘못, 오류

What does this error message mean?
이 오류 메시지는 뭐죠?

■■□
escape
[iskéip] | 이스케이프
[동] 도망가다, 벗어나다

The boy struggled to escape.
그 소년은 도망치려고 몸부림쳤다.

■■□
especially
[ispéʃəli] | 이스페셜리
[부] 특히, 특별히

He looks handsome, especially when he is angry.
그는 특히 화가 났을 때 멋있어 보인다.

■□□
essential
[isénʃəl] | 이쎈셜
[형] 본질적인, 필수적인

Water is essential to life.
물은 생명에 필수적이다.

■■□
establish
[istǽbliʃ] | 이스태블리쉬
[동] 설립하다, 확립하다

They plan to establish an art institute.
그들은 미술 협회를 설립할 계획이다.

■□□
estimate
[éstəmèit] | 에스터메이트
[명] 견적, 평가 [동] 평가(추정)하다

We estimate it will take a week longer than expected.
우리는 그것이 예상보다 일주일 더 걸릴 것으로 추정하고 있다.

■□□
eternal
[itə́:rnl] | 이터–늘
[형] 영원한, 불변의

This is an eternal truth.
이것은 불변의 진리이다.

ethical
[éθikəl] | 에씨컬
형 윤리의, 도덕의

Journalists must adhere to ethical standards.
기자는 윤리 규범을 준수해야 한다.

ethics
[éθiks] | 에씨스
명 윤리, 윤리학

Laws and codes of ethics establish minimum standards of behavior.
법과 윤리규범은 행동의 최소한의 행위규범을 세운다.

ethnic
[éθnik] | 에쓰닉
형 인종의, 민족의

I grew up with people of all different ethnic origins.
나는 온갖 다양한 인종적 혈통을 가진 사람과 같이 성장했다.

etiquette
[étikèt] | 에티켓
명 예의(범절), 에티켓

It is against etiquette to smoke at table.
식사 중에 담배를 피우는 것은 실례다.

evening
[íːvniŋ] | 이-브닝
명 저녁

I want to go to Chicago this evening.
오늘 저녁에 시카고로 가고 싶습니다.

event
[ivént] | 이벤트
명 사건, 행사

A birthday is an annual event.
생일은 연례 행사이다.

eventually
[ivéntʃuəli] | 이벤츄얼리

⑼ 결국, 마침내

Our profits will eventually be severely reduced.
결국에 가서는 우리의 이윤도 심하게 감소할 것이다.

ever
[évər] | 에버

⑼ 언젠가, 지금까지, 결코(부정문에서)

Have you ever read "Romeo and Juliet"before?
로미오와 줄리엣"을 읽어 본 적이 있나요?

every
[évri:] | 에브리-

⑼ 모든, ~마다, 매(每

This train stops at every station. 이 기차는 정거장마다 섭니다.

everybody
[évribὰdi] | 에브리바디

⑭ 누구나 다, 각자 모두

Everybody says that the food is delicious there.
모든 사람들이 그곳 음식이 맛있다고 한다.

everyday
[évridèi] | 에브리데이

⑼ 날마다의, 매일의

Do you listen to the radio everyday? 당신은 매일 라디오를 듣나요?

everyone
[évriwʌ̀n] | 에브리원

⑭ 모두 다, 누구나 다

Everyone wants to be healthy to stay fit.
누구나 좋은 체격을 유지하기 위해서 건강하기를 원한다.

영단어 159

everywhere
[évrihwɛ̀ər] | 에브리웨어
() 어디에나, 어디나

Everywhere I go, I bring a camera.
나는 어디를 가든 카메라를 가지고 간다.

evidence
[évidəns] | 에비던스
() 증거, 물증

The police had no concrete evidence.
경찰은 구체적인 증거가 없었다.

evil
[íːvəl] | 이-벌
() 나쁜, 사악한 () 악

Love of money is the root of all evil.
금전욕은 모든 악의 근원이다.

evolution
[èvəlúːʃən] | 에벌루-션
() 진화, 발전

Evolution occurs as a result of adaptation to new environments.
진화는 새로운 환경에의 적응의 결과로 일어난다.

exact
[igzǽkt] | 이그잭트
() 정확한

This watch keeps exact time.
이 시계는 정확하다.

exactly
[igzǽktli] | 이그잭틀리
() 정확하게, 꼭

Do exactly as I said.
내가 말한 대로 정확히 해라.

exam
[igzǽm] | 이그잼
명 시험 (examination)

Final exams will be held next week.
마지막 시험은 다음 주에 있을 거예요.

examine
[igzǽmin] | 이그재민
동 조사하다, 검사하다, 시험하다

We examined it with an ultraviolet microscope.
우린 그것을 자외선 현미경으로 검사했다.

example
[igzǽmpl] | 이그잼플
명 보기, 예, 실례, 모범

Can you give me an example?
예를 하나 들어볼래요?

excellent
[éksələnt] | 엑썰런트
형 우수한, 뛰어난, 아주 훌륭한

She's an excellent conductor.
그녀는 뛰어난 지휘자입니다.

except
[iksépt] | 익셉트
전 ~을 제외하고는

I am always at home except Sunday.
일요일을 빼놓고는 매일 집에 있다.

exception
[iksépʃən] | 익셉션
명 예외, 제외

Every rule has its exception.
모든 규칙은 예외가 있다.

영단어

excessive
[iksésiv] | 익쎄씨브
형 과도한, 지나친

Doctors have warned against excessive dieting.
의사들은 지나친 다이어트에 대해 경고하고 있다.

exchange
[ikstʃéindʒ] | 익스체인지
동 교환하다

I'd like to exchange this one for another.
이것을 다른 것으로 교환하고 싶습니다.

excited
[iksáitid] | 익싸이티드
형 흥분한

Are you excited about moving to a new city?
새로운 도시로 이사 가니 흥분되세요?

excitement
[iksáitmənt] | 익싸이트먼트
명 흥분, 소동

The report caused great excitement among them.
그 보도가 그들을 흥분시켰다.

exclaim
[ikskléim] | 익스클레임
동 외치다, 소리지르다

She exclaimed in delight.
그녀는 기뻐서 소리쳤다.

excuse
[ikskjú:z] | 익스큐-즈
동 용서하다, 변명하다 명 변명

Please excuse me for being careless.
제 부주의를 용서해 주십시오.

exercise
[éksərsàiz] | 엑써사이즈
명 운동, 연습 동 운동(연습)하다

What do you do for exercise?
당신은 운동으로 무엇을 하세요?

exhaust
[igzɔ́:st] | 이그조-스트
동 다 써버리다, 배출하다

We have exhausted our money.
우리는 돈을 다 써버렸다.

exhibit
[igzíbit] | 이그지비트
동 전시하다, 나타내다 명 전시(회)

The art museum has a wonderful impressionism exhibit.
그 미술관은 인상주의 전시회를 성대하게 하고 있다.

exist
[igzíst] | 이그지스트
동 존재하다

I think, therefore I exist.
나는 생각한다, 고로 나는 존재한다.

existence
[igzístəns] | 이그지스턴스
명 존재

Those characters have no existence in history.
그런 인물은 역사상 존재하지 않는다

expand
[ikspǽnd] | 익스팬드
동 넓히다, 확장하다

He was trying to expand his business.
그는 사업을 확장하려 하고 있었다.

E 

■■□
expect
[ikspékt] | 익스펙트
[동] 기대하다, 예상하다

I didn't expect I would get the first prize!
내가 1등상을 타리라고는 예상치 못했어요.

■□□
expectation
[èkspektéiʃən] | 엑스펙테이션
[명] 기대, 예상

Contrary to expectations, he won the race.
예상과는 반대로 그가 경주에서 우승했다.

■□□
expense
[ikspéns] | 익스펜스
[명] 비용, 지출, 경비

We have to cut down on expenses this month.
우리는 이번 달 지출을 줄여야 합니다.

■■■
expensive
[ikspénsiv] | 익스펜씨브
[형] 비싼

The software is much more expensive than others.
그 소프트웨어는 다른 것들보다 훨씬 더 비싸다.

■■□
experience
[ikspíəriəns] | 익스피어리언스
[명] 경험, 체험 [동] 경험하다

Have you had any musical experience before?
당신은 전에 악기를 다룬 경험이 있나요?

■□□
experiment
[ikspérəmənt] | 익스페러먼트
[명] 실험 [동] 실험하다

The experiment has failed.
그 실험은 실패했다.

expert
[ékspə:rt] | 엑스퍼-트
명 전문가, 숙련가

It was run by two expert teachers.
두 명의 전문적인 선생님들이 운영했다.

explain
[ikspléin] | 익스플레인
동 설명하다

Can you explain this problem?
이 문제를 설명할 수 있나요?

explanation
[èksplənéiʃən] | 엑스플러네이션
명 설명, 뜻, 의미

I can give you an explanation for why I'm late.
나는 내가 왜 늦었는지에 대해 너에게 설명할 수 있다.

explode
[iksplóud] | 익스플로우드
동 폭발하다, 파열하다

The gas main exploded.
가스 본관이 폭발했다.

exploration
[èkspləréiʃən] | 엑스플러레이션
명 탐험, 탐구

It was built for the purpose of exploration.
그것은 탐험을 목적으로 만들어졌다.

explore
[ikspló:r] | 익스플로-
동 탐험하다, 탐구하다

Amundsen explored the South Pole.
아문센은 남극을 탐험했다.

explosion
[iksplóuʒən] | 익스플로우전
명 폭발, 파열

There was a gas explosion in our neighborhood.
우리 집 근처에서 가스 폭발이 있었다.

export
[ikspɔ́ːrt] | 익스포-트
동 수출하다 명 수출

Korea exports many different kinds of goods.
한국은 다양한 종류의 상품을 수출한다.

expose
[ikspóuz] | 익스포우즈
동 드러내다, 노출하다, 폭로하다

Don't expose your skin to the sun.
햇볕에 피부를 노출시키지 마세요.

express
[iksprés] | 익스프레스
동 표현하다, 나타내다
명 급행(열차)

Express your ideas clearly. 당신 생각을 명료하게 표현하세요.

expression
[ikspréʃən] | 익스프레션
명 표현, 표정, 어구, 말

It's a kind of expression of freedom. 그건 일종의 자유의 표현이다.

extend
[iksténd] | 익스텐드
동 뻗다, 연장하다, 넓히다

Space extends without cease in all directions.
우주는 모든 방향으로 끊임없이 퍼져 나가고 있다.

extension
[iksténʃən] | 익스텐션
명 연장, 확장, 구내전화

The extension of the subway will create more jobs.
지하철의 연장은 보다 많은 일자리를 창출할 것이다.

extinction
[ikstíŋkʃən] | 익스팅션
명 멸종, 소화(消火)

Animals that are near extinction are often protected in zoos.
멸종 위기에 있는 동물들은 종종 동물원에서 보호를 받는다.

extra
[ékstrə] | 엑스트러
형 여분의, 특별한 명 여분의 것

Why don't you get an extra battery? 여분의 배터리를 구입하는 게 어때요?

extracurricular
[èkstrəkəríkjələr]
엑스트러커리큘러
형 과외의, 정식과목이외의

Football is an extracurricular activity in our school.
우리 학교에서는 축구가 과외 활동이다.

extreme
[ikstrí:m] | 익스트리-임
형 극도의, 극단적인 명 극단

I'm afraid that may be too extreme an approach.
나는 그것이 너무 극단적인 접근 방식이 아닌가 생각합니다.

eye
[ái] | 아이
명 눈, 시력

A rabbit has long ears and red eyes.
토끼는 긴 귀와 빨간 눈을 가지고 있다.

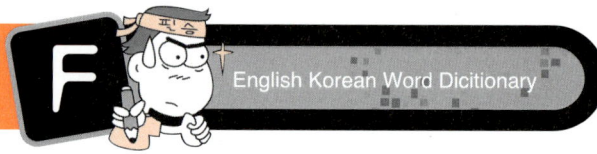

fable
[féibl] | 페이블
명 우화

A fable is a story which teaches a moral lesson.
우화는 교훈을 주는 이야기이다.

face
[féis] | 페이스
명 얼굴, 표면
동 향하다, 직면하다

His face was covered with sweat. 그의 얼굴은 땀으로 뒤범벅이었다.

facility
[fəsíləti] | 퍼씰러티
명 (복수로)시설, 설비

Has it got facilities for the babies? 아기를 위한 시설도 갖춰져 있나요?

fact
[fǽkt] | 팩트
명 진실, 사실, 실제

We discover new facts by using science.
우리는 과학을 이용해서 새로운 사실을 발견한다.

factor
[fǽktər] | 팩터
명 요인, 요소

Wealth may be a factor of happiness.
부는 행복의 한 요소일 수도 있다.

factory
[fǽktəri] | 팩터리
명 공장

Computers are used to run machines and factories.
컴퓨터는 기계와 공장을 가동시키는 데 사용된다.

fail
[féil] | 페일
동 실패하다, 낙제하다

Though I fail, I will try again. 비록 실패할지라도 나는 다시 시도하겠다.

failure
[féiljər] | 페일리어
명 실패

She made research for the cause of her failure.
그녀는 자신이 실패한 원인을 탐색했다.

faint
[féint] | 페인트
형 희미한, 어질어질한
동 기절하다

I heard a faint voice. 나는 희미한 목소리를 들었다.

fair
[fɛ́ər] | 페어
형 공정한, 공평한
부 공명정대하게

She is fair with her students. 그녀는 학생들에게 공평하다.

faith
[féiθ] | 페이쓰
명 신뢰, 믿음, 신앙

Children usually have faith in their parents.
어린이들은 보통 부모에 대한 믿음이 있다.

faithful
[féiθfəl] | 페이쓰펄
형 충실한, 성실한, 믿을 만한

She was a close and faithful friend.
그녀는 가깝고도 믿을 만한 친구였다.

fall
[fɔ́ːl] | 포올
동 떨어지다, 무너지다
명 추락, 붕괴, 가을

The building is likely to fall down. 그 건물은 무너질 것 같다.

false
[fɔ́ːls] | 포올스
형 잘못된, 거짓의

Their statements were false. 그들의 진술은 거짓이었다.

fame
[féim] | 페임
명 명성, 평판

She has achieved worldwide fame.
그녀는 세계적인 명성을 얻었다.

familiar
[fəmíljər] | 퍼밀리어
형 낯익은, 익숙한, 친밀한

Helen Keller is familiar to us.
헬렌 켈러는 우리에게 잘 알려져 있다.

family
[fǽməli] | 패멀리
명 가족, 가정

I visited Busan with my family.
나는 가족들과 함께 부산을 방문했다.

famine
[fǽmin] | 패민
명 굶주림, 기아, 기근

Famine threatens the district.
기근이 그 지방을 위협하고 있다.

famous
[féiməs] | 페이머스
형 유명한

Advertisers use famous people in advertisements.
광고주들은 광고에 유명인들을 이용한다.

fancy
[fǽnsi] | 팬씨
명 공상, 애호 동 공상(상상)하다

Elves are creatures of fancy.
요정들은 상상 속의 창조물이다.

fantastic
[fæntǽstik] | 팬태스틱
형 환상적인, 공상적인

This is the most fantastic show I've ever seen.
이런 환상적인 쇼는 처음 본다.

fantasy
[fǽntəzi] | 팬터지
명 환상, 공상

My child seems to live in a fantasy world sometimes.
우리 아이는 때로는 환상의 세계에서 사는 듯하다.

far
[fá:r] | 파-
부 멀리, 훨씬

The house is far away.
그 집은 멀리 떨어져 있다.

영단어 171

fare
[fɛ́ər] | 페어
명 승차 요금, 운임

What's the taxi fare to the airport?
공항까지 가는 데 택시 요금이 얼마인가요?

farewell
[fɛ̀ərwél] | 페어웰
명 작별, 작별 인사

Farewell! I hope we'll meet again soon.
안녕! 곧 다시 만나자.

farm
[fá:rm] | 파암
명 농장

I'm going to work on my uncle's farm.
나는 삼촌의 농장에서 일할 거예요.

fascinate
[fǽsənèit] | 패써네이트
동 매혹하다

He was fascinated by her beauty.
그는 그녀의 미모에 매혹되었다.

fashionable
[fǽʃənəbl] | 패셔너블
형 유행의, 사교계의

It is fashionable to wear small watches now.
요즈음은 작은 시계를 차는 것이 유행이다.

fast
[fǽst] | 패스트
형 빠른 부 빨리

The taxi driver drove the car too fast.
그 택시 운전 기사는 차를 너무 빨리 몰았다.

fasten
[fǽsn] | 패슨
동 매다, 단단히 고정시키다

Could you please fasten your seat belt?
안전벨트를 매 주시겠습니까?

fat
[fǽt] | 팻
형 살찐, 지방이 많은 명 지방

He is fat because he eats too much.
그는 너무 많이 먹어서 뚱뚱하다.

fatal
[féitl] | 페이틀
형 치명적인, 운명의

The car crash was fatal.
그 자동차 충돌은 치명적이었다.

fate
[féit] | 페이트
명 운명, 숙명, 죽음, 비운

Nobody foretells his fate.
아무도 자기 운명을 예언하지 못한다.

fault
[fɔ́ːlt] | 포올트
명 결점, 잘못, 단점

No man is free from faults.
결점 없는 사람은 없다.

favor
[féivər] | 페이버
명 호의, 친절, 부탁

Can you do me a favor? 부탁 하나 들어 주시겠어요?

favorite
[féivərit] | 페이버리트
형 마음에 드는, 아주 좋아 하는,
명 좋아하는 사람(물건)

Soccer is my favorite sport. 축구는 내가 가장 좋아하는 운동이다.

fearful
[fíərfəl] | 피어펄
형 무서운, 두려워하는

He was fearful of the consequences.
그는 그 결과가 두려웠다.

feature
[fí:tʃər] | 피-춰
명 특징 동 특징을 이루다

His infant features are gone.
그의 어릴 때의 모습을 찾아 볼 수 없다.

fee
[fí:] | 피-
명 요금, 수수료

Does the rental fee cover insurance?
렌트 요금에 보험료도 포함되어 있나요?

feed
[fí:d] | 피-드
동 먹을 것을 주다, 먹이다

Bill is feeding the ducks. 빌이 오리에게 먹이를 주고 있다.

feel
[fí:l] | 피일
동 느끼다, ~한 기분이 들다

Take a rest and you'll feel better.
휴식을 취해라, 그러면 기분이 좋아질 것이다.

■■□ **fellow**

[félou] | 펠로우

[명] 사람, 동료 [형] 동료의

I found him quite a jovial fellow.
그는 참 재미있는 친구였다.

■■■ **fellowship**

[félouʃìp] | 펠로우쉽

[명] 친구간임, 친교, 장학금

He enjoys good fellowship with his friends.
그는 친구들과 정답게 지낸다.

■■□ **female**

[fíːmeil] | 피–메일

[형] 여성의, 암컷의 [명] 여성

The male and female differ in size.
수컷과 암컷은 크기가 다르다.

■■□ **festival**

[féstəvəl] | 페스터벌

[명] 축제, 잔치

The festival is held year after year.
그 축제는 매년 열린다.

■□□ **festive**

[féstiv] | 페스티브

[형] 축제의, 즐거운

The whole town was in a festive mood.
마을 전체가 축제 분위기였다.

■□□ **fever**

[fíːvər] | 피–버

[명] 열, 열병

I need something to bring down the fever.
열을 내릴 만한 약을 좀 주세요.

few
[fjú:] | 퓨-
형 적은, 소수의, 거의 없는

There were few people in the classroom.
교실에는 사람들이 거의 없었다.

fiber
[fáibər] | 파이버
명 섬유, 섬유질

The future of the fiber industry is very bright.
섬유 공업의 전망은 매우 고무적이다.

fiction
[fíkʃən] | 픽션
명 소설

Do you prefer biography or fiction?
당신은 전기를 좋아합니까, 아니면 소설을 좋아합니까?

fierce
[fíərs] | 피어스
형 사나운, 맹렬한

A fierce battle is raging.
격전이 벌어지고 있다.

fight
[fáit] | 파이트
동 싸우다 명 싸움, 전투

If you do fight, fight it out. 싸우려면 끝까지 싸워라.

figure
[fígjər] | 피겨
명 숫자, 모양, 인물, 그림
동 계산하다, 생각하다

She is poor at figures.
그녀는 숫자에 약하다.

finally
[fáinəli] | 파이널리
() 최후로, 마침내, 결국

The bridge was finally completed in 1980.
그 다리는 마침내 1980년에 완성되었다.

financial
[finǽnʃəl] | 피낸셜
() 재정의, 금융의

Have you settled your financial problems?
재정적인 문제들은 해결 되었습니까?

find
[fáind] | 파인드
() 찾다, 발견하다, 알다

Where did you find your necklace?
당신 목걸이 어디에서 찾았어요?

fine
[fáin] | 파인
() 벌금 () 벌금을 과하다

He was punished with a fine.
그는 벌금형으로 처벌을 받았다.

fine
[fáin] | 파인
() 훌륭한, 날씨가 맑은, 좋은

He has a fine villa.
그는 훌륭한 별장을 가지고 있다.

finish
[fíniʃ] | 피니쉬
() 끝내다, 끝나다

Can I borrow it after you have finished?
당신이 일이 끝난 후에 내가 그것을 빌릴 수 있을까요?

fire
[fáiər] | 파이어
명 불, 화재

A big fire is burning away everything.
큰 불이 나서 모든 것을 태워 버리고 있다

firm
[fə́:rm] | 퍼-엄
형 단단한, 확고한 명 회사

He gave me a firm handshake. 그는 내 손을 꼭 잡고 악수를 했다.

first
[fə́:rst] | 퍼-스트
형 첫 번째의 명 첫 번째
부 첫 번째로

Is this your first trip to France?
프랑스는 처음 여행하시나요?

fish
[fíʃ] | 피쉬
명 물고기 동 낚시하다

Tom has caught a big fish at the lake.
톰은 호수에서 큰 물고기를 잡았다

fit
[fít] | 핏
동 (알)맞다, 맞추다
형 알맞은, 건강한

Do you think it will fit me? 이거 저한테 맞아 보이세요?

fix
[fíks] | 픽스
동 고정시키다, 수리하다

How much to fix it? 그것을 고치는 데는 얼마인가요?

flame
[fléim] | 플레임
명 불꽃, 불길 동 타오르다

The flame will be out soon.
불길이 곧 꺼질 것이다.

flash
[flǽʃ] | 플래시
명 번쩍임, 섬광 동 번쩍이다

A flash of lightning surprised us.
번개의 번쩍임에 우리는 놀랐다.

flat
[flǽt] | 플래트
형 평평한, 평탄한

This house has a flat roof.
이 집은 지붕이 평평하다.

flavor
[fléivər] | 플레이버
명 맛, 풍미 동 맛을 내다

This wine enriches the flavor of food.
이 와인은 음식의 맛을 풍요롭게 한다.

flight
[fláit] | 플라잇
명 비행, 날기, 항공편

The last flight will be leaving at nine o'clock.
마지막 비행편이 9시에 출발할 예정입니다.

float
[flóut] | 플로우트
동 뜨다, 떠오르다, 떠돌다

The log floated down the stream.
통나무는 강을 떠내려갔다.

flood
[flʌ́d] | 플러드
명 홍수, 범람 동 범람하다

Her child was washed away in the flood.
그녀의 아이는 홍수에 떠내려갔다

floor
[flɔ́:r] | 플로어
명 바닥, 층

A grocery store is on the third floor.
식료품점은 3층에 있습니다.

flour
[fláuər] | 플라우어
명 밀가루

We mixed butter, sugar, milk and flour for a cake.
우리는 케이크를 만들기 위해 버터와 설탕, 우유, 그리고 밀가루를 섞었다.

flow
[flóu] | 플로우
동 흐르다 명 흐름

The blood flowed out from the wound.
상처에서 피가 흘러나왔다.

flower
[fláuər] | 플라워
명 꽃

Bees are flying around the flowers.
벌들이 꽃 주변을 날고 있다.

fluid
[flú:id] | 플루-이드
형 유동성의, 유동적인

The situation is still highly fluid.
정세는 아직도 매우 유동적이다.

■□□
flush
[flʌ́ʃ] | 플러쉬

[동] 붉어지다, 왈칵 흘러나오다
[명] 홍조

His face flushed red with anger. 그녀의 얼굴은 분노로 빨개졌다.

■□□
flutter
[flʌ́tər] | 플러터

[동] 펄럭이다, 퍼덕거리다

My heart flutters. 내 가슴이 퍼덕거린다.

■■■
fly
[flái] | 플라이

[동] 날다, 비행하다 [명] 파리

Birds learn to fly by instinct.
새들은 본능적으로 나는 것을 배운다.

■□□
foam
[fóum] | 포움

[명] 거품 [동] 거품이 일다

He's skimming off the foam.
그는 거품을 걷어내고 있다.

■□□
focus
[fóukəs] | 포우커스

[명] 초점 [동] 초점을 맞추다

The group is focusing on the plan
그 그룹은 그 계획에 초점을 맞추고 있다.

■■■
fog
[fɔ́:g] | 포-그

[명] 안개

A heavy fog covers the ground.
땅이 짙은 안개로 뒤덮여 있다.

■■□ **fold** [fóuld] | 포울드

[동] 접다, 접어 포개다

The shirts have been folded and put away in the closet.
셔츠들은 접혀져서 옷장 안에 치워져 있다.

■■■ **folk** [fóuk] | 포우크

[명] 사람들, 가족 [형] 민속의, 민간의

Some folks are fishing from the shore.
사람들이 물가에서 낚시를 하고 있다.

■■■ **follow** [fálou] | 팔로우

[동] 따르다, 뒤를 잇다

He began to follow the directions given in the manual.
그는 설명서의 지침을 따르기 시작했다.

■□□ **fond** [fánd] | 판드

[형] 좋아하는, 다정한

My uncle is very fond of fishing.
삼촌은 낚시를 굉장히 좋아하신다.

■■■ **food** [fú:d] | 푸–드

[명] 음식, 식품

His mother makes us delicious food.
그의 어머니는 우리에게 맛있는 음식을 만들어 주신다.

■■■ **fool** [fú:l] | 푸울

[명] 바보

He makes me fool.
그는 나를 바보로 만들었다.

foolish
[fúːliʃ] | 푸울리쉬
형 어리석은

He is so foolish as to believe that. 그는 그것을 믿을 만큼 어리석다.

foot
[fút] | 풋
명 발, 피트(feet – 복수)

I'm sorry I stepped on your foot. 죄송해요. 제가 발을 밟았네요.

forbid
[fərbíd] | 퍼비드
동 금지하다, 방해하다

The school forbids us to go to the theater.
학교에서는 극장 출입을 금하고 있다.

force
[fɔ́ːrs] | 포-스
명 힘 동 강요하다, 억지로 시키다

She won't do it unless you force her.
당신이 강요하지 않는 한 그녀는 그 일을 하지 않을 겁니다.

forecast
[fɔ́ːrkæst] | 포-캐스트
동 예상하다, 예보하다
명 예상, 예보

What's the weather forecast for Friday?
금요일의 일기예보가 어떻습니까?

foreign
[fɔ́ːrən] | 포-린
형 외국의, 외국산의

Many students are studying foreign languages in schools.
많은 학생들이 학교에서 외국어를 배우고 있다.

영단어

foreigner
[fɔ́ːrənər] | 포-리너
명 외국인, 이방인

Where is the foreigner from?
그 외국인은 어느 나라에서 왔을까?

forest
[fɔ́ːrist] | 포리스트
명 숲, 삼림

Many trees grow in the forest.
많은 나무들이 숲에서 자란다.

forever
[fɔːrévər] | 포-에버
부 영원히

I'll love you forever.
난 너를 영원히 사랑할 거야.

forget
[fərgét] | 퍼겟
동 잊다

I forgot to post the letter.
나는 편지 부치는 것을 잊었다.

forgive
[fərgív] | 퍼기브
동 용서하다, 면제하다

I will forgive you for this once.
이번에 한해서 용서하겠다.

form
[fɔ́ːrm] | 포-옴
명 모양, 형식, 서식 동 형성하다

Please fill out this form.
이 서식을 작성해 주십시오.

formal
[fɔ́ːrməl] | 포-멀
형 정식의, 공식의, 형식적인

He has not received formal school education.
그는 정규 교육을 받지 못했다.

former
[fɔ́ːrmər] | 포-머
형 이전의, 전자의

The former President was popular.
전 대통령은 인기가 있었다.

fortress
[fɔ́ːrtris] | 포-트리스
명 요새, 성채, 성곽

They constructed fortresses along the shore.
그들은 해변 일대에 요새를 건설했다.

fortunate
[fɔ́ːrtʃənit] | 포-춰니트
형 운 좋은, 행운의

No one is more fortunate than ourselves.
우리만큼 운이 좋은 사람은 없다.

fortune
[fɔ́ːrtʃən] | 포-천
명 행운, 부, 재산

He left a great fortune to his son.
그는 아들에게 막대한 재산을 남겼다.

forward
[fɔ́ːrwərd] | 포-워드
부 앞쪽에, 앞으로 형 앞쪽의

She drove the car forward.
그녀는 차를 앞으로 몰았다.

영단어

foster
[fɔ́:stər] | 포-스터
동 기르다, 육성하다 형 수양부모의

She's my foster mother.
그분은 나의 양어머니야.

found
[fáund] | 파운드
동 설립하다, 세우다

They founded a new school.
그들은 새 학교를 설립했다.

foundation
[faundéiʃən] | 파운데이션
명 기초, 설립, 재단

The building has a solid foundation.
그 건물은 기초가 튼튼하다.

fountain
[fáuntən] | 파운턴
명 분수, 샘

The fountain is inside the building.
분수가 건물 안에 있다.

fox
[fáks] | 팍스
명 여우, 교활한 사람

He is smart as a fox.
그는 여우처럼 영리하다.

France
[frǽns] | 프랜스
명 프랑스

She went on a tour to France.
그녀는 프랑스로 관광을 갔다.

frank
[fræŋk] | 프랭크
(형) 솔직한, 노골적인

Your answer is not frank.
너의 대답은 솔직하지 못하다.

free
[frí:] | 프리-
(형) 자유로운, 한가한, 무료의

I'll be free this afternoon.
오늘 오후에는 한가할 것이다.

freedom
[frí:dəm] | 프리-덤
(명) 자유

Freedom carries responsibility with it.
자유에는 책임이 따른다.

freeze
[frí:z] | 프리-즈
(동) 얼다, 얼게 하다

Water freezes at 0 degrees Centigrade.
물은 섭씨 0도에서 언다.

freezer
[frí:zər] | 프리-저
(명) 냉동고, 냉동장치

I set the freezer at maximum to make ice for the picnic.
피크닉에 갖고 갈 얼음을 얼리려고 냉동실을 제일 세게 해 놨어요.

French
[fréntʃ] | 프렌취
(형) 프랑스의 (명) 프랑스어

How many colors does the French flag have?
프랑스기는 몇 가지 색인가요?

frequently
[fríːkwəntli] | 프리-퀀틀리
분 자주, 종종

They frequently have dinner together.
그들은 자주 저녁 식사를 함께 한다.

fresh
[fréʃ] | 프레쉬
형 신선한, 새로운

Fresh fruit is good for our health.
신선한 과일은 우리 건강에 좋다.

friend
[frénd] | 프렌드
명 친구

You are always my friend, too.
너도 언제나 내 친구다.

friendly
[fréndli] | 프렌들리
형 친한, 친절한, 우호적인

They are very friendly with each other.
두 사람은 절친한 사이다.

frighten
[fráitn] | 프라이튼
동 놀라게 하다, 섬뜩하게 하다

Sorry, I didn't mean to frighten you.
미안해요, 당신을 놀라게 하려고 한 게 아니었어요.

frog
[frɔ́ːg] | 프로-그
명 개구리

There were four frogs sitting on a rock.
바위 위에 네 마리의 개구리가 앉아 있었다.

front
[frʌnt] | 프런트
명 앞, 앞면, 표면 형 앞면의

I'll wait for you in front of the theater.
극장 앞에서 기다릴게요.

frost
[frɔːst] | 프로-스트
명 서리

The frost killed the flowers.
서리를 맞아 꽃이 시들어 버렸다.

frown
[fráun] | 프라운
동 눈살을 찌푸리다

She frowned to show her disapproval.
그녀는 눈살을 찌푸려 불찬성의 뜻을 나타냈다.

fruit
[frúːt] | 프루웃
명 과일

Banana is her favorite fruit.
바나나는 그녀가 가장 좋아하는 과일이다.

frustrate
[frʌ́streit] | 프러스트레이트
동 좌절시키다, 방해하다

These questions frustrated me.
이 문제들이 나를 좌절시켰다.

fry
[frái] | 프라이
동 기름에 튀기다

You should fry the doughnuts for 1 or 2 minutes.
1분 내지 2분 동안 도넛을 튀겨야 합니다.

fuel
[fjúːəl] | 퓨-얼
명 연료

The car is being filled with fuel.
차에 연료를 채우고 있다.

fulfill
[fulfíl] | 풀필
동 이행하다, 실행하다

They're fulfilling an obligation.
그들은 의무를 이행하고 있다.

full
[fúl] | 풀
형 가득한, 충분한

The seaside was full of people.
해변은 사람들로 가득 찼다.

fully
[fúli] | 풀리
부 충분히, 완전히

Being a seasoned traveler, he was fully prepared for the dangers.
경험이 많은 여행자이기 때문에 그는 위험에 대한 대비를 충분히 했다.

fun
[fʌ́n] | 펀
명 재미, 장난

To play tennis is a lot of fun.
테니스를 치는 것은 아주 재미있다.

function
[fʌ́ŋkʃən] | 펑션
명 기능, 역할 동 기능을 하다

The function of education is to develop the mind
교육의 기능은 정신을 계발하는 것이다.

fund
[fʌ́nd] | 펀드
- 명 기금, 자금
- 동 자금을 제공하다

This chart shows money-raising goals for a fund.
이 도표는 자금이 목표에 도달하고 있음을 보여 준다.

funny
[fʌ́ni] | 퍼니
- 형 우스운, 재미있는, 이상한

He often tells us funny stories.
그는 종종 우리에게 재미있는 이야기를 해 준다.

fur
[fə́:r] | 퍼-
- 명 털, 모피

I have stopped wearing fur. 모피 의류를 이제는 안 입는다.

furniture
[fə́:rnitʃər] | 퍼-니춰
- 명 가구

The price includes both house and furniture.
그 가격에는 집과 가구가 포함되어 있다.

furthermore
[fə́:rðərmɔ́:r] | 퍼-더모어
- 부 게다가, 더욱이

Furthermore, they had to memorize whole texts.
게다가 그들은 원문을 통째로 외워야 했다.

future
[fjú:tʃər] | 퓨-쳐
- 명 미래, 장래

Why is predicting the future so difficult?
미래를 예측하는 것은 왜 그렇게 어려운 것일까요?

■■□
gain
[géin] | 게인
[동] 얻다, 획득하다

He gained everlasting fame.
그는 불후의 명성을 얻었다.

■■□
gallery
[gǽləri] | 갤러리
[명] 미술관, 화랑, 관중

The art gallery is closed to the public.
그 화랑은 일반인들에게 공개되지 않는다.

■■□
gap
[gǽp] | 갭
[명] 틈, 차이

The gap between rich and poor is still widening.
빈부의 격차가 여전히 벌어지고 있다.

■■□
garbage
[gɑ́ːrbidʒ] | 가-비쥐
[명] 쓰레기, 음식 쓰레기

The man is cleaning the garbage can.
남자가 쓰레기통을 청소하고 있다.

■■■
garden
[gɑ́ːrdn̩] | 가-든
[명] 정원

We grow vegetables in the garden.
우리는 정원에 채소를 키운다

garlic
[gáːrlik] | 가릭
명 마늘

Spread garlic butter on the bread. 빵 위에 마늘 버터를 바른다.

gas
[gǽs] | 개스
명 가스, 휘발유

The first sign of a gas leak is the smell.
가스 누출의 첫 번째 신호는 냄새이다.

gate
[géit] | 게이트
명 문, 출입문

He is waiting to board plane in front of the gate.
그는 비행기를 타려고 출입구에서 기다리고 있다.

gather
[gǽðər] | 개더
동 모으다, 모이다, 따다, 더하다

A crowd gathered around the winner.
군중들이 승리자 주위로 모여들었다.

gay
[géi] | 게이
형 명랑한, 화려한
명 (남성)동성애자

She likes a gay colors. 그녀는 화려한 색상을 좋아한다.

gene
[dʒíːn] | 쥐인
명 유전자, 유전 인자

The right-handedness gene is dominant.
오른손잡이의 유전자가 우성이다.

■■□
general
[dʒénərəl] | 줴너럴
[형] 일반의, 보통의 [명] 대장, 장군

The general situation is in our favor.
대세는 우리에게 유리하다.

■■□
generation
[dʒènəréiʃən] | 줴너레이션
[명] 세대, 동시대의 사람들

Environment must be preserved for future generation.
미래 세대를 위해 환경이 보전되어야 한다.

■□□
generous
[dʒénərəs] | 줴너러스
[형] 관대한, 아낌없는

He is very generous to his children.
그는 자식들에 대해 매우 너그럽다.

■■□
genetic
[dʒənétik] | 줘네틱
[형] 유전의, 유전학의

They think that aging is part of our genetic program.
그들은 노화가 유전 프로그램의 일부라고 생각한다.

■■□
genius
[dʒíːnjəs] | 쥐–니어스
[명] 천재

He is a genius for money-making.
그는 돈을 버는 데 천재이다.

■■■
gently
[dʒéntli] | 젠틀리
[부] 상냥하게, 친절하게, 완만하게

Gently taking my hand, she guides me to the room.
그녀는 친절하게 나의 손을 잡고 방으로 안내했다.

genuine
[dʒénjuin] | 줴뉴인
- 형 진짜의, 참된

Is this writing forged or genuine?
이 글은 위조된 것인가요, 아니면 진짜인가요?

geometry
[dʒiːɑ́mətri] | 지-아머트리
- 명 기하학

He's a real hand at geometry.
그는 기하학에 능숙하다.

giant
[dʒáiənt] | 자이언트
- 명 거인 형 거대한

The giant gorilla has fallen.
거대한 고릴라가 넘어졌다.

gift
[gíft] | 기프트
- 명 선물, 재능

Money doesn't make a good birthday gift.
돈은 생일 선물로 좋지 않다.

girl
[gə́ːrl] | 거얼
- 명 소녀

The girl eating a hamburger is my sister.
햄버거를 먹고 있는 그 소녀는 나의 누이이다.

glad
[glǽd] | 글래드
- 형 기쁜, 반가운

I'm very glad to see you.
만나서 반가워요.

glare
[glέər] | 글레어
몡 번쩍이는 빛 통 번쩍이다

The glare from the lamp hurt my eyes.
램프의 번쩍이는 빛이 나의 눈을 아프게 했다.

glass
[glǽs] | 글래스
몡 유리, 컵, 안경

I'd like a glass of water.
물 한 잔 주세요.

glee
[glíː] | 글리-
몡 큰 기쁨, 무반주합창곡

She opened her presents with glee.
그녀는 기쁨에 차서 그녀의 선물을 열었다.

glitter
[glítər] | 글리터
통 반짝이다 몡 반짝거림

All is not gold that glitters.
반짝이는 것이 다 금은 아니다.

global
[glóubəl] | 글로우벌
혱 세계적인, 전 세계의, 지구의

The global economic downturn is being felt very hard in Asia.
세계적인 경기 하강이 아시아에서는 더욱 심각하게 느껴진다.

globe
[glóub] | 글로우브
몡 구, 지구

It circles the globe high in the atmosphere.
그것은 대기권 높은 곳에서 지구를 순환한다.

gloomy
[glúːmi] | 글루-미
혱 우울한, 어두운

There is something gloomy about him. 그는 어딘지 어두운 데가 있다.

glorious
[glɔ́ːriəs] | 글로-리어스
혱 영광스러운, 멋진, 찬란한

The city has a glorious history. 그 도시는 찬란한 역사를 가지고 있다.

glove
[glʌ́v] | 글러브
몡 (손가락이 있는) 장갑

He's putting on a glove. 그는 장갑을 끼고 있다.

goal
[góul] | 고울
몡 목표, 득점, 결승점

He must work hard to achieve his goal.
그는 자신의 목표를 성취하기 위해 열심히 노력해야 한다.

golden
[góuldən] | 고울든
혱 금빛의, 황금 같은, 번영하는

The golden age is before us. 우리의 앞날에는 황금시대가 약속되어 있다.

good
[gúd] | 굿
혱 좋은, 능숙한, 즐거운 몡 이익

That was a very good play. 아주 좋은 연극이었어요.

goods
[gúdz] | 굳즈
몡 상품, 물품

The store sells wide range of goods.
그 가게는 광범위한 물품을 팔고 있다.

영단어 197

goodwill
[gúdwíl] | 그웃위일
명 호의, 선의, 친선

She showed goodwill toward us.
그녀는 우리에게 호의를 보였다.

govern
[gÁvərn] | 거번
동 지배하다, 통치하다

The cosmic laws govern our world.
우주의 법칙이 이 세계를 지배한다.

government
[gÁvərnmənt] | 거번먼트
명 정부, 지배

They wanted a stable government.
그들은 안정된 정부를 원했다.

grace
[gréis] | 그레이스
명 우아, 고상

She welcomed her guests with grace.
그녀는 품위 있게 손님들을 맞이했다.

graceful
[gréisfəl] | 그레이스펄
형 우아한, 품위 있는

Seals are awkward on land but graceful in the water
바다표범은 육지에서는 꼴사납지만 물속에서는 우아하다.

grade
[gréid] | 그레이드
명 등급, 학년, 학점, 성적, 평점

He has attained the highest grade in his music exams.
그는 음악 시험에서 가장 높은 성적을 올렸다.

▮▯▯
graudally

[grǽdʒuəli] | 그래쥬얼리
[부] 점차로, 서서히

His health gradually improved.
그의 건강은 점차 회복되었다.

▮▮▯
graduate

[grǽdʒuèit] | 그래쥬에이트
[동] 졸업하다 [명] 졸업생, 대학원생

What are you going to do after you graduate?
졸업한 다음에는 뭘 할거니?

▮▯▯
grain

[gréin] | 그레인
[명] 곡물, 낟알

A hen is pecking at the grain.
암탉이 곡식을 쪼아먹고 있다.

▮▮▮
grand

[grǽnd] | 그랜드
[형] 웅장한, 위대한

The palace is grand.
그 궁전은 웅장하다.

▮▯▯
grant

[grǽnt] | 그랜트
[동] 주다, 승낙하다 [명] 보조금

They granted him to take it with him.
그들은 그가 그것을 휴대하는 것을 승낙했다.

▮▮▮
grape

[gréip] | 그레이프
[명] 포도

Grapes ripen in the fall.
포도는 가을에 익는다.

grasp
[græsp] | 그래스프
- 동 움켜잡다, 파악하다
- 명 움켜잡기

He took her in his grasp. 그는 그녀를 잡았다.

grass
[græs] | 그래스
- 명 풀, 잔디

Cattle feed on grass.
소들은 풀을 뜯어 먹는다.

grateful
[gréitfəl] | 그레이트펄
- 형 고마워하는, 감사하는

He was grateful to me for what I had done.
그는 내가 한 일에 대해서 내게 감사했다.

grave
[gréiv] | 그레이브
- 명 무덤, 묘

The coffin was placed in the grave.
관이 무덤 속에 안치되었다.

graze
[gréiz] | 그레이즈
- 동 풀을 뜯어 먹다

Cows are grazing in the pasture.
소들이 목장에서 풀을 뜯어먹고 있다.

great
[gréit] | 그레이트
- 형 위대한, 굉장한, 멋진, 훌륭한

She did a great job.
그녀는 굉장한 일을 해냈어.

greed
[gríːd] | 그리-드
몡 탐욕

There are no bounds to man's greed.
사람의 탐욕은 끝이 없다.

green
[gríːn] | 그리인
혱 녹색의 몡 녹색

Who is this girl in the green sweater?
녹색 스웨터를 입은 이 소녀는 누구예요?

greenhouse
[gríːnhàus] | 그린하우스
몡 온실

The plants are growing in a greenhouse.
온실에서 식물들이 자라고 있다.

grief
[gríːf] | 그리-프
몡 큰 슬픔, 비탄

She was frantic with grief.
그녀는 슬픔으로 미칠 것 같았다.

grocery
[gróusəri] | 그로우쎠리
몡 식품점

Would you like anything from the grocery store?
식료품점에서 뭐 사올 거 있어요?

ground
[gráund] | 그라운드
몡 땅, 운동장

Schoolboys are playing football on the ground.
남학생들이 운동장에서 축구를 하고 있다.

grow
[gróu] | 그로우
동 자라다, 성장하다, 재배하다

It grows well in hot and wet places.
그것은 덥고 비가 많이 오는 지역에서 잘 자란다.

grumble
[grʌ́mbl] | 그럼블
동 투덜거리다, 불평하다

He grumbled about having to clean the bathroom.
그는 욕실 청소를 해야 한다고 투덜거렸다.

guarantee
[gæ̀rəntíː] | 개런티-
명 보증 동 보증하다, 확언하다

We guarantee delivery by nine a.m.
오전 9시까지는 틀림없이 배달해 드리겠습니다.

guard
[gáːrd] | 가-드
동 지키다, 감시하다
명 보호자, 감시인

The man is guarding the doorway. 남자가 출입구를 지키고 있다.

guess
[gés] | 게스
동 추측[짐작]하다, 생각하다
명 추측

I can't guess his age. 나는 그의 나이를 짐작할 수 없다.

guidance
[gáidns] | 가이든스
명 안내, 지도

Production has improved immensely under the guidance of Mr. Jordan. 조단 씨의 지도 하에 생산성이 눈에 띄게 향상되었다.

guide
[gáid] | 가이드
- 동 안내(지도)하다
- 명 안내자, 안내서

The book is a comprehensive guide to Korea.
그 책은 한국에 대한 포괄적인 안내서이다.

guidebook
[gáidbùk] | 가이드북
- 명 편람, (여행) 안내서

This guidebook is really no help at all.
이 여행안내서는 전혀 도움이 안 됩니다.

guilty
[gílti] | 길티
- 형 유죄의, 죄의식을 느끼는

The judge pronounced him guilty. 판사는 그가 유죄라고 선언했다.

gun
[gʌ́n] | 건
- 명 총, 대포

The bank was robbed by two men with guns.
그 은행은 총을 가진 두 사람에 의해 돈을 털렸다.

gym
[dʒím] | 짐
- 명 체육관, 체조, 체육

We went to the gym for a workout. 우리는 연습 시합하러 체육관에 갔다.

gymnastics
[dʒimnǽstiks] | 짐내스틱스
- 명 체조

When did you start rhythmic gymnastics?
당신은 언제 리듬 체조를 시작했나요?

H

English Korean Word Dicitionary

habit
[hǽbit] | 해비트
명 습관

Losing weight depends on changing eating habits.
체중 감량은 식생활 습관에 따라 좌우된다.

hair
[hɛ́ər] | 헤어
명 머리카락, 털

She has blond hair.
그녀는 금발머리이다.

half
[hǽf] | 해프
명 반, 30분 형 절반의

It was split in half.
그것은 반으로 쪼개져 있었다.

hall
[hɔ́ːl] | 호올
명 현관의 넓은 방, 홀, 집회장

This corridor opens into the hall.
이 복도는 홀로 통한다.

handicapped
[hǽndikæpt] | 핸디캡트
형 장애가 있는, 핸디캡이 있는

Handicapped passengers will be preboarded.
신체장애자들이 먼저 탑승할 것이다.

handle

[hǽndl] | 핸들

[동] 다루다 [명] 손잡이, 핸들

This computer handles our main works.
우리의 주요한 작업은 이 컴퓨터가 해주고 있다.

happen

[hǽpən] | 해펀

[동] (일이)일어나다, 발생하다

The accident happened there. 그 사고는 그 곳에서 일어났다.

happy

[hǽpi] | 해피

[형] 행복한, 즐거운

I was very happy because the shirt fit perfectly.
그 셔츠가 꼭 맞아서 나는 매우 행복했다.

harbor

[hɑ́:rbər] | 하-버

[명] 항구, 피난처

A lighthouse guides ships to a harbor.
등대는 배들을 항구로 인도한다.

hard

[hɑ́:rd] | 하-드

[형] 어려운, 딱딱한
[부] 열심히, 심하게

He worked hard on his farm. 그는 그의 농장에서 열심히 일했다.

hardly

[hɑ́:rdli] | 하-들리

[부] 거의 ~하지 않다

I can hardly believe it.
거의 믿어지지 않는다.

hardship
[háːrdʃip] | 하-드십
명 고난, 곤란

He was strong to suffer the hardships.
그는 그 고난을 견뎌낼 만큼 강했다.

harm
[háːrm] | 하암
명 손해, 손상 동 해치다

Grasshoppers harm crops.
메뚜기는 농작물에 해를 끼친다.

harmful
[háːrmfəl] | 하암펄
형 해로운, 유해한

The smell of smoke is very harmful to nonsmokers.
담배 연기 냄새는 비 흡연자들에게 매우 해롭다.

harmony
[háːrməni] | 하-머니
명 조화, 일치

They live together in harmony.
그들은 의좋게 지내고 있다.

harsh
[háːrʃ] | 하-쉬
형 거친, 가혹한

Good advice is harsh to the ear.
충언은 귀에 거슬린다.

harvest
[háːrvist] | 하-비스트
명 수확, 추수 동 거두어들이다

The workers are harvesting the crops.
일꾼들이 농작물을 수확하고 있다.

hasten
[héisn] | 헤이슨
동 서두르다, 급히 하다

He hastened home.
그는 서둘러 귀가했다.

hasty
[héisti] | 헤이스티
형 급한, 서두르는, 성급한

She made a hasty decision.
그녀는 성급한 결정을 내렸다.

head
[héd] | 헤드
명 머리

He nodded his head in greeting
그는 인사로 머리를 끄덕였다.

heal
[hí:l] | 히일
동 고치다, 치료하다

Time heals all wounds.
세월이 약이다.

healthy
[hélθi] | 헬씨
형 건강한

Is your grandmother healthy? 할머님은 건강하세요?

hear
[híər] | 히어
동 듣다, 들리다

I was surprised to hear about your accident.
나는 너의 사고 소식을 듣고 놀랐다.

heart
[háːrt] | 하-트
명 심장, 마음, 애정, 중심

You have a warm heart. 당신은 마음씨가 따뜻하군요.

heat
[híːt] | 히-트
명 열, 더위 동 가열하다

I can't stand the heat. 더위를 못 참겠다.

heaven
[hévən] | 헤번
명 하늘, 천국

The church is not a gateway to heaven. 교회는 천국으로 들어가는 문이 아니다.

heavy
[hévi] | 헤비
형 무거운, 다량의, 힘겨운, 심한

Don't eat a heavy meal before bed. 취침 전 과식은 안 됩니다.

height
[háit] | 하이트
명 높이, 키, 신장(身長)

She has a medium height. 그녀는 중간 키이다.

help
[hélp] | 헬프
동 돕다 명 도움

I'd like to help you with your bazaar. 나는 당신의 바자회를 돕고 싶어요.

helpful
[hélpfəl] | 헬프펄
형 도움이 되는, 유익한

Listening to music may not be helpful when you study.
공부할 때 음악을 듣는 것은 도움이 되지 않을 수 있다.

helpless [hélplis] | 헬플리스
[형] 어찌 할 수 없는, 무력한, 도움을 못 받는

The world gets more complex, we feel more helpless.
세상이 더욱 복잡해질수록 우리는 더욱 무력함을 느낀다.

here [híər] | 히어
[부] 여기에, 여기서

Is there a Korean restaurant around here?
이 근처에 한국 음식점이 있나요?

heritage [héritidʒ] | 헤리티쥐
[명] 상속, 재산, 유산

In 1995, three Korean sites were added to the World Cultural Heritage List.
1995년, 세 곳의 한국의 유적들이 세계 문화유산 목록에 추가되었다.

hero [híərou] | 히어로우
[명] 영웅

He will go down in history as a hero.
그는 영웅으로서 역사에 남을 것이다.

hesitate [hézətèit] | 헤저테이트
[동] 망설이다, 주저하다

Once you hesitate, you are lost. 일단 망설이면 너는 끝장이다.

hide [háid] | 하이드
[동] 숨다, 숨기다

Workers hide in the trenches. 인부들이 참호 속으로 숨고 있다.

high
[hái] | 하이
형 높은 부 높게

The shelf is too high.
그 선반은 너무 높다.

highly
[háili] | 하일리
부 매우, 높게, 비싸게

He was a highly unusual boy in many ways.
그는 여러 면에서 매우 특이한 소년이다.

hire
[háiər] | 하이어
동 고용하다, 빌리다

We need to hire someone to fill the vacancy in marketing.
우리는 마케팅 부서의 빈자리를 채울 사람을 뽑아야 한다.

historic
[histɔ́:rik] | 히스토-릭
형 역사상 중요한, 역사에 남는

It was a very important historic event.
그건 정말 중요한 역사적 사건이었다.

history
[hístəri] | 히스터리
명 역사, (사람의)경력

He enjoys reading the ancient Korean history.
그는 고대 한국의 역사를 읽는 것을 좋아한다.

hobby
[hábi] | 하비
명 취미

Her hobby is watching movies.
그녀의 취미는 영화를 보는 것이다.

holiday
[hálədèi] | 할러데이
명 휴일, 공휴일, 휴가

We keep January the first as a holiday.
우리는 1월 1일을 공휴일로 삼고 있다.

holy
[hóuli] | 호울리
형 신성한, 성스러운

The nun led a holy life.
그 수녀는 성스러운 삶을 보냈다.

home
[hóum] | 호움
명 가정, 집, 고향 부 집으로, 고향으로

It's time for you to go home.
이제 네가 집에 가야 할 시간이다.

homesick
[hóumsìk] | 호움씩
형 향수의, 향수병의

As years go by, I feel more homesick.
해를 거듭할수록 고향 생각이 간절하다.

honesty
[ánisti] | 아니스티
명 정직, 공평

I will answer for his honesty.
나는 그가 정직하다는 것을 보장합니다.

honor
[ánər] | 아너
명 명예, 영광 동 경의를 표하다

They had the honor to perform the play before the king.
그들은 왕 앞에서 공연할 영광을 차지했다.

■■■ **hope**

[hóup] | 호프

[동] 희망하다, 바라다 [명] 희망

Teenagers are our hope.
10대는 우리의 희망이다.

■■□ **horizon**

[həráizn] | 허라이즌

[명] 수평선, 지평선

The sun rose above the horizon.
태양이 수평선 위로 떠올랐다.

■■□ **horn**

[hɔ́:rn] | 호온

[명] 경적, 뿔, (뿔)나팔

The man is honking the horn.
남자가 자동차의 경적을 울리고 있다.

■□□ **horrible**

[hɔ́:rəbl] | 호-러블

[형] 무서운, 끔찍한

There was a horrible smash on the railway here yesterday.
어제 여기서 큰 열차 충돌 사고가 있었다.

■■□ **horror**

[hɔ́:rər] | 호-러

[명] 공포, 전율

She has a horror of spiders.
그녀는 거미를 무서워한다.

■■■ **horse**

[hɔ́:rs] | 호-스

[명] 말(馬)

The horse jumped the fence.
그 말은 울타리를 뛰어넘었다.

hospital
[háspitl] | 하스피틀
명 병원

He has been in the hospital for two weeks.
그는 2주 동안 병원에 입원해 있다.

hostile
[hástl] | 하스틀
형 적의 있는, 적대하는

She took a hostile attitude.
그녀는 적대적인 태도를 취했다.

hot
[hát] | 핫
형 더운, 뜨거운

My coffee is too hot to drink.
내 커피는 너무 뜨거워서 마실 수가 없다.

hour
[áuər] | 아우어
명 한 시간, 시각

It took about 3 hours by bus.
버스로 3시간이 걸렸다.

house
[háus] | 하우스
명 집

Welcome to my house.
우리 집에 오신 것을 환영합니다.

however
[hauévər] | 하우에버
부 그러나, 아무리~해도

However, no one knows who invented them.
하지만, 누가 만들었는지는 아무도 알 수 없다.

huge
[hjúːdʒ] | 휴-쥐
혱 매우 큰, 막대한

That star is extraordinarily huge.
저 별은 엄청나게 거대하다.

human
[hjúːmən] | 휴-먼
명 사람 혱 사람의, 인간적인

Korea is rich in human resources.
한국은 인적 자원이 풍부하다.

humanity
[hjuːmǽnəti] | 휴-매너티
명 인류, 인간성, 인간애

It's a biopic that teaches humanity.
인간애를 깨우쳐 준 전기물이다.

humble
[hʌ́mbl] | 험블
혱 겸손한, 검소한, 초라한

However humble it may be, there is no place like home.
아무리 누추하다 할지라도 집만한 곳은 없다.

humorous
[hjúːmərəs] | 유-머러스
혱 유머스러운, 유머가 있는

The story is neither realistic nor humorous.
그 이야기는 사실적이지도 않고 유머도 없다.

hundred
[hʌ́ndrəd] | 헌드러드
명 백(100)

There were over one hundred people in the hall.
홀에는 100명 이상의 사람들이 있었다.

hunger
[hʌ́ŋgər] | 헝거
명 굶주림, 배고픔

Hunger is the best sauce in the world.
시장함이 이 세상에서 가장 훌륭한 반찬이다.

hungry
[hʌ́ŋgri] | 헝그리
형 배고픈

No, thanks, I'm not hungry.
감사하지만, 배고프지 않아요.

hunt
[hʌ́nt] | 헌트
명 사냥 동 사냥하다

Some animals hunt at night.
어떤 동물들은 밤에 사냥한다.

hunter
[hʌ́ntər] | 헌터
명 사냥꾼

Some hunters are still working illegally.
몇몇 사냥꾼들은 여전히 불법적으로 사냥을 한다.

hurry
[hə́:ri] | 허-리
동 서두르다 명 서두름

You'd better hurry when you have an appointment.
약속이 있을 때는 서두르는 게 좋다.

hurt
[hə́:rt] | 허-트
동 다치다, 아프다 명 상처

I'll never hurt you again.
다시는 당신 마음 아프게 안 할게요.

ice
[áis] | 아이스

명 얼음, 빙판, 아이스크림
동 얼리다

She slipped on the ice. 그녀는 얼음판에서 미끄러져 넘어졌다.

ideal
[aidíːəl] | 아이디-얼

명 이상 형 이상의, 이상적인

She married an ideal husband.
그녀는 이상적인 남편과 결혼했다.

identical
[aidéntikəl] | 아이덴티컬

형 똑같은, 동일한

This is the identical room they stayed in last year.
이 방이 그들이 작년에 묵었던 바로 그 방이다.

identify
[aidéntəfài] | 아이덴터파이

동 확인하다, 동일시하다

It is easier to identify minerals than rocks.
암석보다 광물을 분간하기가 더 쉽다.

identity
[aidéntəti] | 아이덴터티

명 동일함, 일치, 신원

He refused to reveal his identity. 그는 그의 신원을 밝히기를 거부했다.

idle
[áidl] | 아이들
형 게으른, 한가한, 쓸데없는

Don't waste time in idle talk.
쓸데없는 잡담으로 시간을 낭비하지 말아라.

if
[if] | 이프
접 만일~이라면

If you want, you can look around.
원한다면 둘러보아도 좋아요.

ignorance
[ígnərəns] | 이그너런스
명 무지, 무식

Ignorance breeds prejudice. 무지는 편견을 낳는다.

ignore
[ignɔ́ːr] | 이그노
동 무시하다

He completely ignored their opinions.
그는 그들의 의견을 완전히 무시했다.

ill
[íl] | 일
형 병든, 나쁜 명 악, 사악
부 나쁘게

We are ill off. 우리 형편이 안 좋다.

illness
[ílnis] | 일니스
명 병(病)

Exercise can save you from illness.
운동을 하면 질병을 예방할 수 있다.

image
[ímidʒ] | 이미지
명 상, 형태, 닮은 사람(것), 이미지, 인상

She saw her own image in the mirror.
그녀는 거울에 비친 자기 모습을 보았다.

imagination
[imædʒənéiʃən] | 이매쥐네이션
명 상상, 상상력

The job needs some creative imagination.
그 일은 약간의 독창적인 상상력을 필요로 한다.

imaginative
[imædʒənətiv] | 이매쥐너티브
형 상상의, 상상력이 풍부한

He is an imaginative poet. 그는 상상력이 풍부한 시인이다.

imagine
[imædʒin] | 이매쥔
동 상상하다, 생각하다

I imagined that he would come.
나는 그가 올 것이라고 생각했다.

immediately
[imíːdiətli] | 이미-디어틀리
부 즉시, 곧

I will call them immediately.
그들에게 즉시 전화할 거예요.

impact
[ímpækt] | 임팩트
명 영향, 충돌, 충격

The impact of a collision was huge. 그 충돌의 충격은 엄청났다.

impatience
[impéiʃəns] | 임페이션스
명 성급함, 조바심, 안달

She had a keen impatience to leave those people.
그녀는 빨리 그 사람들과 헤어지고 싶어서 안달이 났다.

imply
[implái] | 임플라이
동 포함하다, 의미하다, 암시하다

Silence sometimes implies consent.
침묵은 때로 동의를 의미한다.

import
[impɔ́:rt] | 임포-트
동 수입하다 명 수입

We import gasoline from other countries.
우리는 다른 나라들로부터 휘발유를 수입한다.

importance
[impɔ́:rtəns] | 임포-턴스
명 중요성, 의의

It's not the matter of primary importance.
그것은 가장 중요한 문제가 아니다.

important
[impɔ́:rtənt] | 임포-턴트
형 중요한, 중대한

Health is most important.
건강이 가장 중요하다

impose
[impóuz] | 임포우즈
동 부과하다, 강요하다

A new tax has been imposed on wine.
새로운 조세가 포도주에 부과되었다.

영단어

impossible
[impásəbl] | 임파서블
휑 불가능한

It's impossible for him to do that.
그가 그것을 하기는 불가능하다.

impress
[imprés] | 임프레스
동 깊은 인상을 주다, 감명을 주다

The speech impressed the audience.
그 연설은 청중에게 깊은 감명을 주었다.

impression
[impréʃən] | 임프레션
명 인상, 감명

The movie made little impression on me.
나는 그 영화에서 거의 감명을 받지 못하였다.

impressive
[imprésiv] | 임프레씨브
휑 인상적인, 감동적인

He made an impressive speech.
그는 인상적인 연설을 했다.

improve
[imprú:v] | 임프루-브
동 개선하다, 향상시키다, 나아지다

People can improve their ability to remember.
사람들은 기억하는 능력을 개선할 수 있다.

improvement
[imprú:vmənt] | 임프루-브먼트
명 개선, 향상

There is much room for improvement.
개선할 여지가 많다.

incident
[ínsədənt] | 인써던트
명 (우발적) 사건

The incident has ruined his career.
그 사건은 그의 경력에 치명타를 입혔다.

include
[inklú:d] | 인클루-드
동 포함하다, 끼우다

What all is included in the rental price?
렌트 요금에 포함되어 있는 게 뭐죠?

income
[ínkʌm] | 인컴
명 수입

He lives on income from investments.
그는 투자 수익으로 생활한다.

increase
[inkrí:s] | 인크리-스
동 증가하다 명 증가

The subway fare is being increased.
지하철 요금이 인상되었다.

incredible
[inkrédəbl] | 인크레더블
형 믿어지지 않는, 엄청난

It is an incredible story to me.
그것은 내게는 도무지 믿기지 않는 얘기다.

indeed
[indí:d] | 인디-드
부 정말, 참으로

A friend in need is a friend indeed.
어려울 때 친구가 진짜 친구이다.

independence
[ìndipéndəns] | 인디펜던스
명 독립, 자립

Korea's Independence Day is the fifteenth of August.
한국의 독립 기념일은 8월 15일이다.

independent
[ìndipéndənt] | 인디펜던트
형 독립한, 독립심이 강한

She is financially independent of her family.
그녀는 경제적으로 집에서 독립했다.

index
[índeks] | 인덱스
명 지수, 색인, 집게손가락

The price index hit a new high.
물가 지수가 최고에 달했다.

Indian
[índiən] | 인디언
형 인도의, 인디언의
명 인도사람, 인디언

There was an Indian camp near the forest.
숲 가까이에 인디언 캠프가 있었다.

indicate
[índikèit] | 인디케이트
동 가리키다, 나타내다

This fact indicates his innocence.
이 사실은 그가 결백함을 나타낸다.

indifferent
[indífərənt] | 인디퍼런트
형 무관심한, 중요치 않은

She is indifferent to politics. 그녀는 정치에 대해 무관심하다.

individual
[ìndəvídʒuəl] | 인더비주얼
명 개인 형 개인의

Individual freedom forms the basis of democracy.
개인의 자유가 민주주의의 근저를 이루고 있다.

indoor
[índɔ́ːr] | 인도-
형 실내의

I like indoor pools much better.
나는 실내 수영장이 훨씬 더 좋아.

industrial
[indʌ́striəl] | 인더스트리얼
형 산업의, 공업의

The Industrial Revolution took place in 18th century.
산업 혁명은 18세기에 일어났다.

industry
[índəstri] | 인더스트리
명 산업, 근면

I hope to work in the travel industry.
나는 여행 산업에 종사하고 싶다.

infant
[ínfənt] | 인펀트
명 유아 형 유아의

The infant began to cry.
그 갓난아이는 울기 시작했다.

inferior
[infíəriər] | 인피어리어
형 하위의, 열등한

He is inferior to me in scholarship.
그는 학문에는 나보다 열등하다.

infinite
[ínfənit] | 인퍼니트
형 무한한, 막대한

This is an invention of infinite value.
이것은 가치가 무한한 발명이다.

inflation
[infléiʃən] | 인플레이션
형 통화팽창, 물가 폭등

The overissue of paper money causes inflation.
지폐의 남발은 인플레이션을 야기한다.

influence
[ínfluəns] | 인플루언스
명 영향(력) 동 영향을 미치다

Music has a strong influence on our emotions.
음악은 우리 정서에 강한 영향을 미친다.

inform
[infɔ́ːrm] | 인포-옴
동 알리다, 통지하다

Please inform me what to do next.
다음에는 무엇을 해야 할지를 알려 주세요.

informal
[infɔ́ːrməl] | 인포-멀
형 비공식의, 형식을 따지지 않는

The two groups met for informal talks.
그 두 단체는 비공식 회담을 나누기 위해 만났다.

information
[ìnfərméiʃən] | 인퍼메이션
명 정보, 지식, 안내

I'd like some information about trains to Chicago.
시카고 가는 기차에 대한 정보를 얻고 싶습니다.

▮▯▯ **inhabit**

[inhǽbit] | 인해비트

[동] 살다, 거주하다, 서식하다

A large number of squirrels inhabit this forest.
이 숲에는 수많은 다람쥐가 살고 있다.

▮▮▯ **injure**

[índʒər] | 인줘

[동] 다치게 하다, 해치다

Much smoking tends to injure the voice.
과도한 흡연은 성대를 해치기 쉽다.

▮▯▯ **injury**

[índʒəri] | 인줘리

[명] 부상

His injury was not serious.
그의 부상은 심하지는 않았다.

▮▮▮ **initial**

[iníʃəl] | 이니셜

[형] 처음의, 최초의 [명] 머리글자

We have made through with our initial goals.
우리는 우리 초기 목표를 성취했다.

▮▮▯ **inn**

[ín] | 인

[명] 여관, 호텔

We bent our steps to the inn.
우리들은 여관으로 발길을 돌렸다.

▮▯▯ **inner**

[ínər] | 이너

[형] 안의, 내적인

She had inner troubles.
그녀에게는 남모르는 걱정이 있었다.

innocent
[ínəsənt] | 이너쓴트
형 무죄의, 순진한

The prisoner declared that he was innocent.
그 죄수는 자신이 결백하다고 주장했다.

inquire
[inkwáiər] | 인콰이어
동 묻다, 조사하다

I inquired the way to the station. 나는 역으로 가는 길을 물었다.

insect
[ínsekt] | 인섹트
명 곤충, 벌레

I have insect bites all over. 나는 온통 벌레에게 쏘였다.

inside
[ìnsáid] | 인사이드
명 안쪽, 내부 형 내부의
부 내부에, 안쪽에

Why don't you come inside for a while?
잠깐 들어오지 그래요?

insist
[insíst] | 인씨스트
동 주장하다, 우기다

She insisted that the book was hers.
그녀는 그 책이 자기 것이라고 주장했다.

inspire
[inspáiər] | 인스파이어
동 고무(고취)하다, 격려하다

This success inspired us.
이 성공이 우리를 고무했다.

instance
[ínstəns] | 인스턴스
명 예, 경우

This is merely an instance among the many.
이것은 그 많은 것들 중에서 그 일례에 불과하다.

instant
[ínstənt] | 인스턴트
명 즉시, 순간 형 즉시의, 즉석의

The medicine took instant effect.
그 약은 즉시 효력을 나타냈다.

instead
[instéd] | 인스테드
부 대신에

I'll have tea instead of coffee, please. 커피 대신에 차를 마실게요.

instinct
[ínstiŋkt] | 인스팅트
명 본능, 직관

Animals act on instinct. 동물은 본능에 따라서 행동한다.

institute
[ínstətjùːt] | 인스터튜-트
명 협회, 연구소
동 설립하다, 제정하다

The institute publishes research reports quarterly.
이 연구소에는 매 분기마다 연구 보고서를 발간한다.

institution
[ìnstətjúːʃən] | 인스터튜-션
명 학회, 단체, 공공시설, 설립

The coming year will be hard on local financial institutions.
내년은 지방 금융 기관들이 어려움을 겪을 것이다.

I

■□□
instruct
[instrʌ́kt] | 인스트럭트
[동] 가르치다, 지시하다

He instructs the class in history.
그는 그 반에 역사를 가르치고 있다.

■■□
instruction
[instrʌ́kʃən] | 인스트럭션
[명] 가르침, 지시, 사용설명서

He followed the instructions faithfully.
그는 지시를 성실하게 따랐다.

■□□
instructor
[instrʌ́ktər] | 인스럭터
[명] 교사, 지도자

She is an instructor in mathematics.
그녀는 수학 교사이다.

■□□
instrument
[ínstrəmənt] | 인스트러먼트
[명] 도구, 악기

The shop sells musical instruments.
그 가게는 악기들을 판다.

■□□
insult
[insʌ́lt] | 인썰트
[명] 모욕 [동] 모욕하다

I did not intend to insult you at all.
당신을 모욕할 생각은 추호도 없었다.

■□□
insurance
[inʃúərəns] | 인슈어런스
[명] 보험, 보험금

My father is an agent for an insurance company.
아버지는 보험 회사 직원이다

intellect
[íntəlèkt] | 인터렉트
명 지력, 지성, 지식인

Man's intellect distinguishes him from beasts.
인간은 지성이 있음으로써 짐승과 구별된다.

intelligence
[intélədʒəns] | 인텔러전스
명 지능, 지성, 정보, 정보 기관

The job requires a lot of intelligence.
그 일은 지능이 필요하다.

intelligent
[intélədʒənt] | 인텔러전트
형 지적인, 이해력이 있는

She is a sober and intelligent student.
그녀는 침착하고 지적인 학생이다.

intend
[inténd] | 인텐드
동 작정이다, 의도하다

I intend to go with him. 나는 그와 같이 갈 생각이다.

intention
[inténʃən] | 인텐션
명 의도, 의향, 목적

I hadn't the slightest intention to steal it.
그것을 훔칠 생각은 추호도 없었다.

interesting
[íntərəstiŋ] | 인터러스팅
형 재미있는, 흥미 있는

I read it twice. It's very interesting. 그 책 두 번 읽었어. 매우 재미있어.

영단어 229

interfere
[ìntərfíər] | 인터피어
동 방해하다, 간섭하다

The sound of the radio upstairs interferes with my work.
위층에 있는 라디오 소리가 내일을 방해한다.

internal
[intə́:rnl] | 인터-늘
형 내부의, 내면적인

They knocked down a couple of internal walls.
그들은 내벽 두 개를 허물었다.

international
[ìntərnǽʃənl] | 인터내셔늘
형 국제적인, 국가간의

English is an international language.
영어는 국제적인 언어이다.

internet
[íntərnèt] | 인터넷
명 인터넷

He seems to prefer surfing the Internet to reading books.
그는 책을 읽는 것 보다 인터넷 검색을 더 선호한다.

interpret
[intə́:rprit] | 인터-프리트
동 해석하다, 통역하다

He interpreted difficult parts of the book.
그는 그 책의 어려운 부분들을 해석했다.

interrupt
[ìntərʌ́pt] | 인터럽트
동 가로막다, 방해하다

No one interrupts me.
나를 방해하는 사람은 아무도 없다.

interval
[íntərvəl] | 인터벌
명 간격, 틈

The trees stand at intervals of one meter.
나무는 1미터씩 간격으로 서 있다.

interview
[íntərvjùː] | 인터뷰-
명 회견, 면접 통 회견(면접)하다

The reporter interviewed the president.
그 기자는 대통령과 회견했다.

introduce
[ìntrədjúːs] | 인트러듀-스
통 소개하다, 도입하다

Allow me to introduce to you Mr. Park.
당신에게 박 선생님을 소개하겠습니다.

introduction
[ìntrədʌ́kʃən] | 인트러덕션
명 도입, 소개, 서론

Each disc includes a brief introduction to the artist.
각 음반에는 음악가에 대한 간략한 소개가 담겨 있다.

invasion
[invéiʒən] | 인베이젼
명 침입, 침략, 침해

Has anyone seen the new movie about the alien invasion of Earth?
외계인의 지구 침공을 다룬 새 영화를 본 사람이 있습니까?

invent
[invént] | 인벤트
통 발명하다

The microscope was invented in Holland in 1570.
현미경은 1570년 네덜란드에서 발명되었다.

invention
[invénʃən] | 인벤션
명 발명, 고안

This invention marks the beginning of a new era.
이 발명은 새 시대의 시작을 나타낸다.

inventor
[invéntər] | 인벤터
명 발명가, 고안자

She is a born inventor.
그녀는 타고난 발명가다.

invest
[invést] | 인베스트
동 투자하다

People are investing in the stock market.
사람들이 주식 시장에 투자하고 있다.

invitation
[ìnvətéiʃən] | 인버테이션
명 초대(장)

Thank you for your invitation.
초대해 주셔서 감사합니다.

invite
[inváit] | 인바이트
동 초대하다

I'd like to invite you to dinner.
저녁식사에 당신을 초대하고 싶습니다.

involve
[inválv] | 인발브
동 포함하다, 관계하다

Don't involve me in your quarrels.
너희들의 싸움에 나를 끌어들이지 마라.

iron
[áiərn] | 아이언
명 철, 쇠, 다리미

This district is rich in iron and coal.
이 지방은 철과 석탄이 풍부하다.

irritate
[írətèit] | 이러테이트
동 짜증나게 하다, 화나게 하다

He irritates me very often.
그는 매우 자주 나를 화나게 한다.

island
[áilənd] | 아일런드
명 섬

Britain is a great island. 영국은 거대한 섬이다.

isolation
[àisəléiʃən] | 아이설레이션
명 고립, 격리

The prisoner had been kept in isolation for five days.
그 죄수는 5일간 격리되어 있었다.

issue
[íʃu:] | 이슈-
명 발행, 공포
동 발행하다, 공포하다

The magazine is issued yearly. 그 잡지는 1년에 한 번씩 발간된다.

item
[áitəm] | 아이팀
명 항목, 품목, 물품

Please take care of theses items immediately.
즉시 이 항목들을 점검해 주기 바랍니다.

jail
[dʒéil] | 줴일
명 감옥, 교도소

He broke jail and ran away. 그는 감옥을 뚫고 달아났다.

jam
[dʒǽm] | 잼
동 쑤셔 넣다, 채워 넣다
명 꽉 들어참, 혼잡

Have you ever been stuck in a traffic jam?
교통 체증에 갇혀 본 적이 있는가?

jam
[dʒǽm] | 잼
명 잼 동 잼으로 만들다, 잼을 바르다

Would you like jam on your bread? 빵에 잼을 발라 드릴까요?

Japanese
[dʒǽpəníːz] | 재퍼니-즈
형 일본의, 일본(인)어의
명 일본어, 일본사람

She has studied Japanese for three years.
그녀는 3년 동안 일본어를 공부하고 있다.

jar
[dʒáːr] | 자-
명 병, 단지, 항아리

She dipped into the jar for an olive. 그녀는 올리브를 꺼내려고 단지에 손을 넣었다.

▮▮▮ **jean** [dʒíːn] | 쥐-인

[명] 청바지

He always wears blue jeans. 그는 늘 청바지를 입는다.

▮▯▯ **jewelry** [dʒúːəlri] | 주-얼리

[명] 보석류, 장신구

He stole the jewelry and took a powder.
그는 보석을 훔치고 달아났다.

▮▮▯ **job** [dʒάb] | 잡

[명] 일, 직업

He didn't get the job due to his laziness.
그는 게을러서 일자리를 얻지 못했다.

▮▮▮ **jog** [dʒάg] | 자그

[동] 조깅하다, 살짝 밀다

I jog for an hour in the morning.
나는 아침에 1시간 동안 조깅을 합니다.

▮▮▮ **join** [dʒɔ́in] | 조인

[동] 참가하다, 가입하다, 결합하다

I joined a tennis club activity this year.
나는 올해 클럽 활동으로 테니스 반에 들었다.

▮▮▮ **joke** [dʒóuk] | 조우크

[명] 농담, 놀림
[동] 농담하다, 놀리다

I meant it for a joke. 나는 농담으로 한 말이다.

■□□
journalist
[dʒə́ːrnəlist] | 줘-널리스트
[명] 기자, 언론인

Journalists often refuse to disclose the sources of their information. 언론인들은 가끔 정보의 출처를 밝히기를 거부한다.

■■□
journey
[dʒə́ːrni] | 줘-니
[명] 여행

I wish you a safe journey.
안전한 여행을 빕니다.

■■□
joyful
[dʒɔ́ifəl] | 조이펄
[형] 기쁜, 반가운

A wedding is a joyful celebration of love.
결혼은 사랑의 기쁜 의식이다.

■■□
judge
[dʒʌ́dʒ] | 저쥐
[동] 판단하다, 재판하다 [명] 재판관

It is up to you to judge.
그것은 당신이 판단할 일입니다.

■□□
judgment
[dʒʌ́dʒmənt] | 저쥐먼트
[명] 판단, 판결, 재판

Rely on your own judgment.
네 자신의 판단에 의지해라.

■■■
July
[dʒúːlái] | 주울라이
[명] 7월

He was born on July 10, 1967, in Italy.
그는 1967년 7월 10일 이탈리아에서 태어났다.

jump
[dʒʌmp] | 점프
동 뛰다, 뛰어오르다 명 도약

The price of meat jumped. 고기 값이 갑자기 뛰어올랐다.

junior
[dʒúːnjər] | 주니어
형 손아래의, 연소한 명 연소자

He is my junior by three years.
그는 나보다 세 살 손아래이다.

junk
[dʒʌŋk] | 정크
명 폐물, 고물, 쓰레기

My watch turned out to be a piece of junk.
내 시계가 고물로 되어 버렸다.

just
[dʒʌst] | 저스트
부 바로, 마침, 막
형 올바른, 정당한

That's just what I was thinking 그것이 바로 내가 생각했던 것이야.

justice
[dʒʌ́stis] | 저스티스
명 정의, 정당(성), 사법

You should have the courage to fight for justice.
너는 정의를 위해 싸울 용기를 가져야 한다.

justify
[dʒʌ́stəfài] | 쥐스터파이
동 정당화하다

The end doesn't always justify the means.
목적이 항상 수단을 정당화하지는 않는다.

kangaroo
[kæŋgərúː] | 캥거루-
명 캥거루

I saw many kinds of kangaroos in Australia.
나는 호주에서 많은 종류의 캥거루를 보았다.

keen
[kíːn] | 키-인
형 날카로운, 예리한, 예민한, 열심인

He has a keen sense of humor. 그는 유머 감각이 뛰어나다

keep
[kíːp] | 키-프
동 지니다, 지키다, 계속하다

Keep exercise until you lose 5 pounds.
5파운드를 줄일 때까지 계속 운동하세요.

ketchup
[kétʃəp] | 케첩
명 케첩

Do you want some ketchup?
케첩 좀 드릴까요?

kettle
[kétl] | 케틀
명 주전자, 솥

The kettle will soon be boiling. 주전자가 곧 끓을 것이다.

key
[kíː] | 카-
몡 열쇠, 실마리, (타자기 등의) 키

He dropped his keys in the gutter.
그는 그의 열쇠들을 하수도에 빠뜨렸다.

kick
[kík] | 킥
통 차다, 걷어차다

She kicked him on the knee.
그녀는 그의 무릎을 걷어찼다.

kid
[kíd] | 키드
몡 아이, 새끼 염소, 실없는 소리

I took the kids to the park.
나는 아이들을 공원에 데리고 갔다.

kill
[kíl] | 킬
통 죽이다

He was killed in battle.
그는 전사했다.

kind
[káind] | 카인드
형 친절한, 사려 깊은 몡 종류

She is a very kind person.
그녀는 매우 친절한 사람이다.

kindergarten
[kíndərgàːrtn] | 킨더가-튼
몡 유치원

My wife is a kindergarten teacher.
내 아내는 유치원 보모이다.

영단어 239

king
[kíŋ] | 킹
명 왕, 국왕

The lion is king of the jungle. 사자는 밀림의 왕이다.

kingdom
[kíŋdəm] | 킹덤
명 왕국, (학문, 예술 등의)세계, 분야, ~계

This kingdom is filled with wonderful creatures.
이 왕국은 놀라운 생명체로 가득 차 있습니다.

kitchen
[kítʃən] | 키천
명 부엌, 주방

There's some cookies in the kitchen closet.
부엌 찬장에 쿠키가 조금 있어요.

kitten
[kítn] | 키튼
명 새끼 고양이

We just got a new kitten yesterday.
우리는 어제 새끼 고양이 한 마리를 새로 얻었다.

knee
[níː] | 니-
명 무릎, 무릎관절

My knees are really hurting.
무릎이 정말 아파요.

knife
[náif] | 나이프
명 칼, 나이프

This knife is very useful. 이 칼은 아주 유용하다.

English Korean Word Dicitionary

knit
[nit] | 닛
동 뜨다, 짜다, 뜨개질을 하다

She knitted a sweater out of wool. 그녀는 털실로 스웨터를 짰다.

knock
[nák] | 낙
동 치다. 때리다, 부딪치다, 두드리다 명 노크

Knock, and it shall be opened unto you.
두드려라, 그러면 너희에게 열릴 것이다.

know
[nóu] | 노우
동 알다

He wants to know about her country.
그는 그녀의 나라에 관해 알고 싶어한다.

knowledge
[nálidʒ] | 날리쥐
명 지식, 학식

He has a good knowledge of history. 그의 역사에 대한 지식이 많다.

koala
[kouá:lə] | 코알러
명 코알라

The koala could not live without a special tree.
코알라는 특별한 나무가 없이는 살 수 없다.

Korean
[kəríːən] | 커리-언
명 한국어, 한국인
형 한국의, 한국인(어)의

She is majoring in Korean dance. 그녀는 한국 무용을 전공하고 있다.

영단어 241

lab
[læb] | 랩
명 실험실, 연구실

There is a chemical lab in the school.
그 학교에는 화학 실험실이 있다.

label
[léibəl] | 레이벌
명 꼬리표, 라벨 동 라벨을 붙이다

She's labeling a sample.
그녀는 견본에 라벨을 붙이고 있다.

labor
[léibər] | 레이버
명 노동 동 노동하다

He is not used to manual labor.
그는 손으로 하는 노동에 익숙하지 않다.

laboratory
[lǽbərətɔ̀ːri] | 래버러토-리
명 실험실, 실습실

He studies in the chemical laboratory.
그는 화학 실험실에서 연구한다.

lack
[lǽk] | 랙
명 결핍, 부족 동 부족하다

The tree died for lack of water.
그 나무는 물이 부족해서 죽었다.

ladder
[lǽdər] | 래더
명 사다리

The man on the ladder is painting.
남자가 사다리 위에서 페인트칠을 하고 있다.

lady
[léidi] | 레이디
명 부인, 숙녀

There's a young lady here to see you.
어떤 젊은 부인이 당신을 찾아왔습니다.

lake
[léik] | 레이크
명 호수

The view of the lake is beautiful.
그 호수의 경치는 아름답다.

lamp
[lǽmp] | 램프
명 등, 램프

A lamp glowed in the garden.
램프가 정원을 밝히고 있었다.

land
[lǽnd] | 랜드
명 육지, 땅, 나라 동 착륙하다

People live on land and fish live in the sea.
사람은 땅에 살고 물고기는 바다에 산다.

landscape
[lǽndskèip] | 랜스케이프
명 풍경, 풍경화

She took a picture of the beautiful landscape.
그녀는 그 아름다운 풍경을 사진에 담았다.

language
[lǽŋgwidʒ] | 랭귀지
명 언어

It is fun to learn a foreign language.
외국어를 배우는 것은 재미있다.

large
[lɑːrdʒ] | 라-쥐
형 큰, 넓은

The building has a large basement.
그 건물에는 큰 지하실이 있다.

lately
[léitli] | 레이틀리
부 최근에, 요즈음

I haven't seen him lately.
요즘에 그를 만나지 못했다.

later
[léitər] | 레이터
부 후에, 나중에 형 더 늦은

They will arrive here 3 days later.
그들은 3일 후에 여기에 도착할 것이다.

laugh
[lǽf] | 래프
동 웃다 명 웃음

Try to laugh as much as possible.
가능한 한 많이 웃으려고 노력하세요.

laughter
[lǽftər] | 래프터
명 웃음, 웃음소리

The audience roared with laughter at the scene.
청중들은 그 장면을 보고 폭소를 터뜨렸다.

laundry
[láːndri] | 란-드리
명 세탁소, 세탁물

Has the laundry been done yet?
아직 빨래 다 안 끝내셨어요?

law
[lɔ́ː] | 로-
명 법, 법률, 법칙

Everyone must obey the law.
누구나 법을 준수해야 한다.

lawyer
[lɔ́ːjər] | 로-이어
명 변호사, 법률가

He is a lawyer of good reputation.
그는 평판이 좋은 변호사이다.

lay
[léi] | 레이
동 놓다, 두다, 눕히다, 낳다

The rabbit lay down and slept.
토끼는 누웠고 잠이 들었다.

layer
[léiər] | 레이어
명 층

The weather turned cold and people wore many layers of clothing.
날씨가 추워지자 사람들은 옷을 겹겹이 껴입었다.

lazy
[léizi] | 레이지
형 게으른

Today's children are lazy and confused.
오늘날의 아이들은 게으르고 혼란스럽다.

lead
[líːd] | 리-드
통 인도하다, 이끌다

A dog leads the blind man. 개가 그 눈먼 사람을 인도하고 있다.

leaf
[líːf] | 리-프
명 (나무의) 잎, 잎사귀

The Canadian flag has a maple leaf on it.
캐나다 국기에는 단풍잎이 하나 있다.

lean
[líːn] | 리-인
통 기대다, 기울이다
형 마른, 여윈

A tower leans on one side. 탑이 한쪽으로 기울어 있다.

leap
[líːp] | 리-프
통 껑충 뛰다, 뛰어오르다

He leaped for joy at the news.
그는 그 소식을 듣고 기뻐 날뛰었다.

learn
[ləː́rn] | 러언
통 배우다

I want to learn how to swim well.
나는 수영을 잘 하는 방법을 배우고 싶다.

leather
[léðər] | 레더
명 가죽

This is a genuine leather.
이것은 진짜 가죽이다.

■■■ **leave**

[líːv] | 리-브

[동] 떠나다, 출발하다, 남기다

What time does your train leave?
당신 기차가 몇 시에 떠납니까?

■■□ **lecture**

[léktʃər] | 렉춰

[명] 강의, 강연

His lecture was boring.
그의 강의는 지루했다.

■■■ **left**

[léft] | 레프트

[형] 왼쪽의 [명] 왼쪽

Go straight ahead and turn left at the traffic lights.
쭉 가시다가 신호등이 나오면 왼쪽으로 도세요.

■□□ **legal**

[líɡəl] | 리-걸

[형] 합법적인, 법률의

They threatened legal action against strike organizers.
그들은 파업 주동자들에게 법적 조치를 가하겠다고 위협했다.

■□□ **legend**

[lédʒənd] | 레전드

[명] 전설

He became a legend in his own lifetime.
그는 생존 시 이미 전설적인 인물이 되었다.

■■□ **leisure**

[líːʒər] | 리-저

[명] 여가, 레저

People like to talk about the leisure time.
사람들은 여가 시간에 대해 말하는 것을 좋아한다.

lend
[lénd] | 렌드
통 빌려 주다, 빌리다, 제공하다

Can you lend me twenty dollars?
내게 20불 빌려주지 않겠나?

length
[léŋkθ] | 렝쓰
명 길이, 기간

The length of the signal light is too short.
그 신호등의 신호 시간 길이가 너무 짧다.

lesson
[lésn] | 레슨
명 과, 수업, 교훈

My piano lesson ends at six.
피아노 수업이 6시에 끝난다.

let
[lét] | 렛
통 ~시키다, ~하게 해주다

Let me go out.
나가게 해 주세요.

letter
[létər] | 레터
명 편지

Did you get my letter?
내 편지 받았어요?

lettuce
[létis] | 레티스
명 (양)상추

People are picking lettuce in the field.
사람들이 밭에서 상추를 뜯고 있다.

level
[lévəl] | 레벨
명 수준, 수평(면), 높이

He reads at a junior high school level.
그의 독해력은 중학 수준이다.

liable
[láiəbl] | 라이어블
형 책임져야 할, 책임 있는, ~하기 쉬운

I am liable for his debts. 그의 빚은 내가 책임집니다.

liar
[láiər] | 라이어
명 거짓말쟁이

He is a habitual liar.
그는 상습적인 거짓말쟁이이다.

liberty
[líbərti] | 리버티
명 자유

Give me liberty, or give me death.
자유가 아니면 죽음을 달라.

library
[láibrèri] | 라이브레리
명 도서관

Whenever she has a test, she studied in the library.
그녀는 시험을 볼 때마다 도서관에서 공부했다.

license
[láisəns] | 라이썬스
명 면허(장), 인가

Can I see your driver's license? 면허증 좀 볼까요?

■□□ **lick**

[lík] | 리크

[동] 핥다

The cat licked the plate clean.
고양이가 접시를 말끔히 핥았다.

■■□ **lie**

[lái] | 라이

[명] 거짓말 [동] 거짓말하다

It is a lie that he is an architect.
그가 건축가라는 것은 거짓말이다.

■■■ **life**

[láif] | 라이프

[명] 삶, 생명, 생활, 인생

There is plenty of comedy in life.
인생에는 희극적인 일이 많다.

■■□ **lift**

[líft] | 리프트

[동] 들어 올리다 [명] 들어 올림, 승강기, 차에 태워줌

Can you lift this box? 이 상자를 들어 올릴 수 있습니까?

■■■ **light**

[láit] | 라이트

[명] 빛, 등불, 불꽃 [동] 불을 붙이다

Where is the light switch? 전등 스위치가 어디 있나요?

■■■ **like**

[láik] | 라이크

[동] 좋아하다

I like music, but I want to be a computer programmer.
나는 음악을 좋아하지만 컴퓨터 프로그래머가 되고 싶다.

likely
[láikli] | 라이클리
휑 할 것 같은, 있을 법한

This plan is likely to work well.
이 계획은 잘 될 것같이 보인다.

likewise
[láikwàiz] | 라이크와이즈
뿐 같이, 마찬가지로, 역시

Watch her and do likewise.
그녀를 잘 보고 똑같이 해 보세요.

limit
[límit] | 리미트
명 한계, 제한 동 한정(제한)하다

The speed limit is 30 miles per hour.
제한 속도는 시속 30마일이다.

limitation
[lìmətéiʃən] | 리머테이션
명 한계, 제한

He knows his limitations.
그는 자기 자신의 한계를 안다.

line
[láin] | 라인
명 선, 열, 줄

The following is a figure of a circle and two lines.
다음은 원과 두 개의 선의 도형이다.

link
[líŋk] | 링크
동 연결하다 명 연결, 고리

The two matters are closely linked together.
그 두 가지 일은 밀접히 연결되어 있다.

lion
[láiən] | 라이언
명 사자

Lions and tigers are wild animals.
사자와 호랑이는 야생 동물이다.

liquid
[líkwid] | 리퀴드
명 액체 형 액체의

Cold causes contraction of liquids.
액체는 차가워지면 수축을 일으킨다.

list
[líst] | 리스트
명 표, 목록, 일람표
동 목록에 올리다

The list included his name. 그 명단에는 그의 이름도 들어 있었다.

listen
[lísn] | 리슨
동 듣다, 귀를 기울이다

Listen and follow the directions.
설명을 듣고 따라해 보세요.

literature
[lítərətʃər] | 리터러춰
명 문학

Why did you major in literature?
왜 문학을 전공하셨나요?

little
[lítl] | 리틀
형 작은, 적은, 조금 부 거의~않다

A little girl opens the door. 한 꼬마 소녀가 문을 연다.

■■■ live
[lív] | 리브
[동] 살다, 거주하다

Many animals live in Africa.
많은 동물들이 아프리카에 살고 있다.

■■□ live
[lá:v] | 라이브
[형] 살아있는, 생생한, 생방송의

I particularly liked the live music.
저는 특히 라이브 음악이 좋았습니다.

■□□ lively
[láivli] | 라이블리
[형] 생기 있는, 활기찬

The conversation is lively.
대화가 활발하다.

■■□ load
[lóud] | 로우드
[명] 짐 [동] 짐을 싣다, 탄알을 재다

Load up your luggage into your car.
짐을 차에 실으세요.

■■□ loaf
[lóuf] | 로우프
[명] 한 덩어리의 빵

How many slices of bread are in this loaf?
이 빵 한 덩어리로 빵 몇 조각이 나올까요?

■□□ loan
[lóun] | 로운
[명] 대출(금), 대부 [동] 빌려주다

The interest payments on the loan are high.
대출에 대한 이자는 지불액이 많다.

■■■ **local**

[lóukəl] | 로우컬

[형] 지역의, 지방의

Our visit begins at a local market.
우리의 관광은 동네 시장에서 시작됩니다.

■■□ **locate**

[lóukéit] | 로우케이트

[동] 자리하다, 위치를 잡다

The office is centrally located in Seoul.
사무실은 서울의 중심부에 있다.

■□□ **location**

[lóukéiʃən] | 로우케이션

[명] 위치, 위치 선정, 야외촬영

Our tent was in a good location.
우리 텐트는 좋은 위치에 있었다.

■■□ **lock**

[lák] | 락

[동] 잠그다, 가두다 [명] 자물쇠

I inserted the key into the lock.
나는 자물쇠에 열쇠를 넣었다.

■□□ **lodge**

[ládʒ] | 라쥐

[명] 오두막, 여관 [동] 숙박하다

He lodged at Mrs. Brown's during his school days.
학생 시절 그는 브라운 부인의 집에 하숙했다.

■□□ **logic**

[ládʒik] | 라직

[명] 논리, 논리학

I cannot follow her logic.
나는 그녀의 논리를 따를 수 없다.

logical
[lɑ́dʒikəl] | 라지컬
형 논리의, 논리적인

What he says just isn't logical
그가 방금 말한 것은 앞뒤가 맞지 않는다.

London
[lʌ́ndən] | 런던
명 런던

How long were you in London?
런던에 얼마나 계셨어요?

long
[lɔ́:ŋ] | 로옹
형 긴 부 오래

She has long brown hair.
그녀는 긴 갈색 머리를 가졌다.

look
[lúk] | 룩
동 보다, ~으로 보이다

You look so beautiful today.
당신 오늘 아주 아름다워 보이네요.

loose
[lú:s] | 루-스
형 헐거운, 풀린

She wears a loose sweater.
그녀는 헐렁한 스웨터를 입고 있다.

lose
[lú:z] | 루-즈
동 잃다, (경기에서) 지다

I don't want to lose you.
당신을 잃고 싶지 않아요.

loss
[lɔ́:s] | 로-스
명 분실, 손실

A day's absence means so much loss.
하루 쉬면 그만큼 손해가 된다.

lot
[lát] | 랏
명 많음, 다량, 몫, 운, 제비(뽑기)

There are a lot of wonderful things to see here.
여기에는 볼 만한 많은 멋진 것들이 있다.

love
[lʌ́v] | 러브
통 사랑하다 명 사랑

She loves all my family.
그녀는 가족 모두를 사랑한다.

low
[lóu] | 로우
형 낮은, 싼 부 낮게

He was contented with a low salary.
그는 낮은 급료에도 만족했다.

lower
[lóuər] | 로우어
통 낮추다, 떨어뜨리다

Could you lower the price a little?
가격을 약간 낮추어 주실 수 있나요?

loyal
[lɔ́iəl] | 로이얼
형 충성스러운, 충실한

They had remained loyal to the king.
그들은 변함없이 왕에게 충성을 바쳤다.

lucky
[lʌ́ki] | 럭키
형 행운의, 운 좋은

I'm lucky to have you for a friend.
너 같은 친구가 있어서 정말 행운이다.

lunar
[lúːnər] | 루-너
형 달(月)의

Chuseok is August 15 on the lunar calendar.
추석은 음력 8월 15일이다.

lunch
[lʌ́ntʃ] | 런취
명 점심

I have lunch at half past 12.
나는 12시 30분에 점심을 먹는다.

lung
[lʌ́ŋ] | 렁
명 허파, 폐

Lung cancer has a close relation to smoking.
폐암은 흡연과 밀접한 관계가 있다.

luxurious
[lʌgʒúəriəs] | 러주어리어스
형 사치스러운, 호화로운

He lives in luxurious surroundings.
그는 사치스러운 환경에서 살고 있다.

machine
[məʃíːn] | 머쉬-인
명 기계, 기계 장치

All these machines work.
이 기계들은 모두 작동한다.

mad
[mǽd] | 매드
형 미친, 열광한, 화난

He is mad on photography.
그는 사진에 미쳐 있다.

magazine
[mæ̀gəzíːn] | 매거지인
명 잡지

Can magazines be checked out, too?
잡지도 대출이 되나요?

magic
[mǽdʒik] | 매직
명 마법, 마술 형 신기한, 마술의

This is a magic hat.
이것은 마술 모자이다.

magpie
[mǽgpài] | 맥파이
명 까치

The magpie ate into an apple to the core.
까치가 사과를 속까지 파먹었다.

mail
[méil] | 메일
명 우편 동 우송하다

I'd like to mail this package to New York.
이 소포를 뉴욕으로 보내고 싶습니다.

main
[méin] | 메인
형 주요한, 주된

Tourism is this town's main source of revenue.
관광 사업은 이 도시의 주 수입원이다.

maintain
[meintéin] | 메인테인
동 유지하다, 주장하다

He maintained that he was right.
그는 자기가 옳다고 주장했다.

major
[méidʒər] | 메이줘
형 주요한, 다수의 동 전공하다

What are the major tourist attractions in Korea?
한국의 주요 관광 명소는 어디입니까?

majority
[mədʒɔ́:rəti] | 머조-러티
명 대다수, 과반수, 다수파

The majority of the employees had university degrees.
대다수의 고용인들은 학사 학위를 가지고 있었다.

male
[méil] | 메일
형 남성의, 수컷의 명 남성

The male is usually taller than the female.
대개 남성이 여성보다 키가 크다.

■■■
man
[mǽn] | 맨
[명] 남자, 사람

A poor man has little money.
가난한 사람은 돈이 거의 없다.

■■□
manage
[mǽnidʒ] | 매니쥐
[동] 경영하다, 관리하다, 이럭저럭 ~해내다

I'm sure you'll manage. 당신은 해낼 수 있을 거예요.

■□□
management
[mǽnidʒmənt] | 매니쥐먼트
[명] 경영, 관리

Bad management was a cause of the failure.
서툰 경영이 실패의 한 원인이었다.

■□□
mankind
[mæ̀nkáind] | 맨카인드
[명] 인류

Malaria has plagued mankind for centuries.
말라리아는 수세기 동안 인류를 괴롭혀 왔다.

■■□
manner
[mǽnər] | 매너
[명] 방법, 예의범절, 매너

Real man should have manners.
진정한 남자는 매너가 있어야 한다.

■■□
manufacturer
[mæ̀njufǽktʃərər] | 매뉴팩춰러
[명] 제조업자, 제작자

The fridge was sent back to the manufacturer.
그 냉장고는 제조업자에게 반품되었다.

■■■
many
[méni] | 메니
[형] 많은, 다수의 [대] 다수

Many people eat it when they go to the movies.
많은 사람들이 영화 보러 갈 때 그것을 먹는다.

■■■
map
[mǽp] | 맵
[명] 지도

There is a mark on the map.
지도 위에 표시가 있다.

■□□
margin
[mɑ́:rdʒin] | 마-진
[명] 여백, 가장자리, 이윤

That's one reason why our profit margin has declined.
그것이 우리 이윤폭이 감소하게 된 이유 중의 하나이다.

■□□
marine
[mərí:n] | 머리인
[형] 바다의, 해양의 [명] 해병대

The company builds marine navigation systems.
그 회사는 해양 항해시스템을 구축하고 있다.

■■□
mark
[mɑ́:rk] | 마-크
[명] 표적, 기호, 점수 [동] 표시하다

Bill's shot was wide of the mark.
빌의 사격은 표적에서 크게 벗어나 있었다.

■■□
marriage
[mǽridʒ] | 매리쥐
[명] 결혼

Marriage is the second beginning of life.
결혼은 인생의 두 번째 시작이다.

mass
[mǽs] | 매스
명 큰 덩어리, 다량, 다수

The forest is a mass of color in autumn.
숲은 가을이면 온갖 색깔이 다 나타난다.

master
[mǽstər] | 매스터
명 주인, 대가, 명인, 석사
동 숙달하다

He is known as the Grand master of chess teachers.
그는 체스 교육자의 명인으로 알려져 있다.

match
[mǽtʃ] | 매취
명 경기, 시합, 성냥 동 어울리다

A football match will be played nearby.
근처에서 축구 시합이 열릴 것이다.

material
[mətíəriəl] | 머티어리얼
명 재료, 물질, 제재 형 물질적인

The workers are lifting building materials.
일꾼들이 건축 재료를 들어올리고 있다.

mathematics
[mæ̀θəmǽtiks] | 매쎄매틱스
명 수학

He was poor at mathematics.
그는 수학은 잘하지 못했다.

matter
[mǽtər] | 매터
명 일, 문제, 어려움, 곤란

We considered the matter from various angles.
우리는 그 문제를 다각도로 검토했다.

mature
[mətʃúər] | 머츄어
형 익은, 성숙한 통 성숙시키다

Thirty is a mature age.
서른은 성숙한 나이다.

May
[méi] | 메이
명 5월

Please contact me by Monday, May 10th.
5월 10일, 월요일까지 저에게 연락을 주십시오.

maybe
[méibi:] | 메이비
부 아마, 어쩌면

Maybe some fresh air would do me good.
아마 맑은 공기를 마시면 나아지겠죠.

meadow
[médou] | 메도우
명 목초지, 초원

Hundreds of sheep were grazing in the meadow.
수백 마리의 양이 초원에서 풀을 뜯고 있었다

meal
[mí:l] | 미일
명 식사, 한 끼의 음식물

It's rare that I have an evening meal with my children.
내가 아이들과 저녁 식사를 함께 하는 것은 드문 일이다.

mean
[mí:n] | 미인
통 의미하다, 뜻하다

This means that 30% of the earth's surface is land.
이것은 30%의 지구의 표면이 육지라는 것을 의미한다.

M

meaning
[míːniŋ] | 미-닝
명 의미, 의의

The meaning of that sentence is clear.
그 문장의 의미는 명료하다.

meaningful
[míːniŋfəl] | 미-닝펄
형 의미 있는, 의미심장한

This was a meaningful experience
이것은 의미있는 경험이었다.

measure
[méʒər] | 메줘
동 재다, 측정하다 명 조치, 대책

I doubt the propriety of the measures.
나는 그 조치가 타당한지 의심스럽다.

mechanic
[məkǽnik] | 머캐닉
명 기계공, 수리공

I'll send a mechanic out to you.
제가 수리공을 보내겠습니다.

mechanical
[məkǽnikəl] | 머캐니컬
형 기계의, 기계적인

He has little mechanical knowledge.
그는 기계에 대해서 거의 모른다.

medical
[médikəl] | 메디컬
형 의학의, 의료의

She graduated from a medical school.
그녀는 의대를 졸업했다.

English Korean Word Dicitionary

medicine
[médəsin] | 메더씬
명 약, 의약품, 의학, 의술

Take this medicine after meals.
이 약을 식후에 복용하세요.

medium
[míːdiəm] | 미-디엄
명 중간, 수단, 매개 형 중간의

I want this shirt in medium size.
이 셔츠를 중간 크기로 사고 싶습니다.

meet
[míːt] | 미-트
동 만나다

Let's meet outside after work and go together.
퇴근 후에 밖에서 만나서 같이 갑시다.

melt
[mélt] | 멜트
동 녹다, 용해하다, 녹이다

The snow has melted completely.
눈이 완전히 녹았다.

member
[mémbər] | 멤버
명 일원, 회원, 단원

The club members like to watch movies.
클럽 회원들은 영화 보기를 좋아한다.

membership
[mémbərʃip] | 멤버쉽
명 회원의 지위(자격)

The membership is open to all.
누구나 입회할 수 있다.

영단어

memorial
[məmɔ́ːriəl] | 머모-리얼
명 기념관, 기념물 형 기념의

The man is kneeling in front of the memorial.
남자가 기념물 앞에서 무릎을 꿇고 있다.

memorize
[méməràiz] | 메머라이즈
동 기억하다, 암기하다

She memorized some words expressive of gratitude.
그녀는 감사의 뜻을 표현하는 말을 몇 개 외웠다.

memory
[méməri] | 메머리
명 기억, 기억력

He still lives in our memory.
그는 아직도 우리 기억 속에 살아 있다.

mend
[ménd] | 멘드
동 고치다, 수선하다

I need my shoes mended.
구두를 고치게 할 필요가 있다.

mental
[méntl] | 멘틀
형 정신의, 마음의

Praise can be a mental tonic.
칭찬은 정신적 자극이 된다.

mention
[ménʃən] | 멘션
동 언급하다 명 언급

The records contain no mention of the incident.
기록은 그 사건에 관한 언급이 없었다.

menu
[ménjuː] | 메뉴-
몡 식단, 메뉴

Can I see the menu, please?
메뉴 좀 보여주시겠어요?

merchant
[mə́ːrtʃənt] | 머-천트
몡 상인, 무역상

The merchant has a large staff of clerk.
그 상인은 많은 점원을 거느리고 있다.

merely
[míərli] | 미얼리
튀 단지, 오직

It is merely a problem of style.
그건 단지 스타일의 문제이다.

merit
[mérit] | 메리트
몡 장점, 가치, 공로

His chief merit is kindness.
그의 주된 장점은 친절이다.

merrily
[mérəli] | 메럴리
튀 즐겁게, 유쾌하게

Bill threw back his head and laughed merrily.
빌은 머리를 뒤로 젖히며 유쾌하게 웃었다.

mess
[més] | 메스
몡 엉망, 혼란 통 엉망으로 만들다

I want to get out of this mess.
이 혼란에서 벗어나고 싶다.

message
[mésidʒ] | 메시쥐
명 통신, 전갈, 메시지

Please call me as soon as possible or leave a message.
가능한 한 빨리 나에게 전화를 주던지 메시지를 남겨 주세요.

metal
[métl] | 메틀
명 금속

Iron is a useful metal.
철은 유용한 금속이다.

method
[méθəd] | 메써드
명 방법, 방식

A new method is under consideration.
새로운 방도를 고려 중이다.

middle
[mídl] | 미들
형 중앙의, 한가운데의 명 중앙

She sat on the middle chair.
그녀는 가운데 의자에 앉았다.

mile
[máil] | 마일
명 마일

The station is a mile ahead.
역은 1마일 앞에 있다.

military
[mílitèri] | 밀리테리
형 군의, 군대의 명 군대

All young men have to do military service.
모든 젊은이는 군 복무를 해야 한다.

milk
[mílk] | 밀크
명 우유

A glass of milk, please.
우유 한 잔 주세요.

millimeter
[mílimì:tər] | 밀리미터
명 밀리미터

A millimeter is a tenth of a centimeter.
1밀리미터는 1센티미터의 10분의 1이다.

million
[míljən] | 밀리언
명 100만 형 100만의

Every year millions of animals are pushed into tiny space.
매년 수백만의 동물들이 좁은 공간으로 밀어 넣어진다.

millionaire
[mìljənɛ́ər] | 밀리어네어
명 백만장자

John imagines himself a millionaire.
존은 자신이 백만장자라고 생각한다.

mind
[máind] | 마인드
명 마음, 생각 동 조심하다, 신경쓰다

Do you mind closing the window?
창문 좀 닫아도 될까요?

mine
[máin] | 마인
명 광산 동 채굴하다

The mine roof caved in.
광산의 갱도가 붕괴했다.

minimum
[mínəməm] | 미니멈
명 최소(최저) 한도 형 최소의

Keep the graphics to a minimum.
그림을 최소한으로 줄이도록 하세요.

minister
[mínistər] | 미니스터
명 성직자, 목사, 장관

Foreign Ministers are the negotiators of both countries.
외무장관들이 두 나라의 교섭자들이다.

minor
[máinər] | 마이너
형 보다 작은, 소수의 명 미성년자

We just had a minor crisis at work.
그냥 일을 하던 중에 작은 문제가 생겼어요.

minority
[mainɔ́:riti] | 마이노-리티
명 소수, 소수파

Applications from women and minorities are strongly encouraged.
여성이나 소수 민족인의 지원을 적극 환영합니다.

minus
[máinəs] | 마이너스
명 빼기 형 마이너스의 전 ~을 뺀

10 minus 5 is 5.
10 빼기 5는 5이다.

minute
[mínit] | 미니트
명 분, 순간

We'll be there in ten minutes.
10분 후면 우리는 거기에 도착할 겁니다.

miracle
[mírəkl] | 미러클
몡 기적, 경이

It was a miracle that I didn't get hurt.
내가 다치지 않은 것은 기적이었다.

mischief
[místʃif] | 미스취프
몡 장난, 해악, 손해, 재해

A child mischief may cause a serious fire.
어린 아이의 장난이 큰 불을 낼 수도 있다.

miserable
[mízərəbl] | 미저러블
몝 불쌍한, 비참한

We were much affected at the miserable sight.
우리는 그 비참한 광경에 큰 충격을 받았다.

miss
[mís] | 미스
동 놓치다, 그리워하다

I don't want to miss my plane.
나는 비행기를 놓치고 싶지 않아요.

mist
[míst] | 미스트
몡 안개

The mountaintop is wrapped in mist.
산꼭대기가 안개에 싸여 있다.

misunderstand
[mìsʌndərstǽnd] | 미스언더스탠드
동 오해하다

People can be easily misunderstand on-line.
사람들은 온라인상에서 오해하기가 쉽다.

■■□ **mix**

[míks] | 믹스

[동] 섞다 [명] 혼합, 혼합물

Never mix cylinders containing different gases.
서로 다른 가스가 들어 있는 실린더를 섞어 두지 마십시오.

■■■ **mixture**

[míkstʃər] | 믹스춰

[명] 혼합(물), 조합

Pour the egg mixture into the frying pan.
프라이팬에 달걀 혼합물을 부으십시오.

■■□ **mode**

[móud] | 모우드

[명] 양식, 방법

They had a special mode of life.
그들은 특별한 생활 양식을 가지고 있었다.

■■■ **modern**

[mɑ́dərn] | 마던

[형] 현대의, 근대의, 현대적인

This is a modern building.
이것은 현대식 건물이다.

■□□ **modest**

[mɑ́dist] | 마디스트

[형] 겸손한, 적당한, 수수한

He is modest in his speech.
그는 말씨가 겸손하다.

■□□ **moisture**

[mɔ́istʃər] | 모이스춰

[명] 습기, 수분

There's a lot of moisture in the air.
공기 중에 습기가 많다.

mom
[mám] | 맘
몡 엄마

I bought a scarf for my mom.
나는 엄마를 위해 스카프를 샀다.

money
[mʌ́ni] | 머니
몡 돈

She received the prize with some money.
그녀는 상과 함께 약간의 상금을 받았다.

monkey
[mʌ́ŋki] | 멍키
몡 원숭이

A monkey has a long tail.
원숭이는 꼬리가 길다.

month
[mʌ́nθ] | 먼쓰
몡 달, 개월

April is the fourth month of the year.
4월은 일 년 중 네 번째 달이다.

monthly
[mʌ́nθli] | 먼쓸리
혱 매달의 몢 한 달에 한 번

When can we start on the monthly report?
월간 보고서를 언제 시작할 수 있을까요?

monument
[mʌ́njumənt] | 마뉴먼트
몡 기념비, 기념건조물, 유적

Let's meet in front of the National Monument.
국립 기념관 앞에서 만나자.

영단어 273

mood
[múːd] | 무드
몡 기분, 마음, 분위기

I'm not in the mood to listen to the music.
음악을 듣고 싶은 기분이 아니에요.

moon
[múːn] | 무운
몡 달

The moon is bright tonight.
오늘 밤은 달이 밝다.

moral
[mɔ́ːrəl] | 모-럴
혭 도덕의, 교훈적인 몡 교훈

There's a moral to this story.
이 이야기에는 교훈이 있다.

moreover
[mɔ̀ːróuvər] | 모-오우버
뷘 게다가, 더욱이

The day was cold, and moreover it was raining.
그날은 추웠으며 게다가 비까지 오고 있었다.

morning
[mɔ́ːrniŋ] | 모-닝
몡 아침, 오전

I get up at 6 in the morning.
저는 아침 6시에 일어납니다.

motion
[móuʃən] | 모우션
몡 운동, 동작 툉 몸짓으로 지시하다

She made a motion to me to approach her.
그녀는 나더러 가까이 오라고 손짓했다.

motivate
[móutəvèit] | 모우터베이트
동 동기를 주다

Tomorrow's seminar will focus on methods for motivating employees.
내일 세미나는 직원들의 동기를 유발하는 방법에 초점이 맞춰질 것이다.

motorcycle
[móutərsàikl] | 모우터싸이클
명 오토바이

The man is fixing the motorcycle.
남자가 오토바이를 수리하고 있다.

mountain
[máuntən] | 마운턴
명 산

What is the highest mountain in Korea?
한국에서 가장 높은 산은 무엇인가요?

mouse
[máus] | 마우스
명 생쥐

The cat tries to catch a mouse.
고양이가 쥐를 잡으려고 한다.

mouth
[máuθ] | 마우쓰
명 입

He fell asleep with his mouth open.
그는 입을 벌린 채 잠이 들었다.

move
[múːv] | 무-브
동 움직이다, 이사하다

When did you move to Atlanta then?
그러면 언제 아틀란타에 왔지?

영단어

movement
[múːvmənt] | 무-브먼트
명 움직임, 이동, 운동

The public regard him as the leader of the movement.
세상은 그를 그 운동의 주동자로 알고 있다.

movie
[múːvi] | 무-비
명 영화

Watching western movies is fun.
서부 영화를 보는 것은 재미있다.

mud
[mʌd] | 머드
명 진흙, 진창

A cart is stuck in the mud.
짐마차가 진창 속에 빠져 있다.

multiply
[mʌ́ltəplài] | 멀터플라이
동 늘(리)다, 곱하다, 번식하다

Rats multiply rapidly.
쥐는 빨리 번식한다

muscle
[mʌ́sl] | 머쓸
명 근육

Physical exercises develop muscle.
운동을 하면 근육이 발달된다.

museum
[mjuːzíːəm] | 뮤-지-엄
명 박물관, 미술관

Videotaping is not permitted anywhere in the museum.
미술관 내 비디오 촬영은 금지된다.

music
[mjúːzik] | 뮤-직
명 음악

My favorite music is jazz.
내가 가장 좋아하는 음악은 재즈이다.

musician
[mjuːzíʃən] | 뮤-지션
명 음악가

Musicians are playing instruments.
음악가들이 악기를 연주하고 있다.

mutual
[mjúːtʃuəl] | 뮤-츄얼
형 서로의, 상호간의, 공동의

They concluded a mutual security agreement.
그들은 상호 안보 협정을 맺었다.

mysterious
[mistíəriəs] | 미스티어리어스
형 신비한, 불가사의한

There is something mysterious about that mountain.
저 산은 어딘지 신비스럽다.

mystery
[místəri] | 미스터리
명 신비, 비밀, 수수께끼

Her story gave the key to the mystery.
그녀의 이야기는 그 비밀에 대한 단서를 주었다.

myth
[míθ] | 미쓰
명 신화, 신화적 인물

In Roman myth, Mercury was the messenger of the gods.
로마 신화에서 머큐리는 신들의 사자였다.

naked
[néikid] | 네이키드
형 발가벗은, 나체의

I would go naked than wear fur.
모피를 입고 다니느니 벗고 다니겠다.

name
[néim] | 네임
명 이름, 명성 동 명명하다

What's your name? 이름이 무엇입니까?

nap
[næp] | 냅
명 낮잠, 선잠
동 선잠 자다, 잠깐 졸다

I will nap on the way. 가는 도중에 잠 좀 자야겠다.

narrow
[nǽrou] | 내로우
형 좁은 동 좁아지다, 좁히다

This door is narrow in proportion to its height.
이 문은 높이에 비해 좁다.

national
[nǽʃənl] | 내셔늘
형 국민의, 국가의, 국립의

Taegeukgi is our national flag.
태극기는 우리 국기이다.

native
[néitiv] | 네이티브
- 형 모국의, 원주민의, 타고난
- 명 원주민, 원어민

She is a native Londoner. 그녀는 런던 토박이다.

natural
[nǽtʃərəl] | 내춰럴
- 형 자연의, 타고난, 당연한

Hurricane is a violent natural phenomenon.
허리케인은 격렬한 자연 현상이다.

near
[níər] | 니어
- 부 가까이 형 가까운

A girl was standing near the window.
한 소녀가 창문 근처에 서 있었다.

nearby
[níərbài] | 니어바이
- 부 근처에

Were you able to find parking nearby?
근처에 주차할 데가 있었어요?

nearly
[níərli] | 니얼리
- 부 거의, 하마터면

I nearly fainted in the heat. 나는 더위로 기절할 뻔했다.

necessarily
[nèsəsérəli] | 네쎄쎄러리
- 부 반드시

Leaves are not necessarily green.
나뭇잎이 반드시 녹색인 것은 아니다.

영단어 279

necessary
[nésəsèri] | 네써쎄리
형 필요한

Air is necessary to support life.
공기는 생명을 지탱하는 데 필수적이다.

necessity
[nəsésəti] | 너쎄서티
명 필요(성), 필수품, 필연성

Necessity is the mother of invention.
필요는 발명의 어머니이다.

neck
[nék] | 넥
명 목

I have a stiff neck. 목이 뻐근하다.

need
[níːd] | 니-드
명 필요 동 필요하다

I need more money to buy it
그것을 사기 위해 돈이 더 필요하다.

negative
[négətiv] | 네거티브
형 부정적인, 소극적인

His answer was negative. 그의 대답은 부정적이었다.

neglect
[niglékt] | 니글렉트
동 소홀히 하다, 무시하다
명 태만, 무시

He neglects the traffic signal at night.
그는 밤만 되면 교통 신호를 무시한다.

neighbor
[néibər] | 네이버
명 이웃사람 동 이웃하다

A good neighbor is better than a brother far off.
먼 친척보다는 가까운 이웃이 낫다.

neighborhood
[néibərhùd] | 네이버후드
명 근처, 이웃, 이웃 사람들

There was a gas explosion in our neighborhood last night.
어젯밤 우리 집 근처에서 가스 폭발이 있었다.

neither
[níːðər] | 니-더
형 대 부 어느 ~도 아니다

The car is neither fast nor safe.
그 차는 빠르지도 안전하지도 않다.

nerve
[nə́ːrv] | 너-브
명 신경, 신경과민

Be careful not to get on his nerves.
그의 신경을 건드리지 않도록 조심하세요.

nervous
[nə́ːrvəs] | 너-버스
형 신경의, 신경질적인, 걱정하는

I usually get very nervous about tests.
나는 보통 시험 때가 되면 신경이 매우 날카로워져요.

net
[nét] | 네트
명 그물

The hunters throw a net.
사냥꾼들은 그물을 던진다.

neutral
[njúːtrəl] | 뉴-트럴
형 중립의, 중성의

I'll be neutral in this dispute.
이 논쟁에서 나는 중립을 지킬 것이다.

never
[névər] | 네버
부 한 번도 ~ 않다, 결코~않다

He never said "sorry" to me.
그는 나에게 한 번도 '미안해'라고 말한 적이 없다.

nevertheless
[nèvərðəlés] | 네버덜레스
부 그럼에도 불구하고

He did it nevertheless.
그럼에도 불구하고 그는 그것을 했다.

new
[njúː] | 뉴-
형 새로운

Is that a new blouse?
그거 새 블라우스예요?

next
[nékst] | 넥스트
형 다음의, 옆의 부 다음에, 옆에

She will arrive sometime next week.
그녀는 다음 주 언젠가 도착할 것이다.

nice
[náis] | 나이스
형 좋은, 친절한, 훌륭한

It was a nice day for hiking.
하이킹하기에 멋진 날씨였다.

niece
[níːs] | 니-스
명 조카딸, 여자 조카

Her niece married last month
그녀의 조카딸은 지난 달에 결혼했다.

night
[náit] | 나이트
명 밤

The dog barked every night.
그 개는 밤마다 짖는다.

noble
[nóubl] | 노우블
형 고귀한 명 귀족

There is something noble about him.
그는 어딘지 기품이 있다.

nod
[nád] | 나드
동 끄덕이다 명 끄덕임

He nodded in approval.
그는 찬성한다고 고개를 끄덕였다

none
[nʌ́n] | 넌
대 아무도 ~않다, 전혀 ~않다

None of the cake was left.
케이크가 하나도 남지 않았다.

noon
[núːn] | 누-운
명 정오 형 정오의

See you at noon.
정오에 만나요.

normal
[nɔ́ːrməl] | 노-멀
형 정상의, 표준의

Everything has been normal. 모든 것이 정상이었어요.

notebook
[nóutbùk] | 노우트북
명 공책

I gave 3,000 won for this notebook.
나는 이 공책 값으로 3,000원을 지불했다.

notice
[nóutis] | 노우티스
명 주목, 통지, 알림
동 알아차리다, 주목하다

I noticed him steal into the room.
나는 그가 방으로 몰래 들어오는 것을 알아챘다.

noticeable
[nóutisəbl] | 노우티써블
형 주목할 만한, 현저한

There is a noticeable distinction between the rich and the poor.
빈부의 차가 두드러지게 나타난다.

novel
[návəl] | 나벌
명 소설

What kind of novels do you like?
어떤 종류의 소설을 좋아하세요?

now
[náu] | 나우
부 지금, 당장에

Sorry, but I have to go now. 미안하지만, 지금 가야 됩니다.

nowadays
[náuədèiz] | 나우어데이즈
- 위 오늘날, 요즈음

We rarely see him nowadays. 요즘은 그를 좀처럼 볼 수가 없다.

nuclear
[njúːkliər] | 뉴-클리어
- 형 (세포)핵의, 원자력[핵]의
- 명 핵무기

We should do away with nuclear weapons.
우리는 핵무기를 폐기해야 한다.

number
[nʌ́mbər] | 넘버
- 명 수, 번호

What's your address and phone number?
주소와 전화번호가 어떻게 되죠?

nurse
[nə́ːrs] | 너-스
- 명 간호사

A doctor and a nurse take care of him.
의사와 간호원이 그를 돌보고 있다.

nurture
[nə́ːrtʃər] | 너-춰
- 동 양육하다 명 양육, 자양물

The Smiths nurture their children in a loving environment.
스미스 부부는 자녀들을 사랑의 환경에서 양육한다.

nutrition
[njuːtríʃən] | 뉴-트리션
- 명 영양, 영양분

Proper nutrition is important for good health.
적당히 영양분을 취하는 것이 건강상 중요하다.

■□□
oath
[óuθ] | 오우쓰
[명] 맹세, 선서

The knights swore an oath of loyalty to their king.
기사들은 왕에게 충성할 것을 맹세하였다.

■□□
obedience
[o*u*bíːdiəns] | 오우비–디언스
[명] 복종, 순종

They compelled obedience from us.
그들은 우리에게 복종을 강요했다.

■■■
obey
[o*u*béi] | 오우베이
[동] 복종하다, 따르다

I was just obeying orders.
나는 단지 명령에 따랐을 뿐입니다.

■■□
object
[ɑ́bdʒikt] | 아브직트
[명] 물체, 대상, 목적 [동] 반대하다

I saw a strange object flying in the sky.
나는 하늘을 나는 이상한 물체를 봤다.

■□□
objection
[əbdʒékʃən] | 업젝션
[명] 반대, 이의

I see no objection.
이의가 없는 것으로 인정합니다.

objective
[əbdʒéktiv] | 어브젝티브
- 명 목적, 목표
- 형 목적의, 객관적인

I would like to get an objective opinion.
나는 객관적인 의견을 듣고 싶어요.

observe
[əbzə́:rv] | 업저-브
- 동 관찰하다, 준수하다

You must observe the school code. 너는 교칙을 따라야 한다.

obstacle
[ábstəkl] | 압스터클
- 명 장애(물)

What's been your toughest obstacle in life?
당신의 삶에서 가장 힘들었던 장애물은 무엇이었나요?

obtain
[əbtéin] | 업테인
- 동 얻다, 획득하다

I obtained this information from him.
나는 그로부터 이 정보를 얻었다.

obvious
[ábviəs] | 아비어스
- 형 명백한, 분명한

It is obvious that he is lying. 그가 거짓말하고 있다는 것은 분명하다.

occasion
[əkéiʒən] | 어케이전
- 명 경우, 때, 기회 동 생기게 하다

I have had several occasions to see her.
그녀를 만나 볼 기회가 몇 번 있었다.

occasional
[əkéiʒənəl] | 어케이저널
형 때때로의, 가끔의

He enjoyed the occasional game of billiards.
그는 간간이 하는 당구 시합을 즐겼다.

occasionally
[əkéiʒənəli] | 어케이저널리
부 때때로, 가끔

Occasionally, flights last 12 or 13 hours.
때때로 비행은 12시간에서 13시간 걸립니다.

occupation
[àkjupéiʃən] | 아큐페이션
명 직업, 점령

He has no regular occupation.
그는 일정한 직업이 없다.

occupy
[άkjupài] | 아큐파이
동 점령하다, 차지하다, 종사하다

This desk occupies too much space.
이 책상은 자리를 너무 많이 차지한다.

occur
[əkə́ːr] | 어커-
동 발생하다, 나오다

Fires occur frequently in winter.
화재는 겨울에 빈번히 발생한다.

ocean
[óuʃən] | 오우션
명 대양, 큰 바다

The Pacific Ocean is the largest ocean on Earth.
태평양은 지구에서 가장 큰 대양이다.

o'clock
[əklák] | 어클락
명 시(時)

He went by the seven o'clock train. 그는 7시 열차로 갔다.

October
[ɑktóubər] | 악토우버
명 10월

Halloween is on October 31st. 할로윈은 10월 31일이에요.

odd
[ád] | 아드
형 이상한, 임시의, 홀수의

In portraits he discovered an odd phenomenon.
그는 초상화에서 한 가지 이상한 현상을 발견했다.

offend
[əfénd] | 어펜드
동 기분을 상하게 하다, 죄를 범하다

Be careful not to offend the customers.
손님들의 기분이 상하지 않도록 주의하세요.

offensive
[əfénsiv] | 어펜씨브
형 불쾌한, 무례한, 공격적인

An offensive smell greeted my nose.
불쾌한 냄새가 코를 찔렀다.

offer
[ɔ́:fər] | 오-퍼
동 제공하다, 제의하다 명 제공

This shop offers delivery service for customers.
이 가게는 고객을 위해 배달 서비스를 제공한다.

office
[ɔ́:fis] | 오-피스
명 사무실, 회사, 관청

When is Jack going to be back in the office?
잭이 언제 사무실에 돌아오죠?

officer
[ɔ́:fisər] | 오-피서
명 장교, 공무원, 경관

Did I do anything wrong, officer?
제가 뭐 잘못 했나요, 경관님?

official
[əfíʃəl] | 어피셜
형 공식적인, 공무의 명 공무원

My uncle is a government official.
내 삼촌은 정부의 공무원이다.

often
[ɔ́:ftən] | 오-펀
부 종종, 흔히, 자주

It often snows in January.
1월에는 눈이 자주 온다.

oil
[ɔ́il] | 오일
명 기름, 석유, 유화

Oil cannot be mixed up with water
기름은 물과 섞이지 않는다.

old
[óuld] | 오울드
형 나이 먹은, ~살의, 오래된

The old man is walking with a stick.
그 노인은 지팡이를 짚고 걷고 있다.

omit
[oumít] | 오우미트
통 생략하다, 빠뜨리다

A few names had been omitted from the list.
몇몇 이름이 명단에서 탈락되어 있었다.

once
[wʌ́ns] | 원스
부 한때, 일찍이, 한번

She was an actress once.
그녀는 한때 배우였다.

oneself
[wɔnsélf] | 원셀프
대 자기 자신

One must do such things oneself.
그런 것은 자기가 해야 한다.

onion
[ʌ́njən] | 어니언
명 양파

An onion has a strong taste and smell.
양파는 맛과 냄새가 강하다.

only
[óunli] | 오운리
부 유일한, 오직, 다만

The sea horse lives only in warm seas.
해마는 따뜻한 바다에서만 산다.

open
[óupən] | 오우펀
형 열린, 공개된 동 열다

Public libraries are open to all the people.
공립 도서관은 모두에게 개방되어 있다.

operate
[ápərèit] | 아퍼레이트
통 수술하다, 작동하다

See how I operate this machine.
내가 이 기계를 어떻게 작동시키는지 잘 보시오.

operation
[àpəréiʃən] | 아퍼레이션
명 작용, 운전, 수술, 작전

She has completely lost her appetite since the operation.
그녀는 수술 후 식욕을 완전히 잃었다.

opinion
[əpínjən] | 어피니언
명 의견

What is your opinion about the soccer game?
축구 경기에 대한 네 의견은 어떠니?

opponent
[əpóunənt] | 어포우넌트
명 상대, 적수 형 대항하는

He was my opponent in the debate.
그는 나의 논쟁 상대였다.

opportunity
[àpərtjú:nəti] | 아퍼튜-너티
명 기회

This is the last opportunity for me to go abroad.
이것이 내가 외국에 갈 수 있는 마지막 기회이다.

oppose
[əpóuz] | 어포우즈
통 반대하다, 대항하다

He habitually opposes things.
그가 반대하는 것은 늘 있는 일이다.

opposite
[ápəzit] | 아퍼지트
형 정반대의, 반대쪽의

His opinion is opposite to mine. 그의 견해는 나의 견해와 정반대다.

optimistic
[àptəmístik] | 압터미스틱
형 낙천적인, 낙관적인

He is optimistic about everything. 그는 매사에 낙천적이다.

or
[ɔ́ːr] | 오어
접 또는, 혹은

Would you prefer a window or an aisle seat?
창가 쪽으로 드릴까요, 통로 쪽으로 드릴까요?

order
[ɔ́ːrdər] | 오-더
명 차례, 명령, 주문
동 명령하다, 주문하다

They're ordering their lunch at a restaurant.
그들은 식당에서 점심을 주문하고 있다.

ordinary
[ɔ́ːrdənèri] | 오-더네리
형 보통의, 평범한

The ordinary can give us the greatest happiness.
평범한 것이 가장 행복하다.

organ
[ɔ́ːrgən] | 오-건
명 오르간, (생물, 정치)기관, 조직

Poor posture compresses the body's organs.
안 좋은 자세는 몸의 내장기관에 압박을 준다.

organization
[ɔ̀ːrgənəzéiʃən] | 오-거너제이션
명 조직, 조직화, 유기적 구조

The organization of the human body is very complicated.
인체의 구조는 매우 복잡하다.

organize
[ɔ́ːrgənàiz] | 오-거나이즈
동 조직하다, 정리하다, 계획하다

They're organizing some papers.
그들은 서류를 정리하고 있다.

Oriental
[ɔ̀ːriéntl] | 오-리엔틀
형 동양의 명 동양인

There were Oriental carpets on the floors.
마루에 동양식의 양탄자가 깔려 있었다.

origin
[ɔ́ːrədʒin] | 오-러진
명 기원, 태생

It's a book about the origin of the universe.
이것은 우주의 기원에 관한 책이다.

original
[ərídʒənl] | 어리줘늘
형 원래의, 독창적인

Do you need the original, or will a copy do?
원본이 필요해요, 아니면 복사본도 괜찮아요?

ornament
[ɔ́ːrnəmənt] | 오-너먼트
명 장신구, 꾸밈 동 꾸미다

The woman is looking at ornaments.
그 여자가 장신구를 보고 있다.

orphanage
[ɔ́ːrfənidʒ] | 오-퍼니쥐
- 명 고아원

He grew up in an orphanage. 그는 고아원에서 자랐다.

other
[ʌ́ðər] | 어더
- 형 다른 대 그 밖의 것, 다른 것

Some books are interesting, while others are not.
어떤 책들은 재미있는 반면, 다른 책들은 그렇지 않다.

otherwise
[ʌ́ðərwàiz] | 어더와이즈
- 부 그렇지 않으면, 달리

Start at once, otherwise you will be late.
바로 떠나지 않으면 늦을 거예요.

outdoor
[áutdɔ̀ːr] | 아웃도어
- 형 실외의, 옥외에서의

He is swimming in an outdoor pool. 그는 옥외 수영장에서 수영하고 있다.

outgoing
[áutgòuiŋ] | 아웃고우잉
- 형 사교적인, 외향적인

She's really an outgoing, bright, and funny girl.
그녀는 성격이 외향적이고, 밝고, 재미있다.

outline
[áutlàin] | 아우트라인
- 명 윤곽, 약도, 개요
- 동 윤곽을 그리다

Mr. Jordan has drawn up an outline of these points.
조단 씨께서 이 요점들에 대한 개요를 작성했습니다.

outside
[àutsáid] | 아웃사이드
명 바깥쪽, 외부 형 외부의
부 바깥쪽에

The baby likes to be outside. 아기가 밖에 나가는 걸 좋아해요.

outstanding
[àutstǽndiŋ] | 아웃스탠딩
형 눈에 띄는, 뛰어난

He is an outstanding figure. 그는 뛰어난 인물이다.

overall
[óuvərɔ̀ːl] | 오우버로올
형 전체의 부 전체적으로

Overall, it's a good hotel. 전체적으로 보아, 좋은 호텔이다.

overcome
[òuvərkʌ́m] | 오우버컴
동 극복하다, 이기다

I am trying to overcome my weakness.
나는 약점을 극복하려고 노력 중이다.

overcrowded
[òuvərkráudid] | 오우버크라우디드
형 사람들이 넘치는, 초만원의

In many countries, overcrowded cities face a major problem.
많은 나라에서, 인구 과밀의 도시들은 주요한 문제에 직면해 있다.

overnight
[óuvərnàit] | 오우버나이트
형 밤을 새는, 밤새의
부 밤새, 하룻밤 사이에

You can't achieve everything overnight.
너는 모든 것을 하룻밤 사이에 이룰 수는 없다.

overseas
[óuvərsíːz] | 오우버씨-즈
혱 해외의 ㊧ 해외로

Which phone can I use to make an overseas call?
국제전화를 걸려면 어떤 전화기를 사용해야 합니까?

overweight
[óuvərwèit] | 오우버웨이트
명 초과 중량
혱 중량 초과의, 너무 살찐

I'm overweight so I really want to lose my weight.
나는 과체중이어서 정말로 체중을 줄이고 싶다.

owe
[óu] | 오우
동 빚지고 있다, ~의 덕택으로 알다

I owe a lot of money to him. 나는 그에게 많은 빚이 있다.

own
[óun] | 오운
혱 자기 자신의 동 소유하다

I went to America at my own expense. 나는 자비로 미국에 갔다.

oxygen
[áksidʒən] | 악씨전
명 산소

The lungs function to supply the body with oxygen.
폐는 몸에 산소를 공급하는 기능을 한다.

ozone
[óuzoun] | 오우조운
명 오존

The ozone layer is being destroyed. 오존층은 파괴되고 있다.

영단어 297

p.m.
[píːém] | 피-엠
(부) 오후에 (형) 오후의

The train is due at 5:30 p.m.
그 기차는 오후 5시 반에 도착할 예정이다.

pace
[péis] | 페이스
(명) 보조, 속도, 한 걸음

He walked in a steady pace.
그는 한결같은 보조로 걸었다.

pack
[pǽk] | 팩
(명) 꾸러미, 포장한 짐, 팩
(동) 꾸리다, 싸다

Please help me pack this baggage. 가방 싸는 것을 도와주세요.

package
[pǽkidʒ] | 패키쥐
(명) 꾸러미, 소포, 작은 짐

I tied my package with tape. 나는 테이프로 짐을 묶었다.

page
[péidʒ] | 페이쥐
(명) (책의)페이지, 면, 쪽

I wrote my address on the top of the page.
나는 페이지 윗부분에 내 주소를 썼다.

pain
[péin] | 페인
명 아픔, 고통, 수고

I feel a pain in the stomach.
나는 위에 통증을 느낀다.

paint
[péint] | 페인트
동 그리다, 페인트칠하다
명 페인트, 물감

You need to paint the walls white. 벽은 흰색으로 칠해야 해요.

pair
[pɛər] | 페어
명 한 쌍, 한 벌, 2인조

I want to buy a pair of hiking boots.
나는 등산화 한 켤레를 사고 싶어.

pal
[pǽl] | 팰
명 친구, 동료

It must be very interesting to have a pen pal.
펜팔 친구를 갖는다는 것은 매우 흥미있을 겁니다.

palace
[pǽlis] | 팰리스
명 궁전, 궁궐, 왕궁

The king had a magnificent palace. 왕은 장엄한 궁전을 가지고 있었다.

pale
[péil] | 페일
형 창백한, (색이)엷은

You look pale. What's wrong with you?
안색이 창백하군요. 무슨 일 있나요?

영단어 299

palm
[pá:m] | 파암
명 손바닥, 야자나무

One of the boys is resting his chin on his palm.
소년 중 하나가 손바닥으로 턱을 고이고 있다.

pan
[pǽn] | 팬
명 납작한 냄비, (오븐용)접시

The cook is stirring the food in the pans.
요리사가 접시들에 담긴 음식을 섞고 있다

pancake
[pǽnkèik] | 팬케이크
명 팬케이크

Do you know how to make a pancake?
펜케이크 만드는 법을 아세요?

panic
[pǽnik] | 패닉
명 공황, 공포
형 당황케 하는, 허둥지둥하는

Don't be shocked or panic. 놀라거나 당황하지 마십시오.

paper
[péipər] | 페이퍼
명 종이, 서류, 신문

Recycle cans and papers. 캔과 종이를 재활용합시다.

parade
[pəréid] | 퍼레이드
명 퍼레이드, 행렬, 행진

The streets are closed for a parade.
도로들이 퍼레이드 때문에 봉쇄되었다.

paradise
[pǽrədàis] | 패러다이스
명 천국, 낙원

These forests are a hunter's paradise.
이 숲은 사냥꾼의 낙원이다.

parcel
[pá:rsəl] | 파-쎌
명 꾸러미, 소포

I'd like this parcel sent by special delivery.
이 소포를 속달로 보내고 싶습니다.

parent
[pɛ́ərənt] | 페어런트
명 부모, 어버이

First of all, I want to thank my parents for raising me.
우선, 저를 키워 주신 부모님께 감사를 드리고 싶습니다.

Paris
[pǽris] | 패리스
명 파리(프랑스의 수도)

Did you go to Paris during your travels?
여행 중에 파리에 갔었니?

park
[pá:rk] | 파-크
명 공원, 유원지 동 주차하다

Many people play badminton in the park.
많은 사람들이 공원에서 배드민턴을 한다.

part
[pá:rt] | 파-트
명 부분, 일부, 역할

The first part of the concert is already over.
콘서트의 첫 부분은 이미 끝났어요.

영단어 301

■□□
participate
[pɑːrtísəpèit] | 파–티써페이트

[동] 참여하다, 관여하다

She participated in the discussion.
그녀는 그 토론에 참가했다.

■□□
particle
[pɑ́ːrtikl] | 파–티클

[명] 작은 조각, 극소, 입자

A food particle gets in between the teeth.
음식 조각이 이 사이에 끼여 있다.

■■□
particular
[pərtíkjulər] | 퍼티큘러

[형] 특별한

I have nothing particular to do this afternoon.
나는 오늘 오후에 특별히 할 일이 없다.

■□□
partly
[pɑ́ːrtli] | 파–틀리

[부] 부분적으로, 어느 정도는

The day after tomorrow, it'll be partly snowy.
내일 모레는 부분적으로 눈이 올 전망입니다.

■■■
pass
[pǽs] | 패스

[동] 지나가다, 합격하다, 건네주다

Does the number 707 bus pass by?
707번 버스가 여기 지나가나요?

■□□
passage
[pǽsidʒ] | 패씨지

[명] 한 구절, 단락, 통행

What's the best topic of this passage?
이 글의 가장 적당한 주제는 무엇인가요?

passenger
[pǽsəndʒər] | 패선줘
몡 승객, 여객

The passengers are seated on the plane.
승객들이 기내에 앉아 있다.

passion
[pǽʃən] | 패션
몡 열정, 정열

My passion for books continued throughout my life.
책에 대한 나의 열정은 일생 동안 지속되었다.

passionate
[pǽʃənət] | 패셔넛
혱 열렬한, 정열적인

She was very passionate about what she was doing.
그녀는 자신이 하고 있는 것에 대해 대단히 정열적이다.

passive
[pǽsiv] | 패씨브
혱 소극적인, 수동적인

The government took a passive action.
정부는 소극적인 조치를 취했다.

passport
[pǽspɔ:rt] | 패스포-트
몡 여권, 통행증, 입장권, 허가증

Can I see your passport, please?
여권을 보여주시겠어요?

past
[pǽst] | 패스트
몡 혱 과거(의) 전 ~을 지나서

He ran past the river.
그는 강을 지나서 달려갔다.

paste
[péist] | 페이스트
명 (붙이는)풀, 밀가루반죽
동 풀칠하다

She mixed the flour and water to a paste.
그녀는 밀가루와 물을 섞어 반죽을 만들었다.

pat
[pǽt] | 팻
동 가볍게 두드리다, 토닥거리다

She bent over and patted the baby.
그녀는 몸을 굽혀서 아기를 토닥거렸다.

patent
[pǽtənt] | 패턴트
명 특허(권), 면허

He had more than 100 patents, I believe.
나는 그가 100개 이상의 특허권을 가지고 있는 것으로 알고 있다.

path
[pǽθ] | 패쓰
명 작은 길, 오솔길, 보도, 통로

The bicyclists ride along the path.
자전거를 타는 사람들이 오솔길을 따라 가고 있다.

patience
[péiʃəns] | 페이션스
명 인내, 참을성

Patience is a virtue. 인내는 미덕이다.

patient
[péiʃənt] | 페이션트
형 참을성 있는 명 환자

You have to stay calm and patient.
진정하고 참을성 있게 기다려야 합니다.

patriotism
[péitriətìzm] | 페이트리어티즘
몡 애국심

Their hearts burn with patriotism.
그들의 마음은 애국의 열정로 끓고 있다.

pattern
[pǽtərn] | 패턴
몡 무늬, 양식, 형태, 모범

She's wearing a dress with a pattern of tiny roses.
그녀는 작은 장미꽃 무늬가 있는 드레스를 입고 있다.

pause
[pɔ́ːz] | 포-즈
몡 잠깐 멈춤, 중지 됭 잠시 멈추다

I paused in the conversation.
나는 대화를 잠시 중지했다.

pavement
[péivmənt] | 페이브먼트
몡 포장도로, 차도

I worked all day to even the pavement.
포장도로를 고르기 위해 하루종일 일했다.

paw
[pɔ́ː] | 포-
몡 (동물의) 발

The dog licked its paws.
개가 자기 발을 핥았다.

pay
[péi] | 페이
됭 지불하다, 갚다 몡 급료

How would you like to pay?
어떻게 결제하시겠습니까?

영단어 305

P

payment
[péimənt] | 페이먼트
명 지불, 지불 금액

Is there a discount for cash payment?
현금으로 지불하면 할인해 주나요?

pea
[píː] | 피-
명 완두(콩)

Mix the potatoes, peas, salad dressing and parsley.
감자, 콩, 샐러드 드레싱, 파슬리를 섞으세요.

peace
[píːs] | 피-쓰
명 평화, 화합

She received a Nobel Peace Prize.
그녀는 노벨 평화상을 탔다.

peaceful
[píːsfəl] | 피-쓰펄
형 평화로운, 태평한, 온화한

Everything's quiet and peaceful in the winter.
겨울에는 세상이 다 고요하고 평화롭다.

peach
[píːtʃ] | 피-취
명 복숭아

Please peel me a peach.
복숭아 껍질을 벗겨 주세요.

peak
[píːk] | 피-크
명 산꼭대기, 절정

He's reached the peak of his career.
그는 그의 전성기에 도달했다.

pear
[pɛər] | 페어
명 배

Anyone can tell apples from pears.
누구나 사과와 배는 분간할 수 있다.

peasant
[péznt] | 페즌트
명 농민, 소작농, 시골 사람

The president of our concern comes from peasant stock.
우리 회사의 사장님은 농민 출신이다.

pedestrian
[pədéstriən] | 퍼데스트리언
명 보행자 형 도보의

One day a truck hit a pedestrian on the street.
어느 날 트럭이 길을 가던 보행자를 치었다.

peer
[píər] | 피어
명 또래, 동료

I have many peers to help me.
나는 나를 도와줄 동료가 많다.

pencil
[pénsəl] | 펜썰
명 연필

The pencil rolled down the desk.
연필이 책상 밑으로 굴러 떨어졌다.

penny
[péni] | 페니
명 (영)1페니, 잔돈, 푼

A penny saved is a penny earned.
한 푼을 아끼면 한 푼을 번다.

people
[píːpl] | 피-플
명 사람들, 국민

The airport is filled with people.
공항은 사람들로 가득 차 있다.

pepper
[pépər] | 페퍼
명 후추, 고추

She put some pepper on the stew.
그녀는 스튜 요리에 약간의 후추를 뿌렸다.

per
[pər] | 퍼
전 ~에 대하여, ~마다

The meal costs 25 dollars per head.
식사는 한 사람당 25달러이다.

percent
[pərsént] | 퍼쎈트
명 퍼센트, 백분율

It's 30 percent off today.
오늘은 30% 할인하고 있습니다.

perfect
[pə́ːrfikt] | 퍼-픽트
형 완벽한, 완전한

You have a perfect English accent.
영어 발음이 완벽하군요.

perform
[pərfɔ́ːrm] | 퍼포옴
동 수행하다, 연기하다

He performed his duty without difficulty.
그는 무난히 임무를 수행했다.

performance
[pərfɔ́ːrməns] | 퍼포-먼스
명 실행, 성과, 상연, 연기

Her performance elicited wild applause.
그녀의 연기는 요란한 박수갈채를 끌어냈다.

perhaps
[pərhǽps] | 퍼햅스
부 아마도, 어쩌면

Perhaps that's not true.
아마도 사실이 아닐지도 모른다.

period
[píəriəd] | 피어리어드
명 기간, 시대, 마침표

We are now in a period of transition.
우리는 지금 과도기에 있다.

permanent
[pə́ːrmənənt] | 퍼-머넌트
형 영구적인, 불변의

She is looking for a permanent place to stay.
그녀는 영구적으로 살 집을 찾고 있다.

permission
[pəːrmíʃən] | 퍼-미션
명 허가, 허락

I am asking for permission to hire at least three workers.
최소한 3명을 채용할 수 있도록 허가해 주세요.

permit
[pəːrmít] | 퍼-미트
동 허가하다, 허락하다

Permit me a few words.
몇 마디 하게 해 주십시오.

person
[pə́ːrsn] | 퍼-슨
명 사람, 인간, 개인

We all admire a brave person. 우리 모두는 용감한 사람을 찬양한다.

personal
[pə́ːrsənl] | 퍼-써늘
형 개인의

He asked me some personal questions.
그는 나에게 몇 가지 개인적인 질문을 했다.

personality
[pə̀ːrsənǽləti] | 퍼-서낼러티
명 성격, 인격, 개성

Our neighbor has a genial personality.
우리 이웃은 다정한 인품을 지녔다.

persuade
[pəːrswéid] | 퍼-스웨이드
동 설득하다, 확인시키다

It is no use trying to persuade him.
그를 설득하려고 노력해도 아무 소용이 없다.

pessimistic
[pèsəmístik] | 페써미스틱
형 비관적인, 염세적인

He is hot-tempered and too pessimistic.
그는 다혈질이며 지나치게 비관적이다.

pet
[pét] | 펫
명 애완동물 동 귀여워하다
형 애완의

Are pets allowed here? 여기에 애완동물을 데려와도 되나요?

philosophy
[filάsəfi] | 필라써피
명 철학

Decartes was the founder of modern philosophy.
데카르트는 현대 철학의 창시자였다.

photo
[fóutou] | 포우토우
명 사진(photograph)

Where did you take these photos?
어디서 이 사진들 찍었어요?

phrase
[fréiz] | 프레이즈
명 구, 어구

This phrase may be understood when it is read bottom up.
이 어구는 거꾸로 읽으면 알 수 있다.

physical
[fízikəl] | 피지컬
형 신체의, 물질적인

The physical damage of the war is serious.
전쟁의 물질적 피해는 심각하다.

physician
[fizíʃən] | 피지션
명 의사, 내과 의사

He is in practice as a physician.
그는 내과의를 개업하고 있다.

physics
[fíziks] | 피직스
명 물리학

He devoted his life to the study of physics.
그는 물리학 연구에 한평생을 바쳤다.

pianist
[piǽnist] | 피애니스트
명 피아니스트, 피아노 연주가

As a pianist, he's not too bad.
피아니스트로서 그는 괜찮은 편이다.

pick
[pík] | 픽
통 집다, (꽃 따위를)따다, 고르다

The man is about to pick up the bucket.
남자가 양동이를 집으려고 한다.

pickle
[píkl] | 피클
명 절인 것, 오이절임 통 절이다

Give me a burger - hold the pickle.
햄버거 하나 주세요, 피클 빼고.

picnic
[píknik] | 피크닉
명 소풍

We'll go on a picnic on Sunday.
우리는 일요일에 소풍을 갈 것이다.

picture
[píktʃər] | 픽춰
명 그림, 사진, 영화

She wants to take a lot of pictures of nature.
그녀는 자연의 사진을 많이 찍기를 원한다.

pie
[pái] | 파이
명 파이

Does she like apple pie?
그녀는 애플 파이를 좋아하나요?

piece
[píːs] | 피-쓰
명 조각, 한 개, 한 장, 파편

I need a square piece of paper.
정사각형의 종이 조각이 필요하다.

pig
[píg] | 피그
명 돼지

Pork is meat from pigs.
포크는 돼지고기이다.

pile
[páil] | 파일
명 쌓아올린 더미 동 쌓아올리다

Clothes were piled high on the sofa.
옷이 소파 위에 높이 포개져 있었다.

pill
[píl] | 필
명 알약

This pill will reduce your pain.
이 알약이 네 고통을 덜어 줄 것이다.

pillow
[pílou] | 필로우
명 베개

The man is resting his head on a pillow.
남자가 베게를 베고 쉬고 있다.

pilot
[páilət] | 파이럿
명 조종사, 파일럿

The pilots are seating the passengers.
조종사들이 승객들을 자리에 앉히고 있다.

pity
[píti] | 피티
명 불쌍히 여김, 동정, 유감스러운 일

She poured pity on the poor orphan.
그녀는 그 불쌍한 고아에게 큰 동정을 베풀었다.

place
[pléis] | 플레이스
명 장소, 곳, 위치 동 두다, 놓다

There are many places to visit in Korea.
한국에는 방문할 장소가 많이 있다.

plain
[pléin] | 플레인
형 명백한, 평범한, 솔직한

The luggage looks very plain.
수화물이 아주 평범해 보인다.

plan
[plǽn] | 플랜
명 계획 동 계획하다

What are our plans for this summer? 이번 여름에 뭐 할 계획이에요?

planet
[plǽnit] | 플래니트
명 행성

Is there life on other planets? 다른 행성에도 생물체가 있을까요?

plant
[plǽnt] | 플랜트
명 식물, 공장 동 심다

We have various plants in our garden.
우리 정원에는 여러 종류의 식물이 있다.

plaster
[plǽstər] | 플래스터
명 회반죽 동 회반죽을 바르다

The old walls have been renewed by plastering.
낡은 벽이 회반죽을 발라 새로워졌다.

play
[pléi] | 플레이
동 놀다, 경기를 하다, 연주(상연)하다

She can play the violin.
그녀는 바이올린을 연주할 수 있다.

playground
[pléigràund] | 플레이그라운드
명 운동장

All the students assembled in the playground.
모든 학생들이 운동장에 모였다.

plead
[plíːd] | 플리-드
동 간청하다, 변호하다

His lawyer pleaded his inexperience.
그의 변호사는 그가 무경험자라는 점을 변론했다.

pleasant
[plézənt] | 플레전트
형 즐거운, 유쾌한

We had a pleasant trip last week.
우리는 지난 주에 즐거운 여행을 했다.

please
[plíːz] | 플리-즈
부 부디, 제발 동 기쁘게 하다

Give me a few more minutes, please.
제발 몇 분 만 시간을 더 주세요.

pleasure
[plézər] | 플레줘
명 즐거움, 기쁨, 쾌락

It would be a pleasure to see you again.
너를 다시 만난다면 기쁠 것이다.

plenty
[plénti] | 플렌티
명 많음, 풍부

I had plenty of sleep last night.
나는 지난밤 충분히 잤다.

poem
[póuəm] | 포우엄
명 시

He repeated the poem again and again.
그는 그 시를 반복해서 암송했다.

poet
[póuit] | 포우이트
명 시인(詩人)

The poet gets inspiration from nature.
그 시인은 자연에서 영감을 얻는다.

poison
[pɔ́izn] | 포이즌
명 독 동 독살하다, 독을 넣다

Water will rinse out the poisons left behind by tobacco.
물은 담배로 인한 독성을 씻어줄 것이다.

policeman
[pəlí:smən] | 펄리-스먼
명 경찰관

The policeman pursued the thief.
경찰관이 도둑을 뒤쫓았다.

policy
[páləsi] | 팔러씨
몡 정책, 방침

The regime persists in the unwelcome education policy.
그 정권은 인기 없는 교육 정책을 고집하고 있다.

polish
[páliʃ] | 팔리쉬
동 닦다, 윤내다 몡 광택(제)

People are polishing the car.
사람들이 차를 닦고 있다.

polite
[pəláit] | 펄라이트
형 공손한, 예의 바른

Korean people are shy and polite.
한국 사람들은 부끄럼을 잘 타고 공손하다.

politely
[pəláitli] | 펄라이틀리
부 예의바르게, 정중하게

The waiter said politely.
웨이터가 정중하게 말했다.

political
[pəlítikəl] | 펄리티컬
형 정치의, 정치적인

The political situation of the country is in chaos.
그 나라의 정국은 혼돈 상태에 있다.

politician
[pùlətíʃən] | 팔러티션
몡 정치가

He was a truly great politician.
그는 참으로 위대한 정치가였다.

영단어 317

politics
[pálətìks] | 팔러틱스
명 정치, 정치학

Their distrust of politics continues to get stronger.
그들의 정치에 대한 불신은 점점 심해지고 있다.

pollute
[pəlú:t] | 펄루-트
동 오염시키다

This river was polluted with industrial sewage.
이 강은 공장 폐수로 오염되었다.

pollution
[pəlú:ʃən] | 펄루-션
명 오염, 공해, 더럽히기

Pollution is killing many animals today.
오늘날 오염으로 인해 많은 동물들이 죽어 간다.

pond
[pánd] | 판드
명 연못

Ducks are swimming in the pond.
오리들이 연못에서 헤엄치고 있다.

pool
[pú:l] | 푸울
명 웅덩이, 연못, (수영용)풀

They are diving into a pool.
그들은 풀장 안으로 다이빙을 하고 있다.

poor
[púər] | 푸어
형 가난한, 가엾은, 서투른

She was poor but honest.
그녀는 가난했지만 정직했다.

pop
[páp] | 팝
형 대중적인 명 대중음악

He likes Korean pop songs very much.
그는 한국 대중가요를 매우 좋아한다.

popular
[pápjulər] | 파퓰러
형 대중적인, 인기 있는, 유행의

She is popular among the students.
그녀는 학생들에게 인기가 있다.

popularity
[pàpjulǽrəti] | 파퓰래러티
명 인기, 대중성

We are utilizing the actor's popularity to sell our products.
우리 제품의 판촉에 그 배우의 인기를 이용하고 있다.

population
[pàpjuléiʃən] | 파퓰레이션
명 인구, 주민

The population of Seoul is over ten million.
서울의 인구는 천만이 넘는다.

pork
[pɔ́ːrk] | 포-크
명 돼지고기

Pork always disagrees with me.
돼지고기는 내 체질에 맞지 않는다.

portable
[pɔ́ːrtəbl] | 포-터블
형 운반(이동)할 수 있는, 휴대용의

I have a portable computer.
나에게는 휴대용 컴퓨터가 한 대 있다.

영단어 319

portion
[pɔ́ːrʃən] | 포-션
- 명 일부, 1인분, 몫 분
- 동 분배(분할)하다

This is your portion. 이것은 네 몫이다.

pose
[póuz] | 포우즈
- 명 자세, 포즈 동 자세를 취하다

She posed for her portrait.
그녀는 자기 초상화를 그리도록 자세를 취했다.

positive
[pázətiv] | 파저티브
- 형 명확한, 자신이 있는, 긍정적인

She has a very positive attitude to life.
그녀는 삶에 대해 아주 긍정적인 태도를 지니고 있다.

possess
[pəzés] | 퍼제스
- 동 소유하다, 지니다

She possesses personal attractions.
그녀는 인간적 매력을 지니고 있다.

possession
[pəzéʃən] | 퍼제션
- 명 소유, 소유물

Language is an exclusive possession of man.
언어는 인간만의 소유물이다.

possibility
[pàsəbíləti] | 파서빌러티
- 명 가능성, 실현성

There is always possibility of an accident. 항상 사고의 가능성은 있다.

possible
[pάsəbl] | 파써블
형 가능한, 있을 수 있는

I like to see the car if it's possible.
가능하면 그 차를 보고 싶은데요.

possibly
[pάsəbli] | 파서블리
부 아마, 혹시

Could I possibly take a day off tomorrow?
혹시 내일 하루 쉴 수 있겠습니까?

post
[póust] | 포우스트
명 우편 동 우송하다

The post office is just a block away.
우체국은 한 블록 떨어져 있다.

postcard
[póustkὰ:rd] | 포우스트카드
명 그림엽서

The woman is mailing a postcard.
여자가 그림엽서를 부치고 있다.

pot
[pάt] | 팟
명 단지, 항아리, 화분, 냄비

She took a pot out of the oven.
그녀는 오븐에서 단지를 꺼냈다.

potato
[pətéitou] | 퍼테이토우
명 감자

I like potato soup.
나는 감자 수프를 좋아한다.

영단어 321

potential
[pouténʃəl] | 포우텐셜
혱 잠재적인, 가능성 있는

This business is a potential gold mine.
이 사업은 잠재적인 황금 광산이다.

pour
[pɔːr] | 포어
동 따르다, 붓다, 쏟다

She pours tea into a cup.
그녀는 컵에 차를 따르고 있다.

poverty
[pávərti] | 파버티
명 가난, 빈곤

Pride does not consort with poverty.
긍지는 가난과는 걸맞지 않는다.

power
[páuər] | 파우어
명 동력, 힘, 능력, 권력

We are afraid of the awful power of a hurricane.
우리는 허리케인의 무서운 위력을 두려워한다.

powerful
[páuərfəl] | 파우어펄
혱 강력한, 권력이있는

She is a very powerful person in the basketball team.
그녀는 그 농구팀에서 매우 강력한 인물이다.

practical
[præktikəl] | 프랙티컬
혱 실제적인, 실용적인

There are many practical reasons to practice honesty.
정직함을 행해야 하는 많은 실질적인 이유가 있다.

practice
[prǽktis] | 프랙티스
몡 연습, 실행 통 연습하다, 실행하다

Practice also improves memory.
연습 또한 기억력을 향상시킨다.

praise
[préiz] | 프레이즈
몡 칭찬 통 칭찬하다

A few words of praise work wonders.
몇 마디의 칭찬은 엄청난 효과가 있다.

pray
[préi] | 프레이
통 기도하다, 빌다

I prayed that no harm should befall them.
나는 그들에게 나쁜 일이 일어나지 않게 해 달라고 기도했다.

precious
[préʃəs] | 프레셔스
혱 귀중한, 값비싼

Diamonds are precious.
다이아몬드는 값이 비싸다.

precise
[prisáis] | 프리싸이스
혱 정확한, 정밀한

A tailor must take precise measurements.
재단사는 정확한 치수를 재야 한다.

predict
[pridíkt] | 프리딕트
통 예보하다, 예언하다

He predicted when war would break out.
그는 전쟁이 언제 일어날 것인지 예언했다.

prediction
[pridíkʃən] | 프리딕션
명 예보, 예언

Her prediction turned out to be correct.
그녀의 예언은 옳은 것으로 판명되었다.

prefer
[prifə́ːr] | 프리퍼-
동 더 좋아하다, 선호하다

I prefer quality to quantity.
나는 양보다도 질을 택하겠다.

preference
[préfərəns] | 프레퍼런스
명 선호, 더 좋아함

Do you have a preference?
선호하는 게 있으세요?

prejudice
[prédʒudis] | 프레쥬디스
명 편견, 선입관

A judge must be free from prejudice.
판사는 편견이 없어야 한다.

preparation
[prèpəréiʃən] | 프레퍼레이션
명 준비

Most cases resulted from a lack of proper preparation.
대부분의 사건은 적절한 준비를 하지 않아서 발생한 것들이다.

prepare
[pripɛ́ər] | 프리페어
동 준비하다, 마련하다

Before you take any action, prepare well.
어떤 행동을 하기 전에 준비를 잘 하세요.

present
[préznt] | 프레즌트
명 선물, 현재 형 존재하는, 참석한

I bought a present for my father. 나는 아버지에게 선물을 사드렸다.

presentation
[pri:zentéiʃən] | 프리-젠테이션
명 발표, 제출, 증정

His presentation skills are excellent. 그의 발표 실력은 뛰어납니다.

preserve
[prizə́:rv] | 프리저-브
동 보호하다, 보존하다

We must preserve the environment. 우리는 환경을 보존해야만 한다.

president
[prézidənt] | 프레지던트
명 대통령, 장

President Kennedy was loved by many people.
케네디 대통령은 많은 사람들의 사랑을 받았다.

press
[prés] | 프레스
동 누르다, 압박하다
명 인쇄기, 언론계

I think if you press this button it might work.
이 버튼을 누르면 작동할 겁니다.

pressure
[préʃər] | 프레셔
명 압력, 압박
동 압력을 가하다

Pressure for higher wages could force companies to raise prices.
임금 인상에 대한 압력은 회사로 하여금 가격 인상을 하게 만들었다.

영단어 325

pretend
[priténd] | 프리텐드
동 ~인 체하다

I'd rather pretend not to notice.
나는 차라리 못 본 척하겠습니다.

pretty
[príti] | 프리티
형 예쁜, 귀여운 부 꽤

Mom bought me a pretty dress.
엄마가 예쁜 드레스를 사 주셨다.

prevail
[privéil] | 프리베일
동 우세하다, 보급되다

Such ideas prevail these days.
요즘은 그런 생각들이 우세하다.

prevent
[privént] | 프리벤트
동 방해하다, 막다

Bad weather prevented them from sailing.
나쁜 날씨 때문에 그들은 항해하지 못했다.

prevention
[privénʃən] | 프리벤션
명 예방, 예방책, 방지

Prevention is better than cure.
치료보다는 예방이 낫다.

previous
[príːviəs] | 프리-비어스
형 이전의, 앞의

It is certainly better than my previous job.
이것은 확실히 전의 직업보다 좋다.

■■□
pride
[práid] | 프라이드
[명] 자존심, 자부심

She always takes pride in her work.
그녀는 항상 자신의 일에 자부심을 갖는다.

■□□
priest
[príːst] | 프리-스트
[명] 성직자, 목사

I respect the priest.
나는 성직자를 존경한다.

■□□
primary
[práimèri] | 프라이메리
[형] 주요한, 초기의, 초등의

It's not the matter of primary importance.
그것은 가장 중요한 사항이 아니다.

■□□
primitive
[prímətiv] | 프리머티브
[형] 원시의, 원시적인

The museum displayed the tools of primitive men.
그 박물관은 원시인들의 연장을 전시했다.

■□□
principal
[prínsəpəl] | 프린서펄
[형] 주요한 [명] 교장, 우두머리

The principal character in this story is a dog.
이 이야기의 주인공은 개다.

■□□
principle
[prínsəpl] | 프린써플
[명] 원리, 원칙

I approve of his opinion in principle.
나는 원칙적으로는 그의 의견에 찬성한다.

■□□
prior
[práiər] | 프라이어
[형] 이전의, 앞의, 우선하는

The constitution is prior to all other laws.
헌법은 다른 모든 법률에 우선한다.

■■□
prison
[prízn] | 프리즌
[명] 감옥, 교도소

He was constrained in the prison.
그는 교도소에 수감되었다.

■■□
privacy
[práivəsi] | 프라이버시
[명] 사생활

Don't violate another's privacy.
다른 사람의 사생활을 침해하지 말아라.

■□□
private
[práivit] | 프라이비트
[형] 사적인, 사유의

He interfered in my private business.
그는 나의 사적인 일에 간섭했다.

■■■
prize
[práiz] | 프라이즈
[명] 상, 상품, 상금

She took the prize in the music contest.
그녀는 음악 경연에서 상을 탔다.

■■■
probably
[prɑ́bəbli] | 프라버블리
[부] 아마도, 있을 법한

I'll probably be a little late.
나는 아마 좀 늦을 것이다.

problem
[prábləm] | 프라블럼
명 문제, 곤란한 일

It's only a minor problem.
그것은 단지 사소한 문제다.

proceed
[prousí:d] | 프로우씨―드
통 나아가다, 속행하다

Please proceed to gate 7.
7번 탑승구로 가시기 바랍니다.

process
[práses] | 프라쎄스
명 과정, 진행 통 가공하다

Enjoy the process, not just the goal.
목표를 위해서만이 아닌 과정을 즐겨라.

produce
[prədjú:s] | 프러듀―스
통 만들다, 생산하다, 산출하다

This factory produces steel.
이 공장은 강철을 생산한다.

product
[prádəkt] | 프라덕트
명 제품, 생산물

The product was brought from Vietnam.
그 제품은 베트남에서 가져온 것이다.

production
[prədʌ́kʃən] | 프러덕션
명 생산, 제품, 생산량

Do you think it will be necessary to curtail production?
생산량 감축이 필요하다고 생각하세요?

profession
[prəféʃən] | 프러페션
명 직업, 전문직

Why are you changing professions?
왜 당신은 직업을 바꾸려고 합니까?

professional
[prəféʃənl] | 프러페셔늘
형 직업의, 전문직의 명 전문가

That was a very informative and professional presentation.
발표가 아주 유익하고 전문적이었어요.

profit
[práfit] | 프라핏
명 이익 동 이익을 얻다

He distributed the profits among his employees.
그는 종업원들에게 이익을 분배했다.

profound
[prəfáund] | 프러파운드
형 깊은, 심오한

It had a profound impact on me.
그것은 나에게 아주 깊은 영향을 끼쳤다.

program
[próugræm] | 프로우그램
명 프로그램 동 프로그램을 짜다

What's your favorite program?
가장 좋아하는 프로그램은 무엇인가요?

progress
[prágres] | 프라그레스
명 진보, 전진, 향상 동 진보하다

I'm making progress with my English.
나는 영어 공부가 향상되고 있다.

■□□
progressive
[prəgrésiv] | 프러그레시브
[형] 진보적인, 전진하는

They dreamed a progressive society.
그들은 진보적인 사회를 꿈꾸었다.

■□□
prohibit
[prou*h*íbit] | 프로우히비트
[동] 금지하다

The sale of the magazine was prohibited.
그 잡지는 발매 금지가 되었다.

■■□
project
[prədʒékt] | 프러젝트
[명] 계획 [동] 계획하다, 투영하다

I think it's an impossible project.
그것은 불가능한 계획이라고 나는 생각한다.

■■□
promise
[prámis] | 프라미스
[동] 약속하다 [명] 약속, 전망

I've promised to meet my friends.
나는 친구들과 만나기로 약속했다.

■□□
promising
[prámisiŋ] | 프라미씽
[형] 유망한, 장래성 있는

He is a promising young man.
그는 전도가 유망한 청년이다.

■■□
promote
[prəmóut] | 프러모우트
[동] 승진시키다, 촉진하다

I heard you got promoted. Congratulations!
승진했다면서요. 축하해요!

promotion
[prəmóuʃən] | 프러모우션
명 승진, 촉진, 장려

He is rapid in promotion.
그는 진급이 빠르다.

proof
[prú:f] | 프루-프
명 증명, 입증, 증거

Do you have any proof of that?
그것에 대한 어떤 증거라도 있습니까?

proper
[prápər] | 프라퍼
형 적절한, 예의바른

Such conduct is not proper for a gentleman.
이와 같은 행동은 신사로서 적절하지 않다.

propose
[prəpóuz] | 프러포우즈
동 제안하다, 청혼하다

I proposed to take a break for a while.
나는 잠시 휴식을 취하자고 제안했다.

prosperity
[prɑspérəti] | 프라스페러티
명 번영, 번창

We wish you happiness and prosperity.
귀하의 행복과 번영을 기원합니다.

protect
[prətékt] | 프러텍트
동 보호하다

This protects us and keeps us alive.
이것은 우리를 보호하고 생명을 유지하게 해준다.

■■□
protection
[prətékʃən] | 프러텍션
[명] 보호, 옹호

A father's first duty is the proper protection of his children.
아버지의 첫번째 의무는 아이들을 적절하게 보호하는 것이다.

■■□
protest
[prətést] | 프러테스트
[명] 항의
[동] 항의하다, 이의를 제기하다

He protested his innocence. 그는 자신이 결백하다고 항변했다.

■■■
proud
[práud] | 프라우드
[형] 자존심이 있는, 자랑스러운

Your parents will be very proud of you.
부모님들이 당신을 무척 자랑스럽게 여길 겁니다.

■□□
prove
[prúːv] | 프루-브
[동] 증명하다, 판명되다

Her input proved to be invaluable to the project.
그녀를 투입하는 것이 그 프로젝트에 매우 소중했던 것으로 판명되었다.

■■□
proverb
[prάvəːrb] | 프라버-브
[명] 속담, 격언

A proverb goes that time is money. 시간은 돈이라는 격언이 있다.

■□□
provide
[prəváid] | 프러바이드
[동] 공급하다, 준비하다

His small farm provides a maintenance.
그의 작은 농장이 생계 수단을 제공해 준다.

psychology
[saikálədʒi] | 싸이칼러쥐
명 심리(학)

She knew her husband's psychology.
그녀는 남편의 심리를 잘 알고 있었다

public
[pʌ́blik] | 퍼블릭
형 공공의, 대중의 명 대중

The old palace is open to the public.
그 고궁은 대중에게 개방되어 있다.

publish
[pʌ́bliʃ] | 퍼블리쉬
동 출판하다, 발표하다

The magazine is published monthly.
그 잡지는 매월 출간된다.

punish
[pʌ́niʃ] | 퍼니쉬
동 벌하다, 응징하다

In order to teach this lesson, they sometimes punish their children.
이 교훈을 가르치기 위하여 그들은 때때로 아이들에게 벌을 준다.

pupil
[pjúːpəl] | 퓨-펄
명 학생, 제자

Our school has about 2,000 pupils.
우리 학교에는 약 2,000명의 학생들이 있다.

puppy
[pʌ́pi] | 퍼피
명 강아지

Tom is giving the puppy food.
톰이 강아지에게 먹이를 주고 있다.

■□□
purchase
[pə́ːrtʃəs] | 퍼-춰스
[동] 사다, 구매하다 [명] 구매

He purchased a new coat.
그는 새 코트를 샀다

■□□
pure
[pjúər] | 퓨어
[형] 순수한, 깨끗한, 결백한

Is this pure gold, or only plated?
이것은 순금인가요, 아니면 금은 입힌 것인가요?

■■□
purpose
[pə́ːrpəs] | 퍼-퍼스
[명] 목적, 의도

What's the purpose of your visit?
방문 목적이 무엇입니까?

■■□
push
[púʃ] | 푸쉬
[동] 밀다 [명] 밀기

Help me push the car out of the garage.
차고 밖으로 자동차 미는 것 좀 도와주세요.

■■■
put
[pút] | 풋
[동] 놓다, 두다, 넣다

I put my jeans in the basket.
나는 바구니에 청바지 넣어 놓았다.

■■■
puzzle
[pʌ́zl] | 퍼즐
[명] 퍼즐, 어려운 문제, 수수께끼

She showed me how to do the puzzle.
그녀는 그 수수께끼 푸는 방법을 나에게 설명해 주었다.

English Korean Word Dicitionary

qualification
[kwàləfikéiʃən] | 쿼러피케이션
명 자격부여, 자격, 자격증명서

He has no qualification for the work.
그는 그 일을 할 자격이 없다.

qualify
[kwáləfài] | 쿼러파이
동 자격(권한)을 주다, 자격을 얻다

She expects to qualify as a nurse.
그녀는 간호사 자격을 딸 작정이다.

quality
[kwáləti] | 쿼러티
명 질, 특질, 품질

Quality is more important than quantity.
양보다 질이 더 중요하다.

quantity
[kwántəti] | 콴터티
명 양, 수량

There is a small quantity of water left. 물은 조금 남아 있다.

quarrel
[kwɔ́ːrəl] | 쿼-럴
명 말다툼, 싸움
동 말다툼하다, 싸우다

Don't quarrel with your friends. 친구들과 싸우지 말아라.

■■■ **quarter** [kwɔ́ːrtər] | 쿼–터
[명] 4분의 1, 15분

She cut the apple into quarters.
그녀는 사과를 네 쪽으로 잘랐다.

■■■ **queen** [kwíːn] | 퀸–
[명] 여왕

She wanted to be a great queen.
그녀는 훌륭한 여왕이 되고 싶었다.

■■■ **question** [kwéstʃən] | 퀘스천
[명] 질문, 문제

She asked me a question.
그녀는 나에게 질문을 했다.

■■■ **quiet** [kwáiət] | 콰이어트
[형] 조용한, 고요한, 평온한

Please be quiet.
제발 조용히 좀 해라.

■□□ **quit** [kwít] | 퀴트
[동] 그만 두다, 끊다, 떠나다

Are you trying to quit smoking?
금연을 시도하고 있습니까?

■■■ **quite** [kwáit] | 콰이트
[부] 아주, 완전히, 꽤, 상당히

The operation of this machine is quite simple.
이 기계의 조작은 아주 간단하다.

race
[réis] | 레이스
명 경주, 경기, 인종, 민족

Even though he was so fat, he won the race.
그가 매우 뚱뚱할지라도 그는 경주에서 우승하였다.

racial
[réiʃəl] | 레이셜
형 인종의

The root of the problem lies in racial prejudice.
문제의 근저에 있는 것은 인종적 편견이다.

radical
[rædikəl] | 래디컬
형 근본적인, 극단적인

We need radical change.
우리는 급진적인 변화가 필요하다.

radish
[rædiʃ] | 래디쉬
명 무

She's cleaning a radish.
그녀는 무를 다듬고 있다.

railroad
[réilròud] | 레일로우드
명 철도 선로, 철로, 철도

We live close by the railroad. 우리는 기찻길 옆에 산다.

English Korean Word Dicitionary

rain
[réin] | 레인
명 비 동 비가 내리다

Thanks to the heavy rain, I had to stay home all day long.
폭우 때문에 나는 하루 종일 집에 있어야만 했다.

rainfall
[réinfɔ:l] | 레인포올
명 강우, 강수량

Water stays here after a rainfall.
비가오면 물이 여기에 고인다.

rainy
[réini] | 레이니
형 비의, 비 오는

It is rainy today.
오늘은 비가 온다.

raise
[réiz] | 레이즈
동 (들어)올리다, 세우다, 기르다

Raise both your arms above your head.
두 팔을 머리 위로 드세요.

random
[rǽndəm] | 랜덤
형 임의의, 되는 대로의, 무작위의

The competitors will be subject to random drug testing.
선수들은 무작위로 약물 테스트를 받을 것이다.

range
[réindʒ] | 레인쥐
명 열, 줄, 범위

He has a wide range of knowledge.
그는 광범위한 지식을 갖고 있다.

영단어

■■□ **rank**

[rǽŋk] | 랭크

[명] 계급, 지위 [동] 순위를 차지하다

He is far above me in rank.
그는 나보다 지위가 훨씬 위이다.

■□□ **rapidly**

[rǽpidli] | 래피들리

[부] 빨리, 급속히

The postwar birth rate increased rapidly.
전후의 출생률은 급속히 증가했다.

■■□ **rare**

[rέə*r*] | 레어

[형] 드문, 희귀한, 살짝 구운

It is a rare species of roses.
그것은 희귀한 장미종이다.

■□□ **rarely**

[rέə*r*li] | 레어리

[부] 좀처럼 ~않는, 드물게

People rarely get their best ideas at work.
사람들이 일하고 있는 동안 최상의 아이디어를 떠올리는 경우는 거의 없다.

■■□ **rate**

[réit] | 레이트

[명] 비율, 속도, 요금

The rate is 50 dollars a day. 요금은 하루에 50달러입니다.

■□□ **rational**

[rǽʃənl] | 래셔늘

[형] 이성적인, 합리적인

There's no reason to limit our rational activities.
우리의 합리적 활동을 제약할 이유는 없다.

raw
[rɔ́ː] | 로-
형 날 것의, 가공하지 않은

Don't drink raw milk.
가공하지 않은 우유는 마시지 말아라.

reach
[ríːtʃ] | 리-치
동 도착하다, 도달하다

She could not reach the book.
그녀는 책에 손이 닿지 않았다.

react
[riːǽkt] | 리-액트
동 반응하다, 반작용하다

They reacted violently to the news.
그들은 그 소식에 격렬하게 반응했다.

reaction
[riːǽkʃən] | 리-액션
형 반응, 반작용

A common reaction to jokes is to laugh.
농담에 대한 일상적인 반응은 웃는 것이다.

read
[ríːd] | 리-드
동 읽다, 독서하다

She read the book until the bus came.
그녀는 버스가 올 때까지 그 책을 읽었다.

ready
[rédi] | 레디
형 준비된, 각오가 되어 있는

Dinner's ready. Come to the table. 저녁 준비됐어요. 식탁으로 오세요.

real
[ríːəl] | 리-얼
형 현실의, 실제의, 진짜의

The real reason lies deeper. 진짜 이유는 더 깊은 곳에 있다.

realistic
[ríːəlistik] | 리-얼리스틱
형 현실적인, 현실주의의

His idea is far from realistic.
그의 생각은 현실적인 것과 거리가 있다.

reality
[riǽləti] | 리앨러티
명 현실(성), 사실

I doubted the reality of his talk.
나는 그가 한 말의 진실성을 의심했다.

realize
[ríːəlàiz] | 리-얼라이즈
동 깨닫다, 실현하다

At last he realized his own hope.
마침내 그는 자기 희망을 실현시켰다.

really
[ríːəli] | 리-얼리
부 실제로, 정말로

I really like my apartment.
나는 나의 아파트가 정말 마음에 든다.

reap
[ríːp] | 리-프
동 거둬들이다, 수확하다

You must reap what you have sown.
자기가 뿌린 씨는 자기가 거두어야 한다.

reason
[ríːzn] | 리-즌
몡 이유, 근거, 이성

She had her own reasons for coming here.
그녀가 여기에 온 것은 나름대로의 이유가 있었다.

reasonable
[ríːzənəbl] | 리-저너블
혱 합리적인, 합당한

What you say is not reasonable.
너의 말은 합리적이지 않다.

rebuild
[riːbíld] | 리-빌드
동 재건하다, 다시 세우다, 개축하다

He wanted to restore the royal power by rebuilding it.
그는 그것을 새로 지음으로써 왕권을 회복하려고 했다.

recall
[rikɔ́ːl] | 리코올
동 상기하다, 회상하다 몡 회상

Try to recall who he is. 그가 누구인지 잘 생각해 보세요.

receipt
[risíːt] | 리씨-트
몡 영수, 영수증

Would you like me to check the receipts?
영수증을 확인해 볼까요?

receive
[risíːv] | 리씨-브
동 받다, 수령하다

We will stop delivery until we receive payment.
대금을 지불받을 때까지는 배달을 중단하겠습니다.

영단어 343

recent
[ríːsnt] | 리-슨트
형 최근의

There have been many recent innovations in printing methods.
최근에 인쇄술에 있어서 많은 혁신이 있었다.

recently
[ríːsntli] | 리-슨틀리
부 요즈음, 최근에

He had a very rough time recently.
그는 최근에 힘든 시간을 보냈다.

recipe
[résəpì] | 레써피
명 (요리의)조리법, 요리법

This is the recipe for tomato soup.
이것이 토마토 수프 요리법이다.

recite
[risáit] | 리싸이트
동 읊다, 암송하다

When I am in the mood I recite poems
나는 흥이 나면 시를 읊는다.

recognize
[rékəgnàiz] | 레커그나이즈
동 인정하다, 알아보다, 분간하다

I recognize that you are right. 나는 네가 옳다는 것을 인정한다.

recommend
[rèkəménd] | 레커멘드
동 추천하다, 권하다

Can you recommend anything good?
좋은 것으로 추천해 주시겠어요?

■■□ **record** [rékərd] | 레커드
[명] 기록, 음반 [동] 기록(녹음)하다

Could I see your medical records?
당신의 진료 기록을 볼 수 있겠습니까?

■□□ **recover** [rikʌ́vər] | 리커버
[동] 되찾다, 회복하다

I hope he will recover soon.
나는 그가 곧 회복되기를 바란다.

■□□ **recovery** [rikʌ́vəri] | 리커버리
[명] 되찾기, 회복

Asia is now dependent on a recovery in the U.S.
아시아는 현재 미국 경기의 회복에 기대를 걸고 있다.

■■■ **recycle** [riːsáikl] | 리–싸이클
[동] 재활용하다

We should recycle used things.
우리는 중고품들을 재활용해야 합니다.

■■□ **reduce** [ridjúːs] | 리듀–스
[동] 줄이다, 감소시키다

We should reduce dangerous wastes.
우리는 위험한 쓰레기를 줄여야 한다.

■■□ **refer** [rifə́ːr] | 리퍼–
[동] 참조하다, 언급하다, 나타내다

Don't refer to the matter again. 다시는 그 문제를 언급하지 말아라.

■■□ **reflect**

[riflékt] | 리플렉트

[동] 반사하다, 반영하다

Newspapers should reflect public opinion.
신문은 여론을 반영하여야 한다.

■■■ **refuse**

[rifjú:z] | 리퓨–즈

[동] 거절하다, 거부하다

She refused his proposal of marriage.
그녀는 그의 청혼을 거절했다.

■□□ **regard**

[rigɑ́:rd] | 리가–드

[동] 여기다, 간주하다

We regard it as an honor. 우리는 그것을 명예로 여기고 있다.

■□□ **regardless**

[rigɑ́:rdlis] | 리가–들리스

[형] 관심 없는, 관계없는

You can do it regardless of age. 나이에 관계없이 할 수 있다.

■■□ **region**

[rí:dʒən] | 리–전

[명] 지역, 지방, 영역

This plant grows in alpine regions.
이 식물은 고산 지대에서 자란다.

■□□ **register**

[rédʒistər] | 레쥐스터

[명] 등록(부)
[동] 기록기재(기명)하다

They could find no register of her death.
그들은 그녀의 사망 기록을 발견할 수 없었다.

regret
[rigrét] | 리그레트
® 후회, 유감 ® 후회하다

She regretted her mistake.
그녀는 그녀의 실수를 후회했다.

regular
[régjulər] | 레귤러
® 규칙적인, 보통의, 정상의

This can be stopped by regular exercise.
이것은 규칙적 운동을 함으로써 막아낼 수 있다.

regularly
[régjulərli] | 레귤러리
® 규칙적으로, 정기적으로

I take music lessons regularly. 나는 음악 교습을 정기적으로 받는다.

reject
[ridʒékt] | 리젝트
® 거절하다, 거부하다

He flatly rejected calls for his resignation.
그는 사임 요구를 단호히 거부했다.

relate
[riléit] | 릴레이트
® 말하다, 관계(관련)시키다

He relates the accident to his mistake.
그는 그 사고를 자기 실수와 결부시킨다.

relation
[riléiʃən] | 릴레이션
® 관계, 관련

Body and soul are indivisible relation.
육체와 영혼은 불가분의 관계이다.

relative
[rélətiv] | 렐러티브
명 친척 형 상대적인, 관계있는

She is my distant relative.
그녀는 나의 먼 친척이다.

relax
[rilǽks] | 릴랙스
동 (긴장을)풀다, 편히 쉬다

I'd like to relax on a beach near the ocean.
나는 해변에서 편히 쉬고 싶다.

relief
[rilíːf] | 릴리-프
명 구제, 구원, 완화, 안도

It's a relief to hear that news.
그 소식을 들으니 안심이 된다.

relieve
[rilíːv] | 릴리-브
동 경감하다, 안심시키다, 구원하다

He was relieved to hear that we enjoyed the strange food.
우리들이 그 별식을 좋아했다는 얘기를 듣고 그 사람은 안심했다.

religion
[rilídʒən] | 릴리전
명 종교

Superstition is the religion of feeble minds.
미신은 연약한 마음들이 믿는 종교이다.

religious
[rilídʒious] | 릴리저스
형 종교의, 종교적인

Is it a religious work? 그것은 종교적인 작품입니까?

rely
[riláI] | 릴라이
동 의지하다, 믿다

He's the one you can rely on in an emergency.
그는 위급할 때 의지할 수 있는 그런 사람이다.

remain
[riméin] | 리메인
동 남다, ~인 채로 있다 명 유물

The future of the project remained uncertain.
그 프로젝트는 전망이 불투명한 상태였다.

remark
[rimá:rk] | 리마크
명 한마디 말, 논평

That's a conventional remarks.
그것은 틀에 박힌 의견이다.

remember
[rimémbər] | 리멤버
동 기억하다, 생각해내다

I'll always remember you.
항상 당신을 기억할게요.

remind
[rimáind] | 리마인드
동 생각나게 하다, 상기시키다

That picture reminds me of him.
저 그림은 그를 생각나게 한다.

remote
[rimóut] | 리모우트
형 먼, 외딴

He lives in the remote country from the city.
그는 도시에서 멀리 떨어진 시골에 산다.

영단어 349

■□□
remove
[rimúːv] | 리무–브

[동] 제거하다, 옮기다

I had to remove rust from the bookshelf.
나는 책장의 녹을 제거해야만 했다.

■■□
rent
[rént] | 렌트

[명] 임대(료) [동] 빌려주다, 빌리다

I'd like to rent a compact car for three days.
사흘간 소형차를 빌리고 싶습니다.

■■□
repair
[ripέər] | 리페어

[동] 수선(수리)하다 [명] 수선, 수리

Did you repair your car?
차는 수리했나요?

■■□
repeat
[ripíːt] | 리피–트

[동] 되풀이하다, 반복하다

Don't repeat the same mistakes.
똑같은 실수를 반복하지 말아라.

■■□
replace
[ripléis] | 리플레이스

[동] 대신하다, 바꾸다

I replaced a worn tire by a new one.
나는 헌 타이어를 새 것으로 교체했다.

■■■
reply
[riplái] | 리플라이

[동] 대답하다 [명] 대답

The child replied, opening the window.
그 아이가 창문을 열고 대답했다.

■■■ **report** [ripɔ́ːrt] | 리포-트
[동] 보고하다, 보도하다 [명] 보고(서)

You must hand in your report by Monday.
당신은 월요일까지 보고서를 제출해야 합니다.

■□□ **represent** [rèprizént] | 레프리젠트
[동] 나타내다, 대표하다

He represented Korea at the conference.
그는 한국을 대표해서 회의에 참석했다.

■□□ **representative** [rèprizéntətiv] | 레프리젠터티브
[명] 대표자, 국회의원 [형] 대표하는

Dr.Kim is the Korean representative.
김 박사가 한국 대표이십니다.

■□□ **reproduce** [rìːprədjúːs] | 리-프러듀-스
[동] 재생하다, 복사하다, 번식하다

Most plants reproduce by seed.
대부분의 식물들은 종자에 의해 번식한다.

■□□ **republic** [ripʌ́blik] | 리퍼블릭
[명] 공화국

Our country is an independent republic.
우리나라는 독립 공화국이다.

■□□ **request** [rikwést] | 리퀘스트
[명] 요청, 요구 [동] 요청하다

I requested him to wait there.
나는 그에게 그 곳에서 기다리라고 요청했다.

■■□ **require**

[rikwáiər] | 리콰이어

[동] 요구하다, 필요로 하다

It requires technical skill. 그것은 전문적인 기술을 필요로 한다

■□□ **requirement**

[rikwáiərmənt] | 리콰이어먼트

[명] 요구, 필요, 요건

Patience is a requirement in teaching.
가르치는 데는 인내가 필요하다.

■■□ **rescue**

[réskjuː] | 레스큐–

[명] 구조, 구출
[동] 구조하다, 구출하다

The hostage was rescued. 인질이 구조되었다.

■■□ **research**

[risə́ːrtʃ] | 리써–취

[명] 연구, 조사 [동] 연구(조사)하다

There are some scientists who use animals for their research.
그들의 연구를 위하여 동물을 사용하는 과학자들이 있다.

■□□ **resentful**

[rizéntfəl] | 리젠트펄

[형] 분개한

I grew resentful of his lack of sensitivity.
나는 그의 무신경함에 화가 치밀었다.

■□□ **reservation**

[rèzərvéiʃən] | 레저베이션

[명] 예약, 보류

Your reservation has been canceled.
귀하의 예약이 취소되어 있습니다.

■□□ **reserve** [rizə́ːrv] | 리저-브
[동] 예약하다, 남겨두다

They reserve some money for the future.
그들은 장래를 대비해 약간의 돈을 비축하고 있다.

■□□ **residence** [rézidəns] | 레지던스
[명] 주거, 거주, 주소

The location of his residence is confirmed.
그의 거처가 확실히 판명되었다.

■■□ **resist** [rizíst] | 리지스트
[동] 저항하다, 견디다

They resisted the enemy bravely. 그들은 적에게 용감하게 저항했다.

■□□ **resort** [riːzɔ́ːrt] | 리조-트
[명] 휴양지, 행락지 [동] 의지하다

The resort is located on the coast.
휴양지는 해변에 위치해 있다.

■□□ **resource** [ríːsɔːrs] | 리-쏘-스
[명] 자원, 재원, 원천

The country has plentiful natural resources.
그 나라는 천연 자원이 풍부하다.

■■■ **respect** [rispékt] | 리스펙트
[명] 존경, 경의 [동] 존경하다

I respect my parents earnestly. 나는 진정으로 부모님을 존경한다.

■■□
respond
[rispɑ́nd] | 리스판드
[동] 응답하다, 반응하다

God will respond to his prayers. 그의 기도에는 신도 감응할 것이다.

■□□
response
[rispɑ́ns] | 리스판스
[명] 응답, 반응

I was somewhat perplexed by his response. 나는 그의 반응에 다소 당황했다.

■■□
responsibility
[rispɑ̀nsəbíləti] | 리스판서빌러티
[명] 책임, 의무

I want a job with more responsibility.
나는 좀 더 책임감 있는 일을 하고 싶다.

■□□
responsible
[rispɑ́nsəbl] | 리스판써블
[형] 책임이 있는

The driver was held responsible for the accident.
그 운전수가 사고의 책임을 지게 되었다.

■■■
rest
[rést] | 레스트
[명] 휴식, 나머지

You ought to go home and get some rest.
당신은 집에 가서 쉬어야 합니다.

■■■
restaurant
[réstərənt] | 레스터런트
[명] 식당, 음식점

I went to that new restaurant for lunch.
나는 점심 먹으러 새로 생긴 레스토랑에 갔다.

restrict
[ristríkt] | 리스트릭트
동 제한하다

The speed is restricted to 60 km an hour.
속도는 시속 60킬로로 제한되어 있다.

result
[rizʌ́lt] | 리절트
명 결과, 결말, 성과

Have you gotten the results of the test yet?
시험 결과는 이미 나왔니?

resume
[rizú:m] | 리줌-
동 다시 시작하다

Then the dancing resumed.
그때 춤이 다시 시작되었다.

retire
[ritáiər] | 리타이어
동 은퇴하다, 물러나다

Are you ready to retire?
은퇴할 준비가 되어 있으십니까?

return
[ritə́:rn] | 리터언
동 돌아오다, 돌려주다 명 복귀

When will you return me the book I lent you?
내가 빌려준 책을 언제 돌려줄래요?

reveal
[riví:l] | 리비-일
동 드러내다, 폭로하다

They began to reveal their true selves.
그들은 자기네 본성을 드러내기 시작했다.

■□□
reverse
[rivə́:rs] | 리버-스
[명] 역, 반대, 뒤 [형] 거꾸로의

It is just the reverse of what he thinks.
그것은 그가 생각하고 있는 것과는 정반대이다.

■■□
review
[rivjú:] | 리뷰-
[동] 복습하다 [명] 복습, 비평

The student is reviewing the lesson. 그 학생은 그 과를 복습하고 있다.

■□□
revolution
[rèvəlú:ʃən] | 레벌루-션
[명] 혁명, 회전

Oppression of the poor often leads to revolution.
가난한 사람들의 압박이 흔히 혁명을 불러온다.

■■□
reward
[riwɔ́:rd] | 리워-드
[명] 보상, 보답, 보수
[동] 보상하다, 보답하다

They received rewards for their efforts. 그들은 노력한 보답을 받았다.

■■□
rhyme
[ráim] | 라임
[명] (시의)운 [동] 운이 맞다, 시를 짓다

Words that rhyme with each other are often used in poems.
운이 맞는 단어들은 시에서 자주 쓰인다.

■■□
rhythm
[ríðm] | 리듬
[명] 율동, 리듬

One of the musicians has lost the rhythm.
음악가들 중 한 명이 리듬을 놓쳤다.

rice
[ráis] | 라이스
명 벼, 쌀, 밥

The main crops of this country are coffee and rice.
이 나라의 주요 농작물은 커피와 쌀이다.

rich
[rítʃ] | 리취
형 부유한, 풍부한, 기름진

He is a rich man.
그는 부자이다.

rid
[ríd] | 리드
통 없애다, 제거하다, 벗어나다

You must get rid of bad habits.
나쁜 습관을 버려야 한다.

riddle
[rídl] | 리들
명 수수께끼

If I were any wiser, I could solve this riddle.
내가 좀 더 현명하다면 이 수수께끼를 풀 수 있을 텐데.

ride
[ráid] | 라이드
통 타다, 타고 가다 명 탐, 태움

Can you give me a ride to the airport?
공항까지 태워다 주시겠습니까?

ridiculous
[ridíkjuləs] | 리디큘러스
형 우스꽝스러운, 어리석은

You look ridiculous in that suit.
너는 그 옷을 입으니까 우스꽝스럽다.

right
[ráit] | 라이트
혱 바른, 옳은, 오른쪽의 명 권리

Cars run on the right side of the street in Korea.
한국에서 차들은 길 오른쪽으로 달린다.

rigid
[rídʒid] | 리쥐드
혱 딱딱한, 굳은, 엄한

There's a very rigid social hierarchy in their society.
그들의 사회에는 매우 엄격한 사회 계급 제도가 있다.

ring
[ríŋ] | 링
명 고리, 반지 동 (종이)울리다

I want to have a gold ring.
나는 금 반지를 갖고 싶다.

ripe
[ráip] | 라이프
혱 익은, 성숙한

Soon ripe, soon rotten.
빨리 익으면 빨리 썩는다.

rise
[ráiz] | 라이즈
동 오르다, 일어나다

The sun rises in the east.
해는 동쪽에서 뜬다.

risk
[rísk] | 리스크
명 위험 동 위태롭게 하다

Mountain climbing involves great risks.
등산에는 큰 위험이 따른다.

rival
[ráivəl] | 라이벌
명 경쟁자, 적수 형 경쟁하는

The two men were friendly rivals.
그 두 사람은 선의의 경쟁 상대였다.

river
[rívər] | 리버
명 강

The river has frozen last night.
강이 어제 얼어붙었다.

road
[róud] | 로우드
명 길, 도로

There are many shops on both sides of the road.
그 길 양쪽에는 가게들이 많이 있다.

roar
[rɔ́ːr] | 로어
동 으르렁거리다, 고함치다

The crowd roared when he caught the ball.
그가 공을 잡자 관중들은 고함을 쳤다.

rob
[ráb] | 랍
동 빼앗다, 강탈하다

I was robbed of my purse.
나는 지갑을 빼앗겼다.

rod
[rád] | 라드
명 막대(기), 장대, 낚싯대, 회초리

I rested my fishing rod against a pine bough.
나는 낚싯대를 소나무의 큰 가지에 기대 두었다.

role
[róul] | 로울
명 배역, 역할, 임무

He played an important role in the meeting.
그는 그 모임에서 중요한 역할을 했다.

roll
[róul] | 로울
동 구르다, 굴리다, 말다
명 둥글게 만든 것

The children were rolling a snowball.
아이들이 눈뭉치를 굴리고 있었다.

Roman
[róumən] | 로우먼
명 로마, 로마인 형 로마(인)의

When in Rome, do as Romans do.
로마에 가면 로마법을 따르라.

romantic
[roumǽntik] | 로우맨틱
형 낭만적인, 공상적인

She dreams a romantic love. 그녀는 낭만적인 사랑을 꿈꾼다.

Rome
[róum] | 로움
명 로마

All road leads to Rome. 모든 길은 로마로 통한다.

room
[rú:m] | 루움
명 방, 장소, 여지

The room is full of old furniture.
그 방은 낡은 가구로 가득 차 있다.

rope
[róup] | 로우프
명 줄, 끈, 밧줄

He tied a knot in the rope.
그는 끈에 매듭을 만들었다.

rotate
[róuteit] | 로우테이트
동 회전하다, 순환하다

The earth rotates from west to east.
지구는 서에서 동으로 회전한다

rotation
[routéiʃən] | 로우테이션
명 회전, 순환, 교체

The rotation of the earth causes day and night.
지구의 자전으로 밤과 낮이 생긴다.

rotten
[rátn] | 라튼
형 썩은, 부패한

This apple is rotten to core.
이 사과는 속까지 썩었다

rough
[rʌ́f] | 러프
형 거친, 대략의

I don't like his rough manner
나는 그의 거친 태도가 마음에 안든다.

roughly
[rʌ́fli] | 러플리
부 거칠게, 대략

The number of visitors is roughly estimated at 1,000.
방문객의 수는 대략 1,000명 가량이다.

round
[ráund] | 라운드
⑬ 둥근, 공 모양의 ⑮ 둥근 것

We believe that the earth is round.
우리는 지구가 둥글다는 것을 믿는다.

route
[rúːt] | 루-트
⑮ 길, 도로, 노정

The bus route is a circle.
버스 노선은 순환된다.

row
[róu] | 로우
⑮ 열, 줄 ⑬ (배를) 젓다

The cars are parked in a row.
차들이 한 줄로 주차되어 있다.

royal
[rɔ́iəl] | 로이얼
⑬ 왕의, 왕실의

There is no royal road to learning.
학문에는 왕도가 없다.

rub
[rʌ́b] | 럽
⑬ 문지르다, 비비다

He rubbed himself dry with a towel.
그는 수건으로 몸을 닦아 말렸다.

rude
[rúːd] | 루-드
⑬ 무례한, 버릇없는

She is rude to everyone.
그녀는 모두에게 무례하다.

rule
[rúːl] | 루울
- 명 규칙, 규정, 지배
- 동 지배(통치)하다

You have to play by the rules. 규칙에 따라 게임을 해야 합니다.

rumor
[rúːmər] | 루-머
- 명 소문

It's doubtful whether the rumor is true or not.
그 소문이 사실인지 어떤지 의심스럽다.

run
[rʌ́n] | 런
- 동 달리다, 도망치다, 움직이다

A dog runs as fast as a rabbit.
개는 토끼만큼 빨리 달린다.

runway
[rʌ́nwèi] | 런웨이
- 명 활주로

An airplane is parked on the runway.
비행기가 활주로에 세워져 있다.

rural
[rúərəl] | 루어럴
- 형 시골의, 촌스러운

I prefer rural life. 나는 전원 생활이 더 좋다.

rush
[rʌ́ʃ] | 러쉬
- 동 돌진하다, 서두르다

The dog rushed upon the child.
개가 어린아이에게 달려들었다

sacrifice
[sǽkrəfàis] | 쌔크러파이스
명 희생, 제물 동 희생하다

I can sacrifice for you.
나는 당신을 위해 희생할 수 있어요.

sad
[sǽd] | 새드
형 슬픈, 애처로운

Why do you look so sad?
왜 그렇게 슬퍼 보이세요?

safe
[séif] | 세이프
형 안전한, 무사한 명 금고

She hid the ring in a safe place.
그녀는 반지를 안전한 곳에 숨겼다.

safety
[séifti] | 쎄이프티
명 안전, 무사

Car buyers are more interested in safety than speed.
자동차 구매자들은 스피드보다 안전성에 더 관심을 갖는다.

sail
[séil] | 쎄일
명 돛 동 항해하다

We sailed along a waterway.
우리는 수로를 따라 항해했다.

sailor
[séilər] | 쎄일러
명 선원, 항해사

The sailors are boarding the ship.
선원들이 배에 오르고 있다.

sake
[séik] | 세이크
명 위함, 목적

He loves truth for its own sake.
그는 진리를 진리로서 사랑한다.

salt
[sɔ́:lt] | 쏠—트
명 소금

Would you please pass me the salt?
소금 좀 건네주시겠어요?

salty
[sɔ́:lti] | 쏠—티
형 (음식이)짠, 소금기 있는

It's good, but a little too salty. 좋아요, 그런데 좀 짜군요.

same
[séim] | 쎄임
형 같은, 동일한

The weather in Korea is not always the same.
한국의 날씨는 항상 같지 않습니다.

sandwich
[sǽndwitʃ] | 쌘드위치
명 샌드위치

I would like an egg sandwich.
나는 계란 샌드위치로 할게요.

satellite
[sǽtəlàit] | 쌔털라이트
명 위성, 인공위성

The satellite dish is mounted on the pole.
위성방송 수신용 접시 안테나가 기둥 위에 설치되어 있다.

satisfaction
[sætisfǽkʃən] | 쌔티스팩션
명 만족

Our policy is complete reader satisfaction.
독자들을 최대한 만족시키는 것이 우리의 정책입니다.

satisfy
[sǽtisfài] | 쎄티스파이
동 만족시키다, 채우다

I could not satisfy him with the answer.
나는 그 대답으로 그를 만족시킬 수가 없었다.

Saturday
[sǽtərdèi] | 쌔터-데이
명 토요일

She has no classes on Saturday.
그녀는 토요일에는 수업이 없다.

save
[séiv] | 쎄이브
동 구하다, 저축(절약)하다

The dog saved the boy's life.
그 개가 그 소년의 생명을 구했다.

say
[séi] | 쎄이
동 말하다

Some people say that photographs are not art.
어떤 사람들은 사진이 예술이 아니라고 말한다.

scale
[skéil] | 스케일

명 규모, 비율, 축적, 저울

Everything is on a grand scale in America.
미국은 모든 것에서 그 규모가 광대하다.

scandal
[skǽndl] | 스캔들

명 추문, 스캔들

Her scandal is reported in a newspaper.
그녀의 추문이 신문에 올랐다.

scarcely
[skɛ́ərsli] | 스케어슬리

부 거의 ~않다, 겨우

I could scarcely believe it.
나는 그것을 거의 믿을 수 없었다.

scared
[skɛ́ərd] | 스케어드

형 겁먹은, 두려워하는

She is scared to go out alone at night.
그녀는 밤에 혼자 다니는 것을 무서워한다.

scary
[skɛ́əri] | 스케어리

형 무서운, 두려운, 겁나는

It's scary being all alone in this big house.
이 큰 집에서 혼자 있는 것은 무섭다.

scatter
[skǽtər] | 스캐터

동 흩뿌리다, 흩어지다

They scattered some sand on that icy road.
그들은 그 빙판길 위에 모래를 약간 뿌렸다.

scenery
[síːnəri] | 씨-너리
명 풍경, 경치, 무대 배경

The scenery is beautiful beyond description.
그 풍경의 아름다움은 언어로 표현하기 어렵다.

scent
[sént] | 쎈트
명 냄새, 향기

The orange has a scent all its own.
오렌지에는 독특한 향기가 있다.

scholar
[skάlər] | 스칼러
명 학자

He achieved great fame as a scholar.
그는 학자로서 대단한 명성을 얻었다.

scholarship
[skάlərʃìp] | 스칼러쉽
명 장학금, 학문

He applied for a scholarship.
그는 장학금을 신청했다.

school
[skúːl] | 스쿠울
명 학교, 수업

What time do they usually finish school?
학교는 보통 몇 시에 끝나니?

science
[sáiəns] | 싸이언스
명 과학

Do you like science fiction?
공상 과학 소설을 좋아하세요?

scientific
[sàiəntífik] | 싸이언티픽
형 과학의, 과학적인

The computer is one of the most widely used scientific tools.
컴퓨터는 가장 널리 사용되는 과학기기 중 하나이다.

scientist
[sáiəntist] | 싸이언티스트
명 과학자

He became a great scientist.
그는 위대한 과학자가 되었다.

scold
[skóuld] | 스코울드
동 꾸짖다, 야단치다

They never scolded at each other.
그들은 결코 서로를 비난하지 않았다.

scramble
[skrǽmbl] | 스크램블
동 뒤섞다, 긁어 모으다, 기어오르다

He scrambled up the rocky mountain. 그는 바위 산을 기어올랐다.

scream
[skríːm] | 스크리임
동 소리치다, 비명을 지르다
명 비명

I screamed for help. 나는 도와 달라고 비명을 질렀다.

sculpture
[skʌ́lptʃər] | 스커업춰
명 조각(품) 동 조각하다

The sculpture is being displayed.
조각품이 전시되고 있다.

sea
[síː] | 씨-
명 바다

The river flows into the sea.
강은 바다로 흘러간다.

seal
[síːl] | 씨-일
명 도장, 봉인, 물개 동 봉인하다

I put my seal on the documents.
나는 그 서류에 도장을 찍었다.

search
[sə́ːrtʃ] | 써-치
동 찾다, 탐색하다 명 수색, 조사

He searched through his papers.
그는 서류를 뒤지면서 찾았다.

seat
[síːt] | 씨이트
명 좌석, 자리

The seats are really comfortable there.
거기 좌석은 정말로 편안하다.

seaweed
[síːwìːd] | 씨-위-드
명 해초, 해조

There are 5,000 different species of seaweed.
해초는 5,000 종류가 있다

secret
[síːkrit] | 씨-크리트
형 비밀의, 은밀한 명 비밀, 비결

We have no secrets from each other.
우리는 서로에게 비밀이 하나도 없다.

section
[sékʃən] | 섹션
명 구역, 부분, (신문 등의)난

Sports has its own entire section of the newspaper.
신문에는 독립된 스포츠면이 있다.

secure
[sikjúər] | 씨큐어
형 안전한, 안정된 동 확보하다

His victory is secure.
그의 승리는 확실하다.

security
[sikjúərəti] | 씨큐어러티
명 안전, 안심, 보증

For security reasons, the officials all rode in separate cars.
안전상의 이유로 관리들은 각기 다른 차에 탔다.

see
[síː] | 씨-
동 보다, 만나다, 알다

We can see the sun on the beach.
우리는 해변에서 해를 볼 수 있다.

seek
[síːk] | 씨-크
동 찾다, 추구하다

Great men earnestly seek after the truth.
위대한 인물들은 진지하게 진리를 추구한다.

seem
[síːm] | 씨임
동 ~처럼 보이다, ~인 듯하다

He seems to be an honest man.
그는 정직한 사람처럼 보인다.

■□□
seize
[síːz] | 씨이즈
[동] 잡다, 붙잡다, 이해하다

I seized your meaning.
당신이 말하는 뜻을 이해했습니다.

■□□
seldom
[séldəm] | 셀덤
[부] 좀처럼 ~않는, 드물게

He very seldom eats breakfast.
그는 좀처럼 아침 식사를 하지 않는다.

■■□
select
[silékt] | 씰렉트
[동] 고르다, 선택하다

There are over thirty dishes to select from.
30종류 이상의 요리 가운데서 고를 수 있습니다.

■■□
selection
[silékʃən] | 씰렉션
[명] 선택, 선발, 선발된 것

Her selection of a hat took a long time.
그녀가 모자를 고르는 데는 오랜 시간이 걸렸다.

■■□
selfish
[sélfiʃ] | 셀피시
[형] 이기적인, 제 멋대로 하는

Man is selfish by nature.
인간은 본성이 이기적이다.

■■■
sell
[sél] | 쎌
[동] 팔다, 팔리다

Do you sell children's clothing on the second floor?
2층에서 아동복을 팝니까?

semester
[siméster] | 씨메스터
명 학기

His semester grade in English was good.
그의 이번 학기의 영어 점수는 좋았다.

send
[sénd] | 쎈드
동 보내다, 전하다

I want to send this package to my friend.
내 친구에게 이 짐을 보내고 싶은데요.

senior
[síːnjər] | 씨-니어
명 연장자, 상급생 형 손위의

The seat is reserved for senior citizens.
그 자리는 경로석입니다.

sense
[séns] | 쎈스
명 감각, 분별, 의미 동 느끼다

I have a good sense about people.
나는 사람을 보는 센스가 있다.

sensitive
[sénsətiv] | 쎈서티브
형 민감한, 예민한

The eye is sensitive to light.
눈은 빛에 민감하다.

sentence
[séntəns] | 쎈턴스
명 문장, 판결 동 판결(선고)하다

He can't even write a simple sentence.
그는 간단한 문장조차도 쓰지 못한다.

separate
[sépərèit] | 쎄퍼레이트
통 가르다, 분리하다

The society separates into several classes.
그 사회는 몇몇 계급으로 갈라져 있다.

September
[septémbər] | 셉템버
명 9월

The second semester usually begins in September.
2학기는 보통 9월에 시작한다.

sequence
[síːkwəns] | 씨-퀀스
명 연속, 순서

The sequence of events led up to the war.
일련의 사건들이 전쟁을 야기했다.

serious
[síəriəs] | 씨어리어스
형 진지한, 심각한, 중대한

It is not a very serious illness.
그렇게 심한 병은 아닙니다.

sermon
[sə́ːrmən] | 써-먼
명 설교, 교훈

The preacher delivers a sermon every Sunday.
목사는 매주 일요일 설교를 한다.

servant
[sə́ːrvənt] | 써-번트
명 하인, 고용인

He is stern to his servant.
그는 하인에게 엄하다.

serve
[sə́ːrv] | 써-브
동 봉사하다, 복무하다, (음식을)내다

This hotel serves meal to residents only.
이 호텔에서는 숙박객에게만 식사를 제공한다.

service
[sə́ːrvis] | 써-비스
명 봉사, 노고, 서비스

Fast-food restaurants are popular because of their fast service.
패스트푸드 식당은 서비스가 빠르기 때문에 인기가 있다.

set
[sét] | 쎄트
동 놓다, 되게 하다, (해, 달이)지다
명 세트

He opened the cage and set the bird free.
그는 새장을 열고 새를 놓아 주었다.

settle
[sétl] | 쎄틀
동 정착시키다(하다), 해결하다, 확정하다

He had the tact to settle the matter.
그는 재치 있게 그 문제를 해결했다.

settlement
[sétlmənt] | 쎄틀먼트
명 정착(지), 식민(지), 이주(지), 해결

There was a foreign settlement here.
여기에 외국인 정착지가 있었다.

영단어 375

several
[sévərəl] | 쎄버럴
형 여럿의, 몇 사람(개)의

There were several cars on the road.
길에 몇 대의 차가 있었다.

severe
[sivíər] | 씨비어
형 엄한, 심한

He is severe with his children.
그는 자식들에게 엄하다.

shade
[ʃéid] | 쉐이드
명 그늘, 색조 동 그늘지게 하다

It is quite cool in the shade.
그늘은 매우 시원하다.

shadow
[ʃǽdou] | 섀도우
명 그림자, 그늘

Shadows fall over the statues.
그림자가 동상들 위에 드리워져 있다.

shake
[ʃéik] | 쉐이크
동 흔들다, 흔들리다

I felt the house shake.
나는 집이 흔들리는 것을 느꼈어요.

shallow
[ʃǽlou] | 쉘로우
형 얕은, 천박한

You should swim in shallow water.
물이 얕은 곳에서 헤엄쳐라.

shame
[ʃéim] | 쉐임
명 부끄러움, 치욕

He turned red with shame.
그는 부끄러워서 얼굴이 빨개졌다.

shampoo
[ʃæmpúː] | 샘푸-
명 샴푸 동 샴푸로 감다

I shampoo my hair and wash it.
샴푸로 머리를 감고 헹군다.

shape
[ʃéip] | 쉐이프
명 모양, 형태 동 형성하다

That cloud has a strange shape.
저 구름은 이상한 모양을 하고 있다.

share
[ʃɛ́ər] | 쉐어
명 몫, 주식 동 나누다, 할당하다

She did more than her share of the work.
그녀는 자신의 몫보다 더 많은 일을 했다.

sheep
[ʃíːp] | 쉬입
명 양

Sheep waddle along the water's edge.
양들이 물가를 따라 어기적어기적 걷고 있다.

shell
[ʃél] | 쉘
명 조개 껍질, (굴의)껍질, 포탄

He's picking up a shell on the beach.
그는 바닷가에서 조개 껍질을 줍고 있다.

shelter
[ʃéltər] | 쉘터
명 피난처, 주거, 보호 시설

They sought shelter at my house.
그들은 우리집으로 피난을 왔다.

ship
[ʃíp] | 쉽
명 배 동 배에 싣다

The ship sent out an SOS.
그 배는 구조 신호를 보냈다.

shoe
[ʃúː] | 슈-
명 구두, 신발

He put on his shoes.
그는 신발을 신었다.

shop
[ʃáb] | 샵
명 가게, 상점 동 물건을 사다

There is a flower shop around the corner.
모퉁이를 돌면 꽃 가게가 있다.

shore
[ʃɔ́ːr] | 쇼어
명 바닷가, 호숫가, 강가

Some people are walking along the shore.
몇몇 사람들이 바닷가를 걷고 있다.

short
[ʃɔ́ːrt] | 쇼오트
형 짧은, 키가 작은

You look so different with short hair.
짧은 머리를 하니 매우 달라 보이는군요.

shortage
[ʃɔ́ːrtidʒ] | 쇼-티지
명 부족, 결핍

The shortage of water grew all the more serious.
물의 부족은 더욱 심각해졌다.

shot
[ʃát] | 샷
명 발포, 총성, 총알, 주사, 촬영

We heard a shot across the field.
우리는 들판을 가로지르는 총성을 들었다.

show
[ʃóu] | 쇼우
동 보여주다, 출품하다
명 쇼, 전시회

Show me your catalog, please. 카탈로그 좀 보여 주세요.

shrine
[ʃráin] | 쉬라인
명 성당, 사당, 전당

He visited the shrine to pray for peace.
그는 평화를 위해 기도하려고 사당에 방문했다.

shy
[ʃái] | 샤이
형 수줍은, 부끄럼 타는

Speak up, don't be shy. 부끄러워하지 말고 말해 보세요.

sick
[sík] | 씩
형 병난, 아픈, 싫증난

The old man became sick and stayed in bed.
그 노인은 병이 들어 침대에 누워 있었다.

side
[sáid] | 싸이드
명 쪽, 옆, 측면

The TV is on the left side of the window.
TV는 창문 왼쪽에 있다.

sidewalk
[sáidwɔ̀:k] | 싸이드워-크
명 인도, 보도

People are standing on the sidewalk.
사람들이 인도에 서 있다.

sideways
[sáidwèiz] | 싸이드웨이즈
부 옆으로, 비스듬히

He tilted a hat sideways.
모자를 비스듬하게 썼다.

sight
[sáit] | 싸이트
명 시야, 시력, 광경, 풍경

He was amazed at the sight.
그는 그 광경에 놀랐다.

sightsee
[sáitsì:] | 싸잇씨-
동 관광하다, 구경하다

They are sightseeing in the countryside.
그들은 교외에서 관광을 하고 있다.

signal
[sígnl] | 씨그늘
명 신호 동 신호를 보내다

He signaled the driver to go ahead.
그는 운전사에게 앞으로 가라고 신호했다.

significant
[signífikənt] | 씨그니피컨트
혱 중요한, 의미 있는, 상당한

Today is a significant date for me.
오늘은 나에게 중요한 날이다.

silence
[sáiləns] | 싸일런스
명 침묵, 정적

I was shocked to silence.
나는 놀라서 말도 못할 지경이었다.

silly
[síli] | 씰리
혱 어리석은

It is silly of you to accept his invitation.
그의 초청을 수락하다니 바보 같은 짓이다.

similar
[símələr] | 씨멀러
혱 비슷한, 유사한

They are similar in every points
그들은 모든 점에서 비슷하다.

simply
[símpli] | 씸플리
튀 간단히, 오직, 다만

Simply use warm water and a soft cloth.
간단하게 따듯한 물과 부드러운 천을 사용하세요.

since
[síns] | 씬스
접 전 튀 ~이래 죽, ~ 때문에

They've been living in Italy since 1990.
그들은 1990년도부터 이탈리아에 살고 있다.

영단어 381

sincere
[sinsíər] | 신씨어
형 성실한, 진실한

He is sincere in his promises.
그는 약속을 성실하게 지킨다.

sincerely
[sinsíərli] | 씬씨어리
부 마음으로, 진심으로

I sincerely hope there is no problem.
아무 문제가 없기를 진심으로 바랍니다.

sing
[síŋ] | 씽
동 노래하다

What shall we sing?
어떤 노래를 부를까요?

singer
[síŋər] | 씽어
명 가수

He is known as a singer.
그는 가수로 알려져 있다.

sink
[síŋk] | 씽크
동 가라앉(히)다 명 개수대

The boat sink to the depths of the sea.
배가 깊은 해저로 가라앉았다.

sir
[sə́:r] | 써어
명 ~님, ~씨, 선생님

When would be the flight date, sir?
비행 날짜는 언제이십니까, 선생님?

sister
[sístər] | 씨스터
명 자매, 누이, 언니, 여동생

She was very jealous of her sister.
그녀는 언니를 매우 질투했다.

sit
[sít] | 씻
통 앉다, 착석하다

Don't sit on the bench.
그 벤치 위에 앉지 마라.

site
[sáit] | 싸이트
명 대지, 유적, 장소, 사이트

It was the site of the ancient kingdom of Nepal.
그 곳은 네팔의 고대 왕국이 있던 자리였다.

situation
[sìtʃuéiʃən] | 시추에이션
명 상황, 위치

The situation is changing every hour.
형세는 시시각각으로 변해 간다.

size
[sáiz] | 싸이즈
명 크기, 치수

Do you have a larger size?
큰 치수 있습니까?

ski
[skíː] | 스카
명 스키 통 스키를 타다

I want to learn how to ski.
나는 스키 타는 법을 배우고 싶다.

skill
[skíl] | 스킬
명 기술, 솜씨

This job demands a high degree of skill.
이 일은 고도의 기술을 필요로 한다.

skip
[skíp] | 스킵
동 뛰어다니다, 건너뛰다, 거르다

It is easy to skip workouts when traveling.
여행을 할 때는 운동을 거르기 쉽다.

sky
[skái] | 스카이
명 하늘

The sky is high in autumn.
가을에는 하늘이 높다.

slave
[sléiv] | 슬레이브
명 노예 형 노예의

He was a slave to his passions.
그는 욕망의 노예가 되어 있었다.

sleep
[slíːp] | 슬립
동 자다 명 잠, 수면

Exercise regularly. And get enough sleep.
규칙적으로 운동하고 충분히 잠을 자세요.

sleepy
[slíːpi] | 슬리-피
형 졸린, 졸린 듯한

I'd love to, but I feel too sleepy.
하고는 싶지만, 너무 졸려.

sleeve
[slíːv] | 슬리-브
명 소매

The sleeves haven't fit properly since I bought it.
내가 그 옷을 구입한 이래로 계속 소매가 맞지 않아요.

slice
[sláis] | 슬라이스
명 얇은 조각 동 얇게 썰다

I only ate a slice of bread for lunch.
나는 점심으로 겨우 빵 한 조각만 먹었다.

slight
[sláit] | 슬라이트
형 약간의, 대단치 않은 동 경시하다

After a slight hesitation, he began to speak.
약간 망설이다가 그는 말하기 시작했다.

slightly
[sláitli] | 슬라이틀리
부 약간, 조금

Sit up straight with your shoulders slightly forward.
똑바로 앉고 어깨를 앞으로 살짝 내미세요.

slip
[slíp] | 슬립
동 미끄러지다
명 미끄러짐, 실수, 슬립

She slipped on the ice. 그녀는 얼음판에서 미끄러져 넘어졌다.

slope
[slóup] | 슬로우프
동 경사지다 명 경사, 비탈

The woman is tumbling down slope. 여자가 비탈길에서 구르고 있다.

■■■ **slow**

[slóu] | 슬로우

[형] 느린, 늦은 [부] 느리게

He is a slow walker.
그는 발걸음이 느리다.

■■■ **small**

[smɔ́:l] | 스몰

[형] 작은, 적은

I was on a vacation on a small island in the Pacific.
나는 태평양의 작은 섬에서 휴가 중이었다.

■■■ **smart**

[smɑ́:rt] | 스마-트

[형] 재치 있는, 영리한, 말쑥한

He is also smart and gentle.
그는 영리하고, 점잖기까지 해요.

■■□ **smell**

[smél] | 스멜

[동] 냄새를 맡다 [명] 냄새

Kate smelled the perfume.
케이트는 향수 냄새를 맡아 보았다.

■■■ **smile**

[smáil] | 스마일

[동] 미소 짓다 [명] 미소

She smiled an attractive smile.
그녀는 매력적인 미소를 지었다.

■■■ **smog**

[smɑ́g] | 스마그

[명] 연무, 스모그

People often get sick because of the heavy smog.
심한 스모그 때문에 사람들은 종종 병이 난다.

smoke
[smóuk] | 스모우크
명 연기
동 연기를 내다, 담배를 피우다

I will not smoke anymore. 더 이상 담배를 피우지 않겠다.

smooth
[smú:ð] | 스무-드
형 매끄러운, 잔잔한, 순조로운

The road to democracy is never smooth.
민주주의로 가는 길은 결코 평탄하지 않다.

smoothly
[smú:ðli] | 스무-들리
부 매끄럽게, 술술, 원활하게

This car rides very smoothly.
이 차는 아주 부드럽게 움직인다.

snack
[snǽk] | 스낵
명 간단한 식사, 스낵

Popcorn is his favorite snack.
팝콘이 그가 가장 좋아하는 스낵이다.

snow
[snóu] | 스노우
명 눈(雪) 동 눈이 오다

It will probably snow tonight.
오늘 밤 아마 눈이 올 것이다.

snowy
[snóui] | 스노우이
형 눈이 오는, 눈 많은

January is a snowy month. 1월은 눈이 많이 오는 달이다.

■□□

soak

[sóuk] | 쏘우크

[동] 적시다, 빨아들이다, 젖다

The water soaks the earth.
물이 지면에 스며든다.

■■■

soccer

[sɑ́kər] | 싸커

[명] 축구

Soccer first started in England.
축구는 영국에서 최초로 시작되었다.

■■□

social

[sóuʃəl] | 쏘우셜

[형] 사회의, 사회적인

She devoted her life to social service.
그녀는 사회 봉사에 일생을 바쳤다.

■■□

society

[səsáiəti] | 서싸이어티

[명] 사회, 모임

She is anxious to get into high society.
그녀는 상류 사회 진출을 갈망하고 있다.

■■□

soft

[sɔ́:ft] | 쏘-프트

[형] 부드러운, 온화한

He has a gentle smile and a soft voice.
그는 온화한 웃음과 부드러운 목소리를 지녔다.

■■□

soil

[sɔ́il] | 쏘일

[명] 흙, 땅, 토양

Most plants grow best in rich soil.
대부분의 식물들은 비옥한 토양에서 가장 잘 자란다

solar
[sóulər] | 쏘울러
형 태양의

I prefer solar energy to other forms.
다른 형태보다 태양열 에너지를 더 좋아합니다.

soldier
[sóuldʒər] | 쏘울져
명 군인, 병사

Soldiers, policemen, and nurses wear uniforms.
군인, 경찰관, 간호사는 제복을 입는다.

solemn
[sáləm] | 쌀럼
형 엄숙한, 장엄한

He returned and announced in solemn tone.
그는 돌아와서 엄숙한 목소리로 발표했다.

solid
[sálid] | 쌀리드
형 고체의, 튼튼한 명 고체

He is a man of solid frame.
그는 튼튼한 체격의 사람이다.

solitary
[sálətèri] | 쌀러테리
형 혼자의, 외로운, 외딴

He was put in solitary confinement.
그는 독방에 감금당했다.

solution
[səljúːʃən] | 썰루-션
명 해결(책), 해답, 용해

The police are seeking a solution to the crime.
경찰이 그 범죄의 해결책을 찾고 있다.

영단어 389

■■■
solve
[sɑ́lv] | 쌀브
[동] 풀다, 해석하다

It is difficult for me to solve the problem.
그 문제를 푸는 것이 어렵다.

■■■
some
[sʌ́m] | 썸
[형] 약간의, 얼마간의, 어떤

I need some chocolate and some butter.
초콜릿과 버터가 약간 필요합니다.

■■□
somebody
[sʌ́mbɑ̀di] | 썸바디
[대] 누군가, 어떤 사람

I have never seen him speaking well of somebody.
나는 그가 누구에 대해 좋게 말하는 것을 본 적이 없다.

■■■
someday
[sʌ́mdèi] | 썸데이
[부] 언젠가, 훗날

Someday she will be a famous actress.
그녀는 언젠가는 유명한 배우가 될 것이다.

■□□
somehow
[sʌ́mhàu] | 썸하우
[부] 어떻게든, 아무튼

This problem will work itself out somehow.
이 문제는 어떻게든 잘 풀릴 것이다.

■■■
something
[sʌ́mθiŋ] | 썸씽
[대] 무엇인가, 어떤 것

Would you like something cold to drink?
차가운 것 좀 마시겠어요?

sometimes
[sʌ́mtàimz] | 썸타임즈
튀 가끔, 때때로

My father sometimes goes abroad.
내 아버지는 가끔 외국에 가신다.

somewhat
[sʌ́m*h*wàt] | 썸왓
튀 얼마간, 다소

My hat is somewhat like yours.
내 모자는 너의 모자와 다소 비슷하다.

son
[sʌ́n] | 썬
명 아들

He has two sons, who became doctors.
그는 아들이 둘 있는데, 그 아들들이 의사가 되었다.

song
[sɔ́ːŋ] | 쏘옹
명 노래

They sang a joyous song together.
그들은 함께 즐거운 노래를 불렀다.

soon
[súːn] | 수운
튀 곧, 잠시 후

I hope to see you soon.
빨리 너를 만나기를 바란다.

sorrowful
[sɑ́rəfəl] | 싸러펄
형 슬퍼하는, 슬픈

His father's face looked suddenly soft and sorrowful.
그의 아버지의 얼굴이 갑자기 약하고 슬퍼 보였다.

sorry
[sári] | 싸-리
형 슬픈, 유감스러운, 미안하게 생각하는

I'm sorry that I broke the window. 창문을 깨뜨려서 죄송합니다.

sort
[sɔ́:rt] | 쏘-트
명 종류, 부류 동 분류하다

What sort of person is the new boss?
새로운 상사는 어떤 사람입니까?

soul
[sóul] | 쏘울
명 영혼, 정신

A man's body dies, but his soul is immortal.
사람의 육체는 죽어도 그 정신은 불멸이다.

sound
[sáund] | 싸운드
명 소리 동 소리가 나다, ~하게 들리다

The sound of gunshot woke her up. 그녀는 총소리에 잠을 깼다.

sour
[sáuər] | 싸우어
형 맛이 신, 불쾌해진

These apples are sour. 이 사과들은 시다.

source
[sɔ́:rs] | 쏘-스
명 원천, 근원, 출처

Greece is the source of European cultures.
그리스는 유럽 문화의 근원이다.

south
[sáuθ] | 싸우쓰

명 남쪽 형 남쪽의

There will be a fresh wind from south.
남쪽으로부터 신선한 바람이 불겠습니다.

souvenir
[sùːvəníər] | 쑤-버니어

명 기념품

The girls are buying souvenirs.
소녀들이 기념품을 사고 있다.

sow
[sóu] | 쏘우

동 (씨를) 뿌리다

You must sow before you can reap.
씨를 뿌려야 거둔다.

soybean
[sɔ́ibìːn] | 쏘이비인

명 콩

Soybean is made into soy sauce.
콩으로 간장을 담근다.

space
[spéis] | 스페이스

명 우주, 공간, 빈터

This desk occupies too much space.
이 책상은 공간을 너무 많이 차지한다.

spaceship
[spéisʃìp] | 스페이스쉽

명 우주선

The spaceship made a safe splashdown in the Pacific.
우주선은 태평양에 무사히 착수했다.

영단어 393

S

spaghetti
[spəgéti] | 스퍼게티
명 스파게티

Kate ordered some spaghetti and a salad.
케이트는 스파게티와 샐러드를 주문했다.

Spain
[spéin] | 스페인
명 스페인

We went to France first, and then Spain.
우린 처음에 프랑스, 다음엔 스페인을 갔다.

spare
[spέər] | 스페어
동 용서하다, 할애하다 형 여분의

How do you spend your spare time?
여가시간에 무엇을 하고 지내세요?

sparkle
[spá:rkl] | 스파클
명 불꽃 동 불꽃을 튀기다

The flames leaped and sparkled.
불길이 솟아오르며 불꽃이 튀었다.

speak
[spí:k] | 스피크
동 말하다, 연설하다

She reads and speaks Japanese well.
그녀는 일본어를 잘 읽고 잘 말한다.

special
[spéʃəl] | 스페셜
형 특별한, 전문의, 예외적인

I wear a tie only on special occasions.
나는 특별한 행사 때만 넥타이를 맨다.

specialize
[spéʃəlàiz] | 스페셜라이즈
통 전문화하다, 전공하다

She specializes in voices for cartoons.
그녀는 만화 캐릭터들의 소리를 전문적으로 내는 사람이다.

species
[spíːʃiːz] | 스피-쉬-즈
명 (생물의)종

In the U.S, how many bird species are endangered?
미국에서 멸종 위기에 있는 새의 종은 얼마나 됩니까?

specific
[spisífik] | 스피씨픽
형 구체적인, 특정한

Can you be more specific?
좀 더 구체적으로 말해 주시겠어요?

spectacular
[spektǽkjulər] | 스펙태큘러
형 장관의, 구경거리의

This is a spectacular place.
여기는 아주 볼 만한 곳이야.

spend
[spénd] | 스펜드
통 소비하다, (시간을)보내다

I spend most of my free time watching rented videos.
나는 비디오를 빌려 보며 대부분의 여가 시간을 보낸다.

spicy
[spáisi] | 스파이씨
형 향기로운, 양념을 많이 한

She did not like a spicy salad dressing.
그녀는 양념을 넣은 샐러드 드레싱을 좋아하지 않았다.

spill
[spíl] | 스필
동 엎지르다 명 엎지르기

Some of the milk was spilled.
우유가 조금 엎질러졌다.

spinach
[spínitʃ] | 스피니취
명 시금치

Ham, eggs, and spinach are in it.
그 안에 햄, 달걀, 그리고 시금치가 들어 있다.

spirit
[spírit] | 스피리트
명 정신, 영혼

His spirit is noble.
그의 영혼은 고귀하다.

spiritual
[spíritʃuəl] | 스피리츄얼
형 정신의, 영혼의

He is our spiritual leader.
그는 우리의 정신적 지도자이다.

splash
[splǽʃ] | 스플래시
동 튀기다, 첨벙거리다

They splashed across the stream.
그들은 철벅철벅 개울을 건너갔다.

split
[splít] | 스플리트
동 쪼개다, 나누다

The issue split the class into three.
그 문제로 학급은 셋으로 분열되었다.

■□□ **spoil** [spɔ́il] | 스포일
[동] 망치다, 못쓰게 만들다

The rain spoiled my holiday.
비가 와서 휴일을 망쳤다.

■□□ **spot** [spάt] | 스팟
[명] 장소, 지점, 반점
[동] 더럽히다, 발견하다

This is an accident black spot. 이곳은 교통사고 다발 지점이다.

■■■ **spread** [spréd] | 스프레드
[동] 펴다, 뿌리다, 펼쳐지다, 퍼지다

The rumor spread through all over the town.
그 소문은 온 동네에 퍼졌다.

■■□ **spring** [spríŋ] | 스프링
[명] 봄, 뜀, 튐 [동] 튀다, 뛰어오르다

Spring is near at hand. 봄이 다가오고 있다.

■■□ **square** [skwέə*r*] | 스퀘어
[명] 정사각형, 광장 [형] 정사각형의

A square has four equal sides.
정사각형은 4변이 똑같다.

■□□ **staff** [stǽf] | 스태프
[명] 직원, 참모

The school's teaching staff is excellent.
그 학교의 교사진은 훌륭하다.

stamp
[stæmp] | 스탬프
명 우표, 도장 동 짓밟다

My hobby is collecting stamps.
내 취미는 우표 수집이다.

stand
[stǽnd] | 스탠드
동 서 있다 명 작은 탁자, 대(臺)

The tree stands on the edge of a cliff.
그 나무는 벼랑 끝에 서 있다.

standard
[stǽndərd] | 스탠더드
명 표준, 기준, 수준 형 표준의

Products must conform to strict standards.
제품은 엄격한 기준에 합격해야 한다.

star
[stá:r] | 스타-
명 별, 스타, 인기인

There are so many stars on the sky.
하늘에 별들이 참 많다.

stare
[stɛ́ər] | 스테어
동 빤히 보다, 응시하다 명 응시

She averted her eyes from his stare.
그녀는 그의 시선으로부터 눈을 돌렸다.

start
[stá:rt] | 스타-트
동 출발하다, 시작하다 명 출발

I must start preparing for these exams.
나는 시험 준비를 시작해야 한다.

■□□
startle
[stάːrtl] | 스타-틀
[동] 깜짝 놀라게 하다, 자극하다

I'm sorry, did I startle you?
죄송합니다만, 제가 놀라게 했나요?

■□□
starve
[stάːrv] | 스타-브
[동] 굶주리다, 굶어 죽다

I would rather starve to death than steal.
나는 도둑질을 할 바에는 차라리 굶어 죽겠다.

■■□
state
[stéit] | 스테이트
[명] 국가, 주, 상태 [동] 말하다

What is the state of his health?
그의 건강 상태는 어떤가요?

■□□
statement
[stéitmənt] | 스테이트먼트
[명] 진술, 성명

I hold his statement to be true.
나는 그의 말이 사실이라고 여기고 있다.

■■■
station
[stéiʃən] | 스테이션
[명] 역, 정거장, 위치, 국(局)

The train departed the station.
열차가 역을 출발했다.

■■□
statue
[stǽtʃuː] | 스태츄-
[명] 상(像), 조소상

The Statue of Liberty is in New York.
자유의 여신상은 뉴욕에 있다.

■□□

status

[stéitəs] | 스테이터스

[명] 지위, 신분, 상태

He lives in a style suitable to his social status.
그는 그의 사회적 신분에 맞게 생활을 하고 있다.

■■■

stay

[stéi] | 스테이

[동] 머무르다, 체류하다 [명] 체류

Her original plan was to stay for a month.
그녀의 본래 계획은 한달 동안 체류하는 것이었다.

■□□

steady

[stédi] | 스테디

[형] 꾸준한, 확고한

Their friendship was steady.
그들의 우정은 변함없었다.

■□□

steal

[stíːl] | 스티일

[동] 훔치다, 도둑질하다

He was tempted to steal the money.
그는 돈을 훔치고 싶은 마음이 들었다.

■□□

steel

[stíːl] | 스티일

[명] 강철 [형] 강철로 된

The process for making steel is complex.
강철을 만드는 공정은 복잡하다.

■■□

steep

[stíːp] | 스티–프

[형] 가파른, 터무니없는

The hills are very steep.
그 언덕은 아주 가파르다.

stem
[stém] | 스템
몡 줄기 동 생기다

The stem of ivy is thick.
담쟁이덩굴의 줄기는 굵다.

step
[stép] | 스텝
몡 걸음, 계단 동 한걸음 내디디다

He took a step back.
그는 뒤로 한 걸음 물러났다.

stick
[stík] | 스틱
동 찌르다, 붙이다, 고수하다
몡 막대기

His chest was stuck through with a dagger.
그의 가슴에 단도가 찔려 있었다.

stiff
[stíf] | 스티프
형 뻣뻣한, 굳은, 경직된

I have a stiff shoulders.
어깨가 뻐근하다.

still
[stíl] | 스틸
형 고요한, 정지한 부 여전히, 아직

The roses are still in bud.
장미꽃은 아직 봉오리 상태다.

stimulate
[stímjulèit] | 스티뮬레이트
동 자극하다

Praise stimulates students to work hard.
칭찬은 학생들을 자극하여 열심히 공부하게 한다.

영단어 401

stir
[stə́ːr] | 스터어
동 휘젓다, 뒤섞다, 움직이다

She is stirring the soup in the pot.
그녀는 냄비 안에 있는 수프를 휘젓고 있다.

stock
[sták] | 스탁
명 재고, 비축, 주식
동 비축하다, 갖추다

Our stock of food is running out. 우리의 비축 식량이 바닥이 났다.

stomach
[stʌ́mək] | 스터머크
명 위, 복부, 배

I've been having bad stomach pains lately.
요즘에 계속 배가 아파 왔어요.

stone
[stóun] | 스토운
명 돌, 돌멩이

A rolling stone gathers no moss. 구르는 돌에는 이끼가 끼지 않는다.

stop
[stáp] | 스탑
동 멈추다, 그만두다
명 정지, 정류장

Stop doing that! 그 짓 좀 그만 해!

storage
[stɔ́ːridʒ] | 스토-리지
명 저장, 보관, 창고

The man is putting goods in storage.
남자가 물건을 창고에 보관하고 있다.

store
[stɔ́:r] | 스토-
명 가게, 상점 통 저장하다

The store raised the price of fruit.
그 가게는 과일값을 올렸다.

story
[stɔ́:ri] | 스토-리
명 이야기, (건물의) 층

It was a very amusing story. 그것은 아주 재미있는 이야기였다.

straight
[stréit] | 스트레이트
형 곧은, 똑바로 선
부 똑바로, 곧장

Go straight to the core of the problem.
곧장 문제의 핵심으로 들어가라.

strain
[stréin] | 스트레인
통 잡아당기다, 긴장시키다
명 긴장, 팽팽함

The strain is hard to bear. 긴장은 참기 어렵다.

strange
[stréindʒ] | 스트레인쥐
형 이상한, 기묘한, 낯선, 색다른

He had a strange dream. 그는 이상한 꿈을 꾸었다.

stranger
[stréindʒər] | 스트레인줘
명 낯선 사람, 생소한 사람

The dog growled at the stranger.
그 개는 낯선 사람을 향해 으르렁거렸다.

영단어

straw
[strɔ́ː] | 스트로-
- 명 지푸라기, 짚, 빨대

The man is drinking with a straw.
남자가 빨대를 이용해 마시고 있다.

strawberry
[strɔ́ːbèri] | 스트로-베리
- 명 딸기

Mom decorated the cake with strawberries.
엄마가 딸기로 케이크를 장식했다.

stream
[stríːm] | 스트리임
- 명 개울, 시내, 흐름

This stream and this road pass through green fields.
이 개울과 도로는 푸른 들판을 지나온다.

street
[stríːt] | 스트리-트
- 명 거리, 도로, ~가

They pick up garbage on the street.
그들은 거리에서 쓰레기를 줍는다.

strength
[stréŋkθ] | 스트렝쓰
- 명 힘, 강점

They made a trial of his strength.
그들은 그의 힘을 시험했다.

strengthen
[stréŋkθən] | 스트렝썬
- 동 강하게 하다, 강화하다

A new fitness program will strengthen his body.
새 건강 프로그램은 그의 몸을 강하게 할 것이다.

stressful
[strésfəl] | 스트레스펄
형 긴장이 많은

An office is a stressful place.
사무실은 스트레스가 많은 곳이다.

stretch
[strétʃ] | 스트레치
동 잡아당기다, 쭉 뻗다 명 뻗음

He stretched the rope tight.
그는 밧줄을 팽팽히 잡아당겼다.

strict
[stríkt] | 스트릭트
형 엄격한, 엄밀한

He is strict with his men.
그는 부하에 대해서 엄격하다.

strike
[stráik] | 스트라이크
동 치다, 때리다 명 치기, 동맹파업

Don't strike anyone smaller than yourself.
너보다 작은 사람을 때리지 말아라.

string
[stríŋ] | 스트링
명 끈, 줄, (악기의)현

The package is tied with a red string.
그 소포는 빨간 끈으로 묶여 있다.

stroke
[stróuk] | 스트로우크
명 타격, 일격, 타구, (뇌졸 중 등의)발작

Little strokes fell great oaks. 열 번 찍어 안 넘어가는 나무 없다.

strong
[strɔ́ːŋ] | 스트롱-
혱 강한, 튼튼한, 힘이 센

A strong wind blew down the tree.
강풍이 나무를 쓰러뜨렸다.

structure
[strʌ́ktʃər] | 스트럭쳐
명 구조, 구성, 건물, 체계

That was an old wood structure.
그것은 오래된 목재 구조물이다.

struggle
[strʌ́gl] | 스트러글
동 투쟁하다, 애쓰다 명 투쟁, 노력

The swimmer struggled through the waves.
수영 선수는 파도를 헤쳐 나가려고 애썼다.

student
[stjúːdənt] | 스튜-던트
명 학생

Students have to just study hard.
학생들은 공부만 열심히 해야 한다.

study
[stʌ́di] | 스터디
명 공부, 연구, 서재 동 공부하다

We study English every day.
우리는 매일 영어 공부를 한다.

stuff
[stʌ́f] | 스터프
명 물질, 재료, 물건 동 채워 넣다

His room is full of old stuff.
그의 방은 낡은 물건들로 가득 차 있다.

style
[stáil] | 스타일
명 형식, 양식, 방법, 종류

The color and style is great on you.
색상과 스타일이 당신과 잘 어울려요.

subject
[sʌ́bdʒikt] | 써브직트
명 학과, 과목, 주제, 주어

Let's change the subject.
주제를 바꾸자.

subjective
[səbdʒéktiv] | 서브젝티브
형 주관적인

Is beauty objective or subjective?
아름다움은 객관적인가요, 주관적인가요?

substance
[sʌ́bstəns] | 썹스턴스
명 물질, 실질

Ice and water are the same substance.
얼음과 물은 똑같은 물질이다.

substitute
[sʌ́bstətjùːt] | 썹스터튜-트
동 대신하다, 대체하다

They substituted coal for oil.
그들은 석유 대신에 석탄을 사용했다.

subtle
[sʌ́tl] | 써틀
형 미묘한, 민감한

She has a subtle insight.
그녀는 예민한 통찰력이 있다.

■■■
subway
[sʌ́bwèi] | 써브웨이

[명] 지하철, 지하도

What subway station should I get off at?
어느 지하철 역에서 내려야 하죠?

■■□
succeed
[səksíːd] | 썩씨–드

[동] 성공하다, 계승하다, 계속되다

I tired again and again and succeeded.
나는 다시 시도를 거듭해서 성공했다.

■■□
success
[səksés] | 썩쎄스

[명] 성공

His amazing success surprised them.
그의 놀랄 만한 성공이 그들을 놀라게 했다.

■■□
successful
[səksésfəl] | 썩쎄스펄

[형] 성공한

My uncle's business is not successful.
내 삼촌의 사업은 잘 되지 않고 있다.

■■□
such
[sətʃ] | 써취

[형] 그러한, 그와 같은
[대] 그러한 것(사람)

He is not so senseless as to do such a thing.
그는 그런 짓을 할 만큼 어리석지는 않다.

■■■
suddenly
[sʌ́dnli] | 써든리

[부] 갑자기, 느닷없이

The car stopped suddenly. 그 차는 갑자기 멈춰 섰다.

▮▮▯
suffer
[sʌ́fər] | 써퍼
[동] 고통을 겪다, 괴로워하다

She suffers from headache.
그녀는 두통을 앓고 있다.

▮▯▯
sufficient
[səfíʃənt] | 써피션트
[형] 충분한, 흡족한

I bought sufficient supplies for the winter.
나는 겨울에 대비해 생활 필수품들을 충분히 샀다.

▮▮▯
sugar
[ʃúgər] | 슈거
[명] 설탕

She put a cube of sugar into the glass.
그녀는 유리잔 속에 각설탕 1개를 넣었다.

▮▮▮
suggest
[səgdʒést] | 써제스트
[동] 제안(제의)하다, 암시하다

Her words suggest that she loves him.
그녀의 말은 그녀가 그를 사랑하고 있음을 암시하고 있다.

▮▮▯
suggestion
[səgdʒéstʃən] | 서줴스천
[명] 제안, 암시, 연상

We all opposed his suggestion.
우리 모두가 그의 제안에 반대했다.

▮▮▯
suit
[sú:t] | 수-트
[명] 정장 한 벌, 소송
[동] 어울리다, 맞추다

This food does not suit my taste. 이 음식은 내 입맛에 맞지 않는다.

suitable
[súːtəbl] | 수-터블
혱 알맞은, 어울리는

They situated a factory on a suitable site.
그들은 적당한 장소에 공장을 세웠다.

sum
[sʌ́m] | 썸
몡 총계, 개요
동 요약하다, 합계하다

The sum of 5 and 8 is 13. 5의 8의 합은 13이다.

summarize
[sʌ́məràiz] | 써머라이즈
동 요약하다

It may be summarized as follows.
그것은 다음과 같이 요약될 수 있다.

summer
[sʌ́mər] | 써머
몡 여름

I'll go to the Hawaiian beach this summer.
나는 이번 여름에 하와이 해변에 갈 것이다.

summit
[sʌ́mit] | 써미트
몡 정상, 정상 회담

At last we saw the summit of the mountain.
마침내 산 정상을 보았다.

sun
[sʌ́n] | 썬
몡 해, 태양

The sun keeps us warm.
태양이 우리를 따뜻하게 해 준다.

Sunday
[sʌ́ndei] | 썬데이
명 일요일

What are you going to do on Sunday?
일요일에 뭐 할거니?

sunny
[sʌ́ni] | 써니
형 해가 비치는, 화창한

It is going to be sunny in the afternoon today.
오늘 오후에는 맑을 것입니다.

superior
[səpíəriər] | 서피어리어
형 우위의, 우월한 명 윗사람

She is superior to him. 그녀는 그보다 뛰어나다.

supply
[səplái] | 서플라이
명 공급(품) 동 공급하다

Cows supply us milk.
암소는 우리에게 우유를 공급한다.

support
[səpɔ́ːrt] | 서포-트
동 지지하다, 부양하다
명 지지, 부양

Thank you for your continued support.
계속되는 후원에 감사 드립니다.

suppose
[səpóuz] | 써포우즈
동 상상(생각, 가정)하다

Suppose you are on a business trip in New York.
뉴욕에 출장 여행을 갔다고 생각해 보자.

■■■
sure
[ʃúər] | 슈어
[형] 확신하는, 확실한, 틀림없는

Are you sure Jack will come? 잭이 올 거라고 확신하니?

■■□
surf
[sə́ːrf] | 써–프
[명] 밀려드는 파도 [동] 파도타기를 하다, 정보를 검색하다

I'm going to buy a surfboard and learn to surf.
나는 서프보드를 사서 파도타기를 배울 거예요.

■□□
surface
[sə́ːrfis] | 써–피스
[명] 표면, 수면

The surface of the road is rough. 길의 표면이 울퉁불퉁하다.

■■■
surprise
[sərpráiz] | 써프라이즈
[동] 놀라게 하다 [명] 놀람

A look of surprise came over his face.
놀라는 빛이 그의 표정에 나타났다.

■□□
surround
[səráund] | 써라운드
[동] 둘러싸다, 에워싸다

The police surrounded the house. 경찰이 그 집을 포위했다.

■■□
survey
[səːrvéi] | 써–베이
[명] 조사, 개관
[동] 개관하다, 조사하다

He surveyed me from head to foot.
그는 머리부터 발끝까지 나를 조사했다.

survival
[sərváivəl] | 써바이벌
명 살아남음, 생존

Survival is more important than comfort.
생존은 안락보다 더 중요하다.

survive
[sərváiv] | 써바이브
동 살아남다, ~보다 오래 살다

He survived his wife by 5 years. 그는 아내보다 5년을 더 살았다.

suspect
[səspékt] | 서스펙트
동 의심하다, 짐작하다
명 용의자 형 의심스러운

We have suspected him of murder.
우리는 그에게 살인 혐의를 두어 왔다.

suspend
[səspénd] | 써스펜드
동 매달다, 보류하다, 중지하다

Flights of aid remain suspended. 구호 항공편이 중단된 상태이다.

suspicion
[səspíʃən] | 써스피션
명 의심, 혐의

He was arrested on the suspicion of theft.
그는 절도 혐의로 잡혔다.

swallow
[swálou] | 스왈로우
동 삼키다, 들이키다

The waves swallowed up the vessel.
파도가 배를 삼켜 버렸다.

swan
[swán] | 스완
명 백조, 고니

A swan is swimming in the lake.
백조가 호수에서 헤엄치고 있다.

swear
[swέər] | 스웨어
동 맹세하다, 욕하다

Do you solemnly swear to tell the truth?
진실을 말할 것을 엄숙히 맹세합니까?

sweep
[swíːp] | 스위-프
동 청소하다, 쓸어내리다, 소탕하다

They planned to sweep their enemies.
그들은 적들을 소탕할 계획을 세웠다.

sweet
[swíːt] | 스위-트
형 달콤한 명 단 것, 사탕

Melons are juicy and sweet. 멜론은 즙이 많고 달다.

swift
[swíft] | 스위프트
형 빠른, 신속한

He is swift of foot. 그는 걸음이 빠르다.

swim
[swím] | 스윔
동 수영하다 명 수영

She swims every day so that she can stay healthy.
그녀는 건강을 유지하기 위해 매일 수영한다.

■■□
swing
[swíŋ] | 스윙
[동] 흔들(리)다, 회전하다
[명] 흔듦, 스윙

The door swing in the wind. 문이 바람에 흔들렸다.

■■□
switch
[swítʃ] | 스위치
[명] 스위치 [동] 바꾸다, 개폐하다

She should switch health plans. 그녀는 건강 계획을 수정해야 한다.

■■□
sword
[sɔ́:rd] | 쏘–드
[명] 검(劍), 칼

The pen is mightier than the sword.
문(文)은 무(武)보다 강하다.

■■□
symbol
[símbəl] | 씸벌
[명] 상징, 표상, 기호

A lily is the symbol of purity.
백합은 순결의 상징이다.

■□□
sympathy
[símpəθi] | 씸퍼씨
[명] 동정, 공감

It's useless to play on my sympathy.
동정을 끌려 해도 소용없다.

■■■
system
[sístəm] | 씨스텀
[명] 체계, 조직, 제도

The nation has a potent new weapons system.
그 나라는 강력한 새 무기 체계를 갖추고 있다.

table
[téibl] | 테이블
명 식탁, 탁자, 일람표

There is a glass on the table.
테이블 위에 컵이 하나 있다.

tablespoon
[téiblspùːn] | 테이블스푸운
명 식탁용 스푼, 큰 스푼(수프용)

Toss potatoes with 1 tablespoon of oil.
감자에 기름 1큰 술을 넣고 잘 버무린다.

tag
[tǽg] | 태그
명 꼬리표, 정가표

Clothes have a price tag on them.
옷은 가격표가 위에 달려 있다.

tail
[téil] | 테일
명 꼬리, 끝, 말단

The dog wagged its tail. 그 개는 꼬리를 흔들었다.

tale
[téil] | 테일
명 이야기

The tale is long, nor have I heard it out.
그 이야기는 너무 길어서 끝까지 다 들은 적이 없다.

■■■
talk
[tɔ́ːk] | 토-크
[동] 말하다

Let's talk about the issue.
그 문제에 관해 얘기합시다.

■■■
tall
[tɔ́ːl] | 토올
[형] 키가 큰

Bill is tall and thin.
빌은 키가 크고 날씬하다.

■■□
target
[tɑ́ː*r*git] | 타-깃
[명] 과녁, 표적, 목표
[동] 목표로 삼다

The shot was off target. 총탄은 목표를 벗어났다.

■■□
task
[tǽsk] | 태스크
[명] 일, 과업

Did you accomplish your task? 당신 일을 다 끝냈습니까?

■■□
taste
[téist] | 테이스트
[명] 맛, 취미
[동] 맛보다, ~한 맛이 나다

She has a taste for literature. 그녀는 문학에 취미가 있다.

■■■
tasty
[téisti] | 테이스티
[형] 맛있는, 식욕을 돋우는

The meal was very tasty.
음식은 아주 맛있었다.

tax
[tæks] | 택스
명 세금, 무거운 부담

We need a radical change in the tax system.
우리는 조세 제도상의 근본적인 변화가 필요하다.

tea
[tíː] | 티-
명 차

She ate a sandwich with a cup of tea.
그녀는 차와 함께 샌드위치를 먹었다.

teach
[tíːtʃ] | 티-취
동 가르치다, 훈련하다

Please teach me how to cook.
어떻게 요리하는 건지 가르쳐 주세요.

teacher
[tíːtʃər] | 티-춰
명 선생님

I like music teacher the best.
나는 음악 선생님이 가장 좋다.

tear
[tíər] | 티어
명 눈물, 비애, 비탄

The child's eyes are filled with tears.
그 아이의 눈은 눈물로 가득 차 있다.

teaspoon
[tíːspùːn] | 티-스푸운
명 찻숟가락

Melt 3 teaspoons butter in a skillet.
냄비에 세 숟가락의 버터를 녹인다.

technique
[tekníːk] | 테크니크
명 기교, 수법, 기법

Advertisers use many techniques to sell products.
광고주들은 제품을 팔기 위해 많은 기법을 이용한다.

technology
[teknálədʒi] | 테크날러쥐
명 과학기술

Isn't modern technology wonderful?
현대 과학기술이 놀랍지 않아요?

telephone
[téləfòun] | 텔러포운
명 전화, 전화기

You can use my telephone if you like.
원한다면 내 전화를 쓰셔도 돼요.

telescope
[téləskòup] | 텔러스코우프
명 망원경

They're peering through a telescope.
그들은 망원경을 통해서 보고 있다.

tell
[tél] | 텔
동 말하다, 이야기하다

Please tell me about it once more.
그것에 대해 내게 한 번 더 말해 주세요.

temper
[témpər] | 템퍼
명 기질, 천성, 기분, 화

She easily loses her temper for nothing.
그녀는 아무 것도 아닌 일에 곧잘 성을 낸다.

영단어 419

temperature
[témpərətʃər] | 템퍼러춰
명 온도, 기온, 체온

I had my temperature taken. 나는 체온을 쟀다.

temple
[témpl] | 템플
명 사원, 절

The temples crumbled into ruin. 사원은 무너져서 폐허가 되었다.

temporary
[témpərèri] | 템퍼레리
형 일시적인, 임시의

The drop in sales is only a temporary blip.
매출 감소는 일시적 현상일 뿐이다.

tempt
[témpt] | 템프트
동 유혹하다, 꾀다

The serpent tempted Eve to pick the forbidden fruit.
뱀은 이브를 꾀어 금단의 열매를 따게 했다.

tend
[ténd] | 텐드
동 ~으로 향하다, ~하는 경향이 있다

Population tends to concentrate in large cities.
인구는 대도시에 집중하는 경향이 있다.

tendency
[téndənsi] | 텐던씨
명 경향, 추세

Juvenile crimes show a tendency to increase.
소년 범죄는 증가하는 경향이 있다.

tender
[téndər] | 텐더
혱 부드러운, 다정한

Tender meat is easy to chew. 연한 고기는 씹기 쉽다.

tennis
[ténis] | 테니스
명 테니스, 정구

She bought a tennis racket.
그녀는 테니스 라켓을 샀다.

tension
[ténʃən] | 텐션
명 긴장, 불안, 흥분

Tension has built up between the two countries.
양국간의 긴장이 고조되었다.

term
[tə́:rm] | 터엄
명 기간, 조건, 학기

His schoolwork shows much improvement since last term.
그의 학업 성적은 지난 학기 이래로 많은 향상을 보이고 있다.

terminal
[tə́:rmənl] | 터-머늘
명 맨끝, 터미널
혱 끝의, 최종적인

Could you please tell me where the bus terminal is?
버스 터미널로 가는 길 좀 알려 주시겠어요?

terrible
[térəbl] | 테러블
혱 무서운, 끔찍한, 지독한

It was a terrible sight. 그것은 끔찍한 장면이었다.

영단어 421

terrific
[tərífik] | 터리픽
형 굉장한, 훌륭한, 무서운

He is a terrific baseball player.
그는 야구를 굉장히 잘한다.

terrify
[térəfài] | 테러파이
동 무섭게 하다, 놀래다

The prospect of nuclear war terrifies everyone.
누구나 핵전쟁을 예상하면 공포에 떤다.

test
[tést] | 테스트
명 시험

Have you studied for the test tomorrow?
내일 시험공부는 했니?

text
[tékst] | 텍스트
명 본문, 원문

This book contains 250 pages of text, and 40 pages of notes.
이 책은 250페이지의 본문과 40페이지의 주석으로 되어 있다.

textbook
[tékstbùk] | 텍스트북
명 교과서, 교본

I checked my answers with those in the textbook.
해답을 교과서의 해답과 대조했다.

than
[ðǽn] | 댄
접 ~보다(도)

My brother is smarter than me.
내 남동생은 나보다 더 똑똑하다.

thank
[θǽŋk] | 쌩크
동 감사하다 명 감사

We thanked our hosts for the lovely party.
우리는 멋진 파티에 대해 주인에게 감사했다.

Thanksgiving
[θæ̀ŋksgívin] | 쌩스기빙
명 하느님에 대한감사, 추수감사절

I'm making dinner for Thanksgiving.
나는 추수 감사절을 위한 저녁 식사를 준비하고 있다.

theme
[θíːm] | 씨임
명 주제, 제목, 테마

What is the main theme of this passage?
이 글의 요지는 무엇입니까?

then
[ðén] | 덴
부 그때에, 그 다음에

Then he saw a deer go by. 그때 그는 사슴이 지나가는 것을 보았다.

theory
[θíəri] | 씨-어리
명 이론, 학설

I demonstrated my new theory. 나는 내 새로운 이론을 증명했다.

therapy
[θérəpi] | 쎄러피
명 요법, 치료

Do you recommend massage therapy for sports injuries?
운동하다 다친 데에 마사지 요법을 권하십니까?

therefore
[ðέərfɔːr] | 데어포-
튄 그러므로, 그래서

He could not swim, therefore he died.
그는 수영을 하지 못해서 죽고 말았다.

thermometer
[θərmámitər] | 써마미터
명 온도계

The thermometer reads 30 degrees. 온도계는 30도를 나타내고 있다.

thick
[θík] | 씨크
형 두꺼운, 굵은

Uncle John has some thick books.
존 삼촌은 두꺼운 책 몇 권을 갖고 있다.

thief
[θíːf] | 씨-프
명 도둑

Police officer seized the thief.
경찰관이 그 도둑을 체포했다.

thin
[θín] | 씬
형 얇은, 마른, 여윈

A thin layer of ice covered the river. 강에 살얼음이 잡혔다.

thing
[θíŋ] | 씽
명 물건, 사물, 것

There are many fun things in the trunk.
트렁크 안엔 재미있는 것들이 많이 있다.

think
[θíŋk] | 씽크

동 생각하다

Do you think he was humorous?
그가 유머러스하다고 생각하세요?

thirst
[θə́ːrst] | 써-스트

명 목마름, 갈증

I have a terrible thirst.
나는 목이 너무 마르다.

thirsty
[θə́ːrsti] | 써-스티

형 목마른

I am thirsty.
목이 말라요.

though
[ðóu] | 도우

접 ~이기는 하지만, ~일지라도

Tomorrow it will be fine though it is a little cold.
내일은 약간 춥겠지만 맑겠습니다.

thought
[θɔ́ːt] | 쏘-트

명 생각, 사상, 사고

I can't bear the thought of waking up at 4 a.m. again.
또 오전 4시에 일어나야 한다고 생각하니 견딜 수가 없다.

thoughtful
[θɔ́ːtfəl] | 쏘-트펄

형 사려 깊은, 생각에 잠긴

I wish my husband were so thoughtful.
제 남편도 그렇게 사려 깊으면 좋겠네요.

영단어 425

thousand
[θáuzənd] | 싸우전드
형 천의 명 천

People used it more than five thousand years ago.
사람들은 5,000년 이전에 그것을 사용했다

threat
[θrét] | 쓰레트
명 위협, 협박

He made a threat to kill her.
그는 그녀를 죽이겠다고 협박했다.

thrift
[θríft] | 쓰리프트
명 검소, 절약

A bank account encourages thrift.
은행 거래를 하면 절약하게 된다.

throne
[θróun] | 쓰로운
명 왕좌, 왕위

He came to the throne.
그는 왕위에 올랐다.

through
[θrú:] | 쓰루-
전 ~을 통하여, 꿰뚫어

The moonlight came through my window.
달빛이 창을 통해 들어왔다.

throw
[θróu] | 쓰로우
동 던지다, 팽개치다

Please throw the ball back to me!
그 공을 다시 나한테 던져 주세요!

thumb
[θʌm] | 썸
명 엄지손가락

I hurt my thumb.
나는 엄지손가락을 다쳤다.

Thursday
[θə́:rzdei] | 써-즈데이
명 목요일

Thank you for meeting with me last Thursday.
지난주 목요일 회동에 감사드립니다.

ticket
[tíkit] | 티킷
명 표, 입장권

How much do you charge for a one way ticket?
편도 표는 얼마를 지불해야 하나요?

tide
[táid] | 타이드
명 조수, 흐름, 풍조

The tide of war turned in our favor.
전쟁의 흐름이 우리 쪽으로 돌아섰다.

tiger
[táigər] | 타이거
명 호랑이

Do tigers and cats belong to the same family?
호랑이와 고양이는 같은 과(科)의 동물입니까?

tight
[táit] | 타이트
형 꼭 끼는, 단단히 맨

He was uneasy in tight clothes.
그는 꼭 끼는 옷을 입어 불편했다.

영단어 427

till
[tíl] | 틸
전 접 ~까지, ~근처에

I won't be free till tomorrow morning.
내일 아침이나 돼야 한가하다.

tilt
[tílt] | 틸트
형 피곤한, 싫증 난 동 기울이다

That picture looks like it's tilted slightly to the right.
저 그림은 조금 오른쪽으로 기울어져 있는 것 같다.

time
[táim] | 타임
명 때, 시간

At that time, I lived on a farm.
그 당시 나는 농장에서 살았다.

tiny
[táini] | 타이니
형 아주 작은

The baby gripped my finger with her tiny hand.
아기가 조그만 손으로 내 손가락을 꽉 쥐었다.

tip
[típ] | 팁
명 끝, 조언, 정보, 팁

It's on the tip of my tongue.
말이 입 끝에서 뱅뱅 돈다.

tire
[táiər] | 타이어
명 타이어

The woman is changing a flat tire.
여자가 펑크난 타이어를 교체하고 있다.

tired
[táiərd] | 타이어드
혱 피곤한, 싫증 난

He was tired with hard work.
그는 과로로 피곤했다.

title
[táitl] | 타이틀
몡 제목, 표제, 직함

What is the title of the book reviewed?
비평을 받고 있는 책의 제목이 무엇이죠?

today
[tədéi] | 터데이
몡 뷔 오늘, 현재(에는)

You don't look well today.
당신 오늘 별로 안 좋아 보이네요.

toe
[tóu] | 토우
몡 발가락, 발끝

The cold makes me shiver from top to toe.
추워서 머리에서 발끝까지 떨린다.

together
[təgéðər] | 터게더
뷔 같이, 함께

Let's play basketball together.
우리 함께 농구하자.

tomb
[tú:m] | 투움
몡 무덤

The Taj Mahal is a large tomb.
타지마할은 아주 큰 무덤이다.

■■■
tomorrow
[təmɔ́:rou] | 터모-로우
[부] [명] 내일

She will leave tomorrow.
그녀는 내일 떠날 거예요.

■■□
tone
[tóun] | 토운
[명] 어조, 음색, 색조

She speaks in a gentle tone.
그녀는 상냥한 어조로 말한다.

■■□
tongue
[tʌ́ŋ] | 텅
[명] 혀, 말, 언어

Did she bite her tongue?
그녀가 자기 혀를 깨물었니?

■■■
too
[tú:] | 투-
[부] ~도 또한, 너무나

The new neighbor works hard too.
새로 온 이웃도 열심히 일한다.

■■■
tool
[tú:l] | 투-울
[명] 도구, 연장

A hoe is an agricultural tool.
괭이는 농기구이다.

■■■
tooth
[tú:θ] | 투-쓰
[명] 이, 치아

He pulled out the tooth.
그는 이를 뽑았다.

■■■
touch
[tʌ́tʃ] | 터취
[동] 만지다, 감동시키다 [명] 접촉

Don't touch the exhibits.
진열품에 손을 대지 마세요.

■■□
tough
[tʌ́f] | 터프
[형] 질긴, 단단한, 고된

This meat is tough. 이 고기는 질기다.

■■■
town
[táun] | 타운
[명] 마을, 읍, 도시

The girl was loved by everybody in the town.
그 소녀는 마을의 모든 사람들에게 사랑을 받았다.

■■□
toy
[tɔ́i] | 토이
[명] 장난감

The children are playing with the toys.
아이들이 장난감을 가지고 놀고 있다.

■□□
trade
[tréid] | 트레이드
[명] 무역, 장사
[동] 거래하다, 교환하다

She is engaged in foreign trade.
그녀는 무역업에 종사하고 있다.

■■□
tradition
[trədíʃən] | 트러디션
[명] 전통, 관례

Keep your family tradition. 당신 가족의 전통을 지키세요.

traditional
[trədíʃənl] | 트러디셔늘
형 전통의, 전통적인

Kimchi is a Korean traditional food.
김치는 한국 전통 음식이다.

traffic
[trǽfik] | 트래픽
명 교통, 교통량

The traffic is very heavy. 교통이 매우 혼잡하다.

tragic
[trǽdʒik] | 트래직
형 비극의, 비참한

He was moved to tears by the tragic story.
슬픈 이야기에 그는 눈물을 흘렸다.

train
[tréin] | 트레인
명 기차, 열차 동 훈련하다

The train will arrive in a half hour. 30분 내에 기차가 도착할 거다.

trait
[tréit] | 트레이트
명 특성, 특징

Generosity is one of her most pleasing traits.
관대함은 가장 호감이 가는 그녀의 특성 가운데 하나이다.

transfer
[trænsfə́:r] | 트랜스퍼-
동 옮기다, 이동하다
명 이동, 전학, 전송

At Busan we transferred from the train to a bus.
부산에서 우리는 기차에서 버스로 갈아탔다.

transportation [trӕnspərtéiʃən] | 트랜스퍼테이션
[명] 운송, 수송, 수송기관

For some people, the car is a convenient form of transportation.
어떤 사람들에게는 자동차는 하나의 편리한 교통수단이다.

trash [trӕʃ] | 트래쉬
[명] 쓰레기, 잡동사니, 폐물

The can is full of trash.
그 통은 쓰레기로 가득 차 있다.

travel [trǽvəl] | 트래블
[동] 여행하다 [명] 여행

Tom is going to travel around the world.
톰은 세계 일주 여행을 하려고 한다.

treat [tríːt] | 트리-트
[동] 다루다, 대접하다, 간주하다

Here is where we treat you like a king.
여기는 여러분을 왕처럼 대접하는 곳입니다.

treatment [tríːtmənt] | 트리-트먼트
[명] 취급 방법, 대우, 대접

I want to receive fair treatment. 나는 공정한 대우를 받고 싶다.

tree [tríː] | 트리-
[명] 나무

The trees offered welcome shade from the sun.
그 나무들은 햇빛을 가리는 반가운 그늘을 제공해 주었다.

■□□
tremble
[trémbl] | 트렘블

[동] 떨다, 흔들리다

The building trembled suddenly.
건물이 갑자기 흔들렸다.

■□□
tremendous
[triméndəs] | 트리멘더스

[형] 거대한, 무시무시한

She has tremendous ambition.
그녀는 엄청난 야심이 있다.

■□□
trial
[tráiəl] | 트라이얼

[명] 시도, 시련, 재판

He attained his goal at the third trial.
그는 세 번째 시도에서 목적을 달성했다.

■□□
trick
[trík] | 트릭

[명] 속임수, 요령, 묘기

He played a mean trick on me.
그는 나에게 비열한 속임수를 썼다.

■■■
trip
[tríp] | 트립

[명] 여행

How was your trip to Jejudo?
제주도 여행은 어땠니?

■□□
triumph
[tráiəmf] | 트라이엄프

[명] 승리 [동] 승리하다

I want to feel the triumph.
승리감을 느끼기를 원한다.

trivial
[trívial] | 트리비얼
혱 하찮은, 사소한

I have spent time doing a trivial task.
사소한 일로 시간을 낭비했다.

tropical
[trápikəl] | 트라피컬
혱 열대(지방)의

Most plantations are in tropical or semitropical regions.
대부분의 농원은 열대나 아열대 지방에 있다.

trouble
[trʌ́bl] | 트러블
명 고생, 어려움, 걱정
동 괴롭히다

I'm in big trouble. 큰 어려움에 처해 있다.

true
[trúː] | 트루-
혱 사실의, 진실한

At last his dream has come true.
마침내 그의 꿈이 실현되었다.

truly
[trúːli] | 트루울리
부 참으로, 진실로

She truly is a fair lady. 그녀는 진실로 아름다운 여자다.

trunk
[trʌ́ŋk] | 트렁크
명 나무 줄기, 여행용 큰 가방, 몸통

I have checked my trunk to Seoul.
나는 트렁크를 서울로 부쳤다.

trust
[trʌ́st] | 트러스트
명 신뢰, 위탁 동 믿다, 맡기다

You can't trust him with your money.
돈 문제로는 그를 믿지 마세요.

try
[trái] | 트라이
동 해 보다, 시도하다, 노력하다

Let me try it again.
내가 그걸 다시 해 볼게요.

turkey
[tə́ːrki] | 터-키
명 칠면조

Eat more chicken, turkey, and fish in place of red meat.
붉은색 육류 대신 닭고기나 칠면조 및 생선을 드십시오.

turn
[tə́ːrn] | 터언
동 돌다, 돌리다 명 회전, 순번

Turn right at the first corner.
첫 번째 코너에서 오른쪽으로 도세요.

turtle
[tə́ːrtl] | 터-틀
명 거북이, 바다거북

Rabbits are far faster than turtles.
토끼는 거북보다 훨씬 빠르다.

twice
[twáis] | 트와이스
부 두 번, 2회

Susan has called twice this morning.
수잔이 오늘 아침에 두 번 전화했어요.

twist
[twíst] | 트위스트
동 비틀다, 꼬다, 얽히게 하다

She twisted flowers into garland.
그녀는 꽃을 엮어 화환을 만들었다.

type
[táip] | 타입
명 형, 유형, 전형
동 타이프하다

This type of camera has a zoom lens.
이런 유형의 카메라에는 줌 렌즈가 부착되어 있다.

typical
[típikəl] | 티피컬
형 전형적인, 대표적인

What do you think the most typical Korean dish is?
가장 대표적인 한국 음식이 무엇이라고 생각하세요?

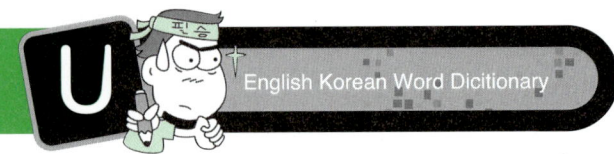

ugly
[ʌ́gli] | 어글리
휑 추한

That was an ugly crime.
그것은 추악한 범죄였다.

ultimate
[ʌ́ltəmit] | 얼터미트
휑 최후의, 궁극의

Peace was the ultimate goal of the meeting.
평화가 그 모임의 궁극적인 목표였다.

umbrella
[ʌmbrélə] | 엄브렐러
명 우산

You should probably bring an umbrella.
아마도 우산을 가져가야 할 겁니다.

uncle
[ʌ́ŋkl] | 엉클
명 삼촌, 아저씨

My uncle is a farmer. 내 삼촌은 농부입니다.

uncomfortable
[ʌ̀nkʌ́mfərtəbl] | 언컴퍼터블
휑 기분이 언짢은,
마음이 편치 못한

This coat is uncomfortable to wear.
이 옷은 입기에 편치 못하다.

■□□
uncover
[ʌ̀nkʌ́vər] | 언커버
[동] 폭로하다, 덮개를 벗기다

Auditors said they had uncovered evidence of fraud.
회계 감사원은 사기의 증거를 폭로했다.

■■■
under
[ʌ́ndər] | 언더
[전] ~아래에 [부] 아래에

He fell asleep under a tree.
그는 나무 밑에서 잠이 들었다.

■□□
underground
[ʌ́ndərgràund] | 언더그라운드
[형] 지하의, 비밀의
[명] 지하도, 지하

The woman seeks shade underground.
그 여자는 그늘진 지하를 찾는다.

■■□
underline
[ʌ́ndərlàin] | 언더라인
[동] 아래에 선을 긋다, 강조하다
[명] 밑줄

Translate the underlined parts into Korean.
밑줄 친 부분을 한국어로 번역하시오.

■■□
underneath
[ʌ̀ndərní:θ] | 언더니-스
[전] ~의 아래에,
[부] 아래에

The man is sitting underneath a tree.
남자가 나무 아래에 앉아 있다.

understand
[ʌ̀ndərstǽnd] | 언더스탠드
동 이해하다, 알다

I understand how you are feeling about yourself.
나는 당신이 당신 자신에 대해서 어떻게 느낄지 이해합니다.

underwater
[ʌ́ndərwɔ̀:tər] | 언더워-터
형 수면하의, 수중(용)의

The boat is totally underwater.
배가 물 속에 완전히 잠겨 있다.

unexpected
[ʌ̀nikspéktid] | 언익스펙티드
형 예기치 않은, 뜻밖의

It is a most unexpected idea.
그것은 기상천외의 생각이다.

unfortunately
[ʌ̀nfɔ́:rtʃənitli] | 언포-춰니틀리
부 불행하게도

I wish we could, but unfortunately we can't.
우리도 그러고 싶지만, 불행하게도 그렇게 할 수 없어요.

unify
[júːnəfài] | 유-너파이
동 통일하다, 하나로 하다

It is difficult to unify public opinion.
국론을 통일하는 것은 어렵다.

union
[júːnjən] | 유-니언
명 결합, 연합, 조합

He joined the labor union.
그는 노동 조합에 가입했다.

unique
[juːníːk] | 유-니-크
 형 유일한, 독특한

Her style is very unique.
그녀의 스타일은 매우 독특하다.

unite
[juːnáit] | 유-나이트
 동 결합하다, 통일하다

We must unite to find a solution.
해결을 모색하기 위해 우리는 단결해야 한다.

universal
[jùːnəvə́ːrsəl] | 유-너버-설
 형 우주의, 보편적인

It is a matter of universal knowledge.
그것은 보편적인 지식이다.

universe
[júːnəvə̀ːrs] | 유-너버-스
 명 우주, 세계

Our world is a small part of the universe.
우리의 세계는 우주의 작은 일부분이다.

unless
[ənlés] | 언레스
 접 만약 ~하지 않으면

You will fail unless you work harder.
열심히 일하지 않으면 실패할 것이다.

unusual
[ʌ̀njúːʒuəl] | 언유-주얼
 형 보통이 아닌, 드문, 별난

This is an unusual case.
이건 특수한 케이스이다.

영단어 441

upper
[ʌ́pər] | 어퍼
형 더 위의, 상부의

The upper half of the mountain was enveloped in clouds.
그 산의 중턱 위는 구름에 덮여 있다.

upright
[ʌ́pràit] | 업라이트
형 똑바른, 똑바로 선

He set a post upright. 그는 말뚝을 똑바로 세웠다.

upset
[ʌ̀psét] | 업셋
동 뒤엎다, 당황케 하다
형 뒤집힌, 혼란에 빠진

She was upset by his uncivil remarks.
그녀는 그의 무례한 말들에 당황해 했다.

urban
[ə́ːrbən] | 어-번
형 도시의

They are experiencing a huge urban poverty problem now.
그들은 지금 대도시의 빈곤 문제에 직면하고 있다.

urgent
[ə́ːrdʒənt] | 어-전트
형 긴급한, 촉박한

I got an urgent phone call from him.
나는 그로부터 긴급한 전화를 받았다.

use
[júːz] | 유즈
동 쓰다, 사용하다

May I use your bathroom?
당신의 욕실을 사용해도 되나요?

useful
[júːsfəl] | 유-스펄
형 유용한, 쓸모 있는

Computers are useful for doing many things.
컴퓨터는 많은 일을 하는 데 쓸모가 있다.

useless
[júːslis] | 유-슬리스
형 소용없는, 쓸모없는

It is useless for you to struggle. 네가 바동거려도 소용없다.

usual
[júːʒuəl] | 유-주얼
형 보통의, 평소의

He came late as usual.
그는 보통 때처럼 늦게 왔다.

usually
[júːʒuəli] | 유-주얼리
부 보통, 대개, 평소에

Usually I enjoy cooking.
평소에 나는 요리하기를 즐긴다.

utmost
[ʌ́tmòust] | 엇모우스트
형 최대의 명 최대한도

I have used my utmost endeavors.
나는 최선의 노력을 다했다.

vacant
[véikənt] | 베이컨트
형 비어 있는, 공허한

The hospital has no vacant beds.
그 병원에는 현재 빈 침상이 없다.

vacation
[veikéiʃən] | 베이케이션
명 휴가, 방학

Summer vacation is just around the corner.
여름 방학이 다가왔다.

vague
[véig] | 베이그
형 막연한, 모호한, 희미한

Everything looks vague in a fog.
안개 속에서는 모든 것이 희미하게 보인다.

vain
[véin] | 베인
형 헛된, 허영심이 강한

His endeavors were in vain.
그의 노력은 허사였다.

valid
[vǽlid] | 밸리드
형 타당한, 유효한

He raised valid objections to the scheme.
그는 그 계획에 대해 타당한 이의를 제기했다.

valley
[vǽli] | 밸리
명 계곡, 골짜기

The mountain valley is very deep.
그 산골짜기는 아주 깊다.

valuable
[vǽljuːəbl] | 밸류-어블
형 값진, 귀한 명 귀중품

That's a valuable picture.
그것은 귀중한 그림이다.

value
[vǽljuː] | 밸류-
명 가치 동 (높이) 평가하다

Know the true value of time.
시간의 진정한 가치를 알라.

variety
[vəráiəti] | 버라이어티
명 다양성, 변화

There are a variety of views about its origin.
그 기원에 관해서는 다양한 설이 있다.

various
[vɛ́əriəs] | 베어리어스
형 다양한, 여러 가지의

The school offers exciting and various programs.
그 학교는 흥미 있고 다양한 프로그램들을 제공한다.

vary
[vɛ́əri] | 베어리
동 바꾸다, 바뀌다, 다르다

My schedule can vary from day to day.
내 스케줄은 하루하루 달라질 수 있다.

vegetable
[védʒətəbl] | 베저터블
몡 채소, 야채

Which do you like better, meat or vegetables?
고기와 야채 중에서 어떤 것을 더 좋아하니?

vehicle
[víːikl] | 비-이클
몡 탈것, 운송수단

The vehicles will be toward away.
차량들이 견인되어 갈 것이다.

venture
[véntʃər] | 벤춰
몡 모험, 모험적 사업 동 모험하다

Nothing ventured, nothing gained.
모험 없이는 아무것도 얻지 못한다.

version
[və́ːrʒən] | 버-전
몡 번역, 개작, 버전

In 1990, a new version of the movie was released.
1990년에 그 영화의 개정판이 상영되었다.

vertical
[və́ːrtikəl] | 버-티컬
혱 수직의, 세로의

That post isn't quite vertical.
저 기둥은 완전히 수직은 아니다.

very
[véri] | 베리
부 매우, 대단히

John likes her very much.
존은 그녀를 매우 좋아한다.

vest
[vést] | 베스트
명 조끼

That's a stylish vest you have on.
네가 입고 있는 조끼 참 멋있다.

victim
[víktim] | 빅팀
명 희생자, 피해자

The victims of the war were children.
그 전쟁의 희생자들은 어린이들이었다.

view
[vjúː] | 뷰-
명 구경, 경치, 관점 동 바라보다

I'd rather enjoy the city view.
도시풍경을 즐기고 싶다.

village
[vílidʒ] | 빌리쥐
명 마을, 촌락

Ten years ago this was primarily a fishing village.
10년 전 이곳은 주로 어촌이었다.

violent
[váiələnt] | 바이얼런트
형 폭력적인, 격렬한

He gets violent when he is drunk.
그는 술만 마시면 난폭해진다.

virtual
[vəːrtʃuəl] | 버-츄얼
형 가상의, 실질상의

He is the virtual head of the business.
그는 그 회사의 실질적인 주인이다.

visible
[vízəbl] | 비저블
혱 눈에 보이는, 명백한

Love is not visible but valuable.
사랑은 보이지 않지만 소중한 거예요.

vision
[víʒən] | 비전
명 미래상, 선견지명, 시력

Glasses improved his vision but did not correct it entirely.
안경을 써서 그의 시력이 좋아졌지만 완전히 교정되지는 않았다.

visit
[vízit] | 비지트
동 방문하다 명 방문

What cities have visited during the trip?
여행하는 동안 어떤 도시들을 방문했습니까?

vital
[váitl] | 바이틀
혱 필수적인, 중대한, 생명의

It's vital that we should act at once.
즉각적인 행동이 필수적이다.

vocabulary
[voukǽbjulèri] | 보우캐뷸레리
명 어휘

He has a wide vocabulary of English.
그는 영어의 어휘가 풍부하다.

voice
[vɔ́is] | 보이스
명 목소리

A good voice is a singer's greatest treasure.
좋은 목소리는 가수의 가장 중요한 재산이다.

■□□
volcano
[valkéinou] | 발케이노우

[명] 화산

At last, the volcano erupted. 마침내, 화산이 폭발하였다.

■■■
volleyball
[válibɔ̀:l] | 발리보올

[명] 배구

I play both tennis and volleyball.
저는 테니스와 배구를 합니다.

■□□
voluntary
[váləntèri] | 발런테리

[형] 자발적인

Voluntary helpers were active in the Olympic Games.
자원 봉사자들이 올림픽 경기에서 활약했다.

■■□
volunteer
[vàləntíər] | 발런티어

[명] 지원자, 자원봉사자
[동] 자원하다

The Health clinic is relying on volunteers.
그 건강 클리닉은 자원봉사자에 의지하고 있다.

■■□
vote
[vóut] | 보우트

[명] 투표(권) [동] 투표하다

He voted with the ruling party.
그는 집권당에 투표하였다.

■□□
voyage
[vɔ́iidʒ] | 보이쥐

[명] 항해, 여행

Life is often compared to a voyage. 인생은 종종 항해에 비유된다.

wage
[wéidʒ] | 웨이지
명 임금, 노임

We demand an increase in our wages.
우리는 임금 인상을 요구합니다.

waist
[wéist] | 웨이스트
명 허리, 여성복의 허리

The trousers are a bit tight around my waist.
이바지는 허리가 좀 낀 다.

wait
[wéit] | 웨이트
동 기다리다

Please go out and wait for a while.
나가셔서 잠시만 기다려 주세요.

wake
[wéik] | 웨이크
동 깨다, 깨우다

Mary wakes up early every morning.
메리는 매일 아침 일찍 일어난다.

walk
[wɔ́:k] | 워-크
동 걷다 명 보행, 산책

She usually walks to market.
그녀는 시장에 갈 때 대개 걸어간다.

wall
[wɔ́:l] | 워얼
명 벽, 담

The poster will fix itself to a wall.
그 포스터는 벽에 고정될 것이다.

wallet
[wǽlit] | 왈릿
명 (접는 식의) 큰 지갑

I think I left my wallet on the bus.
지갑을 버스에 놓고 내린 것 같아요.

wander
[wǽndər] | 완더
동 돌아다니다, 배회하다

He likes to wander from street to street.
그는 이 거리 저 거리를 돌아다니는 것을 좋아한다.

want
[wǽnt] | 완트
동 원하다, 바라다

She wants to be a writer. 그녀는 작가가 되기를 원한다.

warm
[wɔ́:rm] | 워-엄
형 따뜻한 동 따뜻하게 하다

Put two spoons of powder in warm water.
가루 두 스푼을 따뜻한 물에 넣으시오.

warn
[wɔ́:rn] | 워-언
동 경고하다, 주의하다

He warned me not to be late.
그는 늦지 말라고 나에게 주의를 주었다.

■□□
warning
[wɔ́ːrniŋ] | 워-닝
[명] 경고 [형] 경고의

She disregarded my warnings.
그녀는 나의 경고를 무시했다.

■■■
wash
[wɑ́ʃ] | 와쉬
[동] 씻다, 세탁하다

Wash your hands often. 손을 자주 씻으세요.

■■□
waste
[wéist] | 웨이스트
[동] 낭비하다, 허비하다
[명] 낭비, 쓰레기, 황무지

Don't waste your money. 돈을 낭비하지 말아라.

■■■
watch
[wɑ́tʃ] | 와취
[동] 보다, 지켜보다 [명] 경계, 시계

I'm watching a program on TV. 나는 TV 프로그램을 보고 있다.

■■■
water
[wɔ́ːtər] | 워-터
[명] 물

We pumped fresh water from the well.
우리는 우물에서 신선한 물을 퍼올렸다.

■■□
wave
[wéiv] | 웨이브
[명] 파도, 물결
[동] 파도치다, 흔들다

She waved her handkerchief to us.
그녀는 우리들을 향해 손수건을 흔들었다.

way
[wéi] | 웨이
명 길, 방법, 방향

Please tell me the way to the library.
도서관으로 가는 길을 알려 주세요.

weak
[wíːk] | 위-크
형 약한, 불충분한, 뒤떨어진, 자신 없는

He is weak by nature. 그는 천성적으로 허약하다.

weaken
[wíːkən] | 위-컨
동 약화시키다

Sickness has weakened her.
병으로 그 여자는 약해졌다.

wealth
[wélθ] | 웰쓰
명 부, 재산

Health is better than wealth. 건강이 재산보다 낫다.

wealthy
[wélθi] | 웰씨
형 부유한

He was brought up in a wealthy family.
그는 부유한 가정에서 자랐다.

weapon
[wépən] | 웨펀
명 무기, 흉기

No weapon can match this one in fire power.
화력에서 그것과 견줄 만한 무기는 없다

■■■
wear
[wɛ̀ər] | 웨어
[동] 입다, 신다, 쓰다, 차다

I want to wear the white dress.
나는 그 하얀 드레스를 입고 싶어요.

■■■
weather
[wéðər] | 웨더
[명] 날씨, 일기, 기후, 기상

This is weather forecast for this week.
이번 주 기상 예보입니다.

■■□
weave
[wíːv] | 위-브
[동] 짜다, 뜨다

The girls are weaving baskets.
소녀들이 바구니를 짜고 있다.

■■□
web
[wéb] | 웹
[명] 거미집, ~망(網), 웹

Spiders spin webs to catch insects.
거미는 벌레를 잡기 위해 거미집을 짓는다.

■■■
wedding
[wédiŋ] | 웨딩
[명] 결혼식, [형] 결혼의

I wish it were my wedding day.
이게 내 결혼식이면 얼마나 좋을까.

■□□
weed
[wíːd] | 위-드
[명] 잡초 [동] 풀을 뽑다

I can't tell the weeds from the grass.
어떤 것이 잡초이고 어떤 것이 잔디인지 모르겠다.

week [wíːk] | 위크
명 주, 7일간

The spring sale will go on for a week.
봄 세일은 일주일 동안 계속된다.

weekend [wíːkènd] | 위크엔드
명 주말 형 주말의

Would you like to go camping this weekend?
이번 주말에 캠핑 가실래요?

weep [wíːp] | 위프
동 울다, 슬퍼하다

I am a soldier and unapt to weep.
나는 군인이라 우는 일 따위는 하지 않는다.

weigh [wéi] | 웨이
동 무게가 나가다, 무게를 달다

He weighed vegetables in a balance.
그는 야채를 저울에 달았다.

weight [wéit] | 웨이트
명 무게, 중량, 체중

How much weight have you lost?
몸무게를 얼마나 줄였습니까?

weird [wíərd] | 위어드
형 이상한, 기묘한

The audio is high-pitched and weird.
오디오가 소리가 높게 나오고 이상해요.

W

■■■
welcome

[wélkəm] | 웰컴

[동] 환영하다 [명] 환영

She welcomed her visitor. 그녀는 방문객을 환영했다.

■□□
welfare

[wélfὲər] | 웰페어

[명] 복지

National welfare is the object of politics.
국민의 복지가 정치의 목적이다.

■■■
well

[wél] | 웰

[부] 잘, 충분히 [형] 건강한
[감] 글쎄

I slept well last night. 어젯밤에는 잠을 잘 잤다.

■■□
well-known

[wélnóun] | 웰노운

[형] 유명한, 잘 알려진

It is well-known that time is gold.
시간이 금이다라는 말은 잘 알려져 있다.

■■■
west

[wést] | 웨스트

[명] 서쪽 [형] 서쪽의

China is to the west of Korea.
중국은 한국의 서쪽에 있다.

■■■
wet

[wét] | 웨트

[형] 젖은, 축축한

Take off your wet clothes.
젖은 옷을 벗으세요.

whatever
[hwatévər] | 왓에버
대 무엇이든지 형 어떠한 ~라도

Whatever you do, make it fun.
당신이 무엇을 하든 간에 즐겁게 하세요.

whether
[hwéðər] | 웨더
접 ~인지 어떤지, ~이든지 아니든지

She didn't know whether to laugh or cry.
그녀는 웃어야 할지 울어야 할지 몰랐다.

while
[hwáil] | 와일
접 ~하는 동안 명 동안

While we are eating dinner, we wonder what's for dessert.
저녁 먹는 동안 우리는 후식이 무얼까 궁금해 한다.

white
[hwáit] | 화이트
명 흰색 형 흰

The column was of white marble. 그 기둥은 흰 대리석으로 만들었다.

whoever
[hu:évər] | 후-에버
대 누구든지

Whoever comes is welcome. 누구든지 오시는 분은 환영합니다.

whole
[hóul] | 호울
형 전체의, 모든 명 전부, 전체

In spring the whole world becomes green.
봄에는 온 세상이 푸르러집니다.

영단어 457

widely
[wáidli] | 와이들리
㈜ 넓게, 널따랗게

She has read widely.
그녀는 독서를 폭넓게 했다.

wild
[wáild] | 와일드
㈜ 야생의, 난폭한

I want to see the wild animals
나는 야생 동물들을 보고 싶다.

wildlife
[wáildlàif] | 와일드라이프
㈜ 야생 생물

Come discover the wonders of wildlife.
야생 동물의 경이로운 세계로 여러분을 초대합니다.

willing
[wíliŋ] | 윌링
㈜ 기꺼이 ~하는, 자발적인

Would you be willing to relocate overseas?
해외 지사에서 기꺼이 근무할 생각이 있어요?

win
[wín] | 윈
㈜ 이기다, 승리하다, 얻다

There is no possibility that he will win the election.
그가 선거에 승리할 가능성은 없다.

wind
[wínd] | 윈드
㈜ 바람, 강풍

There isn't much wind today.
오늘은 바람이 별로 불지 않는다.

windmill

[wíndmìl] | 윈드밀

명 풍차

The larger the blade, the windmill seems the slower they move.
풍차의 프로펠러 날개가 클수록 더 천천히 움직입니다.

window

[wíndou] | 윈도우

명 창, 창문

Bill broke the window. 빌이 창문을 깨뜨렸다.

wine

[wáin] | 와인

명 포도주

Wine is made from grapes. 포도주는 포도로 만들어진다.

wink

[wíŋk] | 윙크

동 눈을 깜박이다, 눈짓하다
명 윙크

He gave me a knowing wink.
그는 나를 보고 알았다고 눈을 깜박였다.

winter

[wíntər] | 윈터

명 겨울

It snows a lot in winter.
겨울에는 눈이 많이 온다.

wipe

[wáip] | 와이프

동 닦다, 없애다

He wiped the floor after drying dishes.
그는 접시를 닦은 뒤에 마루를 닦았다.

wire
[wáiər] | 와이어
명 철사, 전선

Don't touch those wires. 저 전선들을 만지지 마세요.

wisdom
[wízdəm] | 위즈덤
명 지혜, 현명

Knowledge has little to do with wisdom.
지식은 지혜와 별로 관계가 없다.

wise
[wáiz] | 와이즈
형 슬기로운, 현명한

The heroine was brave and wise.
그 여주인공은 용감하고 현명했다.

wish
[wíʃ] | 위쉬
동 희망하다, 바라다
명 소원, 소망

I wish I could meet more people.
나는 더 많은 사람들을 만나고 싶다.

witch
[wítʃ] | 위치
명 마녀

The old witch whispered, then let out a cackle.
늙은 마녀는 속삭이더니 킬킬거렸다.

within
[wiðín] | 위딘
전 ~안에

I will be there within an hour. 한 시간 안에 거기에 가겠습니다

without
[wiðáut] | 위다웃
전 ~없이, ~이 없으면

We can't win this game without him.
그가 없이는 시합에서 이길 수 없다.

witness
[wítnis] | 위트니스
명 목격자, 증인 동 목격하다

Many people witnessed the accident.
그 사고를 목격한 사람이 많았다.

witty
[wíti] | 위티
형 재치 있는, 기지 있는

This witty remark defeated the musician.
이 재치 있는 말이 음악가의 마음을 움직였다.

woe
[wóu] | 워우
명 비애, 고뇌

Alas, woe is me! 오, 슬프다!

woman
[wúmən] | 우먼
명 여자

She's definitely the most beautiful woman.
그녀는 분명 가장 아름다운 여자야.

wonder
[wʌ́ndər] | 원더
명 경이, 경탄 동 놀라다, ~이 아닐까 생각하다

I wonder if I should go. 내가 가야 할지 어떨지 모르겠다.

영단어

wonderful
[wʌ́ndərfəl] | 원더펄
휑 놀라운, 훌륭한

The mystery of nature is wonderful. 자연의 신비는 놀랍다.

word
[wə́:rd] | 워-드
명 말, 낱말, 단어

One word can have several meanings.
한 단어가 여러 개의 의미를 가질 수 있다.

work
[wə́:rk] | 워-크
명 일, 공부, 작품
동 일하다, 공부하다

There is so much work to do. 할 일이 너무 많다.

world
[wə́:rld] | 워얼드
명 세계, 세상

There are many different kinds of animals in the world.
세상에는 많은 다른 종류의 동물들이 있다.

worry
[wə́:ri] | 워-리
동 걱정시키다, 괴롭히다, 걱정하다

Don't worry about her, she will be fine.
그녀는 걱정하지 마. 괜찮을 거야.

worth
[wə́:rθ] | 워-쓰
형 가치가 있는 명 가치

The book is worth reading. 그 책은 읽을 만하다.

worthwhile
[wə́:rθhwáil] | 워-쓰와일
형 가치가 있는

You must consider whether it will be worthwhile.
그것이 그만한 가치가 있는지를 잘 생각해야 한다.

wound
[wú:nd] | 운-드
명 상처, 부상 동 상처를 입히다

He died from a wound in the battle.
그는 그 전투에서 부상을 당해 죽었다.

wrap
[rǽp] | 랩
동 싸다, 포장하다

Kate is wrapping the gift. 케이트는 선물을 포장하고 있다.

wreck
[rék] | 레크
명 난파(선), 파괴 동 난파하다

The ship was wrecked on a sunken rock.
그 배는 암초에 걸려 난파했다.

write
[ráit] | 라이트
동 쓰다, 기록하다

It is easy to read and write Hangeul.
한글을 읽고 쓰는 것은 쉽다.

wrong
[rɔ́:ŋ] | 로옹
형 나쁜, 틀린, 고장 난
부 나쁘게, 틀리게

I'm afraid you are wrong. 당신이 틀린 것 같습니다.

■□□
zeal
[zíːl] | 지–일
[명] 열심, 열의

He feels zeal for his work.
그는 일에 대해 열의를 가지고 있다.

■■■
zone
[zóun] | 조운
[명] 지대, 지역, 구역

Japan is in an earthquake zone.
일본은 지진 지대에 속해 있다.

■■■
zoo
[zúː] | 주–
[명] 동물원

The zoo is crowded with people.
동물원은 사람들로 가득 차 있다.

Hot Dog
핫도그

핫도그는 처음에 개고기로 만들었을까요? 왜 Hot Dog라는 이름이 지어진 걸까요? 이 음식은 처음에 '프랑크 푸르터'(원래는 독일 음식)라는 독일어였습니다. 긴 빵 사이에 길다란 소시지를 넣고 특별히 다른 재료는 필요하지 않은 이 음식은 처음 도시의 길거리에서 팔리기 시작할 때부터 큰 인기를 끌었습니다.

그러나 '프랑크 푸르터'라는 이름은 미국인 입장에서 외국어이니 그게 무슨 뜻인 줄도 모르거니와 음식의 특징을 정확히 나타내지를 못했습니다. 장사꾼들은 빵 사이에 들어가는 길다란 소시지가 인기 있는 애완견 닥스훈트(몸통은 길고 다리가 짧은)와 닮았다고 생각하여 핫도그라는 엽기적인 상표명을 생각해 냅니다.

결국 이 음식은 맛과 간편성 이외에 한 번 들으면 잊을 수 없는 이름까지 얻어 현재 미국을 대표하는 음식이 되었습니다.